Nossos caminhos no ensino de Ciências

Deise M. Vianna
Conceição Barbosa-Lima

organizadoras

LF
EDITORIAL

Nossos caminhos no ensino de Ciências

Deise M. Vianna
Conceição Barbosa-Lima

organizadoras

LF
EDITORIAL

Copyright © 2024 Deise M. Vianna e Conceição Barbosa-Lima

Editores: José Roberto Marinho e Victor Pereira Marinho
Projeto gráfico e Diagramação: Horizon Soluções Editoriais
Capa: Carlos Irineu da Costa

Texto em conformidade com as novas regras ortográficas do Acordo da Língua Portuguesa.

Dados Internacionais de Catalogação na Publicação (CIP)
(Câmara Brasileira do Livro, SP, Brasil)

Nossos caminhos no ensino de ciências / organização
Deise M. Vianna, Conceição Barbosa-Lima. – 1. ed. –
São Paulo: LF Editorial, 2024.

ISBN: 978-65-5563-422-8

1. Educação em ciências 2. Professores - Biografia
3. Trajetória pessoal de vida I. Vianna, Deise M. II.
Barbosa-Lima, Conceição.

24-193322   CDD–371.1

Índices para catálogo sistemático:

1. Professores: Biografia   371.1

Aline Graziele Benitez – Bibliotecária – CRB-1/3129

ISBN: 978-65-5563-422-8

Impresso no Brasil • *Printed in Brazil*

LF Editorial
Fone: (11) 3815-8688 / Loja (IFUSP)
Fone: (11) 3936-3413 / Editora
www.livrariadafisica.com.br | www.lfeditorial.com.br

SUMÁRIO

APRESENTAÇÃO

Conceição Barbosa-Lima e Deise M. Vianna

Nós nos reunimos neste livro, através de nossos documentos memoriais para o concurso de provimento para a categoria de professores titulares em nossas respectivas instituições para, além de dar conhecimento do que fizemos ao longo de nossa vida acadêmica a um público mais amplo do que aquele que compareceu na seção de defesa, também ter a pretensão de deixar estes textos como um legado para os que virão depois de nós.

Para introduzir nossos leitores a este livro que acabamos de elaborar, apresentando-o ao público, convidamos o professor doutor Eduardo A. Terrazzan, professor titular da Faculdade de Educação da Universidade Federal de Santa Maria, Rio Grande do Sul que nos brindou com um texto agradável, de fácil leitura e que mostra um resumo de cada um dos escritos dos autores deste trabalho.

Esta ideia está longe de ser exemplar, mas de ser estímulo a uma continuação sem continuidade, a uma continuação renovada, mais curiosa, mais ousada, mais pretensiosa. Uma continuação que seja ela mesma uma ruptura com nossos mal feitos, uma mudança de direção, uma renovação sobre os caminhos que trilhamos neste início de século.

Certamente aqui o leitor encontrará histórias de vida de pessoas exemplificando algum trajeto, dificuldades superadas na formação acadêmica ou ainda, dúvidas exemplificadas que deram origem a métodos e meios de trabalhos docentes e de pesquisa.

Cada um de nós é único e assim é sua vida aqui retratada para alcançar o degrau máximo da carreira docente em cada uma de nossas instituições de ensino superior. Aí estão gravados sucessos, grupos, caminhos, que esperamos possam ser de justa valia para aqueles que pretendem prosseguir no magistério superior até o final da carreira.

Nas próximas páginas você poderá ler as histórias de vida de dez profissionais, seis da área da Física, dois da Biologia, um da Química e uma da Pedagogia. Esperamos que você tenha uma boa leitura.

INTRODUÇÃO

Eduardo A. Terrazzan

Primeiramente, quero agradecer o convite de minhas colegas de profissão (docentes, pesquisadoras, extensionistas) e amigas Maria da Conceição e Deise, para apresentar esta coletânea. Nela, encontrei textos de outros colegas da área de pesquisa em Educação e em Educação em Ciências, alguns amigos de longa data, mas todos conhecidos de nosso campo.

Desde já, reconheço que a leitura de todos eles foi muito prazerosa e com todos eles aprendi bastante. De comum, acabei aprendendo também um pouco mais sobre o desenvolvimento do nosso campo no âmbito do Rio de Janeiro.

Em segundo lugar, quero deixar registrado que uma tarefa que, inicialmente, parecia fácil, tornou-se um tanto desafiadora. Isso porque uma coisa é apresentar capítulos de uma coletânea usual, contendo relatos de pesquisa ou de extensão, ensaios, textos opinativos, outra coisa é apresentar textos de tipo, ou seja, memoriais apresentados em sessões de defesa para alcançar o grau de Professor Titular em Instituições de Educação Superior públicas. Neste caso, temos uma coletânea constituída de relatos de vida.

Mas, uma vez aceito o desafio, procurei encontrar uma forma de enfrentá-lo, ou seja, uma forma de contar, em poucas palavras, o que cada um traz de especial nesses seus relatos de vida, de modo que o leitor seja estimulado a realizar a leitura completa de cada um deles.

Nesta coletânea, o leitor encontrará textos que, mediante escritas diversas, trazem informações contextualizadas sobre as trajetórias pessoais, acadêmicas e/ou profissionais de cada uma dos(as) autores(as). Temos alguns(mas) que constituíram sua profissionalidade no âmbito específico da Educação em Ciências, um deles no âmbito da Física, outra no campo amplo da Educação e outros ainda o fizeram transitando entre a Educação em Ciências e a Educação de modo mais geral.

Tendo feito esta breve introdução, passo a apresentar/relatar brevemente cada capítulo de modo mais específico.

O memorial de *Álvaro Chrispino* evidencia um vínculo com o Ensino de Química muito precoce, situação em que ele se mantém ainda ativo. Paralelamente, ele foi se desenvolvendo também no campo educacional de modo mais amplo, em particular no âmbito da Gestão Educacional.

Seus relatos de experiências vivenciadas nesse campo, na instância da prática, mais especificamente na gestão de redes escolares, e na gestão de unidade educacional, são muito interessantes e mostram um grande dinamismo de atuação, dada a diversidade de tais experiências.

Em suma é um profissional que conseguiu se manter ativo na prática docente e na produção acadêmica no campo da Educação em Ciências/Ensino de Química, ao mesmo tempo em que transitava pelo campo educacional geral, sobretudo nas áreas da Gestão e das Políticas Educacionais. Seus escritos, suas contribuições atestam isso.

André Luis Tato é um professor da Educação Básica que se destaca pela sua perseverança e pelo seu comprometimento com uma educação inclusiva e de qualidade.

Pode-se dizer que André Luis se especializou no campo da Educação Especial, particularmente no Ensino de Física voltado para as pessoas com deficiência visual. Mas, para além dessa especialização seu texto evidencia sua participação de forma mais ampla na vida institucional educacional, no âmbito acadêmico-científico, com vivências de responsabilidades em cursos de extensão e de pós-graduação.

Sua versatilidade atinge também atividades nos campos da Astronáutica e da Robótica, sempre envolvendo, com alegria, professores e alunos da Educação Básica.

Deise Miranda Vianna nos traz uma história de vida acadêmica e profissional pouso usual. Tendo cursado a antiga Escola Normal que preparava professores para o trabalho educativo com crianças (e ainda hoje continua a fazer isso, porém com outro nome), em uma época em que era comum as mulheres pararem seus estudos por aí, ela não se contentou com essa possível limitação e buscou formação em um curso superior, indo se encontrar em um Curso de Graduação em Física. Aos poucos foi trocando sua profissão de professora da Educação Básica por professora da Educação Superior.

O mestrado em Física Nuclear foi realizado, em parte, em concomitância a sua atuação como professora da Educação Básica, agora já lecionando no antigo 2º Grau (hoje, Ensino Médio). Mas, em pouco tempo já estava atuando plenamente como professora da Graduação em Física, e agora envolvida com questões do Ensino de Física, bem como da formação de professores para a Física Escolar.

Daí pra frente, esse envolvimento só se aprofundou, sobretudo com suas vivências no âmbito da gestão da SBF, na organização e coordenação de eventos e, mais tarde, na gestão do CECIERJ.

Sua capacidade de dar conta das 3 ações básicas das IES, ou seja, a docência, o extensionismo e a investigação científica, de modo equilibrado, mostra-se sempre evidente, sem deixar de ser, como ela mesma nos diz, aquela "professora primária" formada no Instituto de Educação.

Gauracira Gouveia de Souza (em memória), minha conterrânea paulista, mas que se tornou uma carioca "de coração". Como muitos de nós (Guara, como também era conhecida) sempre procurou aliar, de forma prática, a área de Educação em Ciências com as demais áreas do campo educacional mais amplo. Mas, parece que a sua especialidade, ao menos por um bom tempo, passou a ser mesmo o Ensino de Ciências para Crianças.

A sua experiência na criação, gerenciamento e manutenção, por vários anos, da Revista "Ciência Hoje das Crianças", bem como o seu estudo de Doutorado vinculado a essa experiência, marcaram época. Até hoje, essa publicação permanece como um dos poucos veículos sérios de divulgação científica para crianças.

De modo mais amplo, incorporando ainda sua experiência de atuação no Setor Educacional do MAST/CNPq e a sua experiência como como pesquisadora, no NUTES/UFRJ e na UNIRIO, pode-se dizer que a divulgação científica e as mídias, de modo geral, ocuparam o centro de suas preocupações acadêmicas nos últimos tempos.

Suas últimas produções, antes de nos deixar nesta vida terrena, foram sobre um importante instrumento auxiliar na Educação Básica, qual seja, o livro didático. Assim, mediante seus estudos compreendemos hoje um pouco melhor as relações entre o texto verbal escrito e o texto imagético presentes nesse gênero textual importante para a Educação Escolar.

No texto de seu memorial, *Helena Amaral da Fontoura* evidencia o compromisso permanente com a área da Didática, em todas as suas atuações no campo educacional.

Desde logo, é importante destacar a sua experiência no uso de vídeos para acompanhar não só processos formativos de professores, como também para acompanhar processos de coleta de informações em atividades de caráter investigativo. E ainda a sua contribuição com o estabelecimento da "metodologia da tematização" para analisar narrativas coletadas em pesquisas qualitativas.

A sua vida profissional como docente da Educação Básica foi forjada, com ela mesma no diz, no âmbito da "dicotomia teoria prática". E a busca pela superação dessa dicotomia orientou suas ações a partir do momento em que dela tomou consciência.

Mesmo tendo atuado um bom tempo na Universidade Federal Fluminense (UFF), o seu vínculo afetivo com a Faculdade de Formação de Professores (FFP) da Universidade do Estado do Rio de Janeiro (UERJ), instituição na qual obteve o seu grau de Professora Titular, transparece no seu relato. Nessa instituição, atuou em diversas instâncias, tendo completado o percurso de participação das instâncias em uma Instituição de Educação Superior (IES), ou seja, a docência, o extensionismo, a pesquisa, e também a gestão.

Helena nos mostra, enfim, que o gosto pelas atividades formativas (seja na graduação, seja na extensão, seja na pós-graduação) está na essência de sua atuação profissional. E, assim, consolida também o seu compromisso com a democratização do acesso à pós-graduação por parte de professores da Educação Básica.

O memorial de *José Abdalla Helayël-Neto* intitula-se "Um pesquisador na periferia do Ensino de Física".

Pela leitura do texto, entendo que se pode atribuir dois significados a esse título: (1) trata-se do relato de um pesquisador do campo da Física, acerca das suas "aproximações pela periferia" com o campo do Ensino da Física Escolar e das contribuições que traz para este último; (2) trata-se do relato da atuação de um pesquisador em Física especificamente no Ensino da Física voltado a pessoas "moradoras/oriundas das periferias" da cidade do Rio de Janeiro, por exemplo.

A minha leitura final é de que ambos significados estão presentes no texto apresentado. Importante é a exemplificação fornecida por José Abdalla para o tratamento da Física Escolar, apontando para possibilidades de práticas de ensino interdisciplinares, envolvendo não só a Matemática e a Física, mas também a Filosofia, a Literatura, as Artes, as Ciências Sociais e Humanas, tudo isso a partir da noção básica de Simetria.

Trabalhar as simetrias para, não só "explicitar as harmonias", mas também para organizar a "aparente arbitrariedade das diferenças".

A partir de sua proposição de criar uma atitude positiva de participação e de debate das ideias/noções/conceitos em aulas de Física e de Matemática, consolida-se a possibilidade de dar sentido à metáfora utilizada no final do texto, qual seja, a proposta de uma atuação para que os estudantes, trabalhadores, oriundos de classes populares, moradores de periferias urbanas possam se transformar de "neutrinos sociais" (invisíveis para o Estado, tais como os neutrinos são invisíveis, não perceptíveis, indiferentes para o nosso cotidiano) em "brilhantes fótons" (partículas responsáveis, entre outras coisas importantes, por toda a claridade dos nossos dias mais ensolarados).

Márcia Serra Ferreira deixa claro, em seu texto, algumas vinculações que conformam o seu perfil acadêmico, suas práticas, suas produções. Primeiro, o gosto pela Biologia e pelo ensino dessa ciência, em seguida sua adesão ao campo do Currículo e, por fim, a sua capacidade na coordenação de grupos e grandes projetos.

A narrativa está toda centrada no seu percurso no âmbito da Universidade Federal do Rio de Janeiro (UFRJ), desde suas atividades de Iniciação Científica até a obtenção do grau de Professora Titular por essa mesma instituição. Ela evidencia também uma progressão crescente de compromissos que vão sendo assumidos, tendo o Projeto Fundão Biologia, como pano de fundo permanente.

Dessa centralidade se espraiam todas as ações profissionais nos âmbitos da docência, da pesquisa, da extensão e da gestão. Sempre procurando articulações externas, seja no caso da extensão, com professores da Educação Básica das redes escolares, seja no caso da pesquisa, com docentes e pesquisadores de outras IES.

Um último destaque cabe a sua atuação no âmbito da gestão universitária, realizada mediante atividades e posições diversas, tanto na UFRJ como fora dela, sempre com seriedade e competência.

Marcus Vinicius da Silva Pereira traz, em seu memorial, um relato profissional que não o é de um professor típico da Educação Básica, pois durante toda a sua atuação exclusiva nessa etapa da escolaridade ele sempre manteve fortes vínculos com a universidade. Participou, assim, ativamente de projetos e também da organização e realização de eventos, todos direcionados ao Ensino de Física.

Nesse processo acabou por se constituir em um especialista na produção e na utilização de vídeos didáticos voltados ao ensino da Física Escolar.

A partir do seu ingresso como docente do atual Instituto Federal do Rio de Janeiro (IFRJ), inicia uma nova jornada, incluindo agora, além da docência na Educação Básica, docência na Educação Superior, bem como atividades institucionais no âmbito da extensão e da pesquisa. Essas experiências e sua titulação como Doutor na área de Educação em Ciências, acabou por credenciá-lo a assumir posições no âmbito da gestão institucional do IFRJ. Assim, agregou à sua especialidade anterior a capacitação para atuar em todas as instâncias da Educação Profissional e Tecnológica (EPT), o que se reflete em produções específicas sobre essa temática.

E é nessa instituição (IFRJ) que, pode-se dizer mediante um rápido crescimento profissional, atinge o grau de Professor Titular, acumulando experiências profissionais diversificadas, mas sempre mantendo seu vínculo e dedicação à docência na Educação Básica. Um destaque aqui é importante: Marcus manteve-se sempre ligado, seja em vida, seja em memória, à sua mentora, nossa querida e saudosa Profa. Susana Leher de Souza Barros, uma das mulheres a quem ele dedica o seu memorial.

Maria da Conceição de Almeida Barbosa Lima, Conceição para muitos, Maria para alguns, apresenta uma trajetória em direção à área de Ensino de Física que era muito comum em sua época. Ou seja, nenhuma inserção na área, a qual estava engatinhando em sua estruturação, durante a graduação realizada. E um chamamento às suas possibilidades, após a graduação, usualmente pelo incentivo de alguém ou pela simples participação em algum dos primeiros eventos dessa área. Claro que esse chamamento tinha que reverberar; então, algo estava latente e precisava de um impulso, uma motivação para se desenvolver.

Para Maria, parece que a preocupação com estimular o interesse das crianças pela Ciência, pela Física em particular foi esse impulso inicial. Surgiram assim interessantes histórias para crianças, formando ao todo uma pequena coleção do que eu chamaria de livros paradidáticos. E essa iniciativa foi tão importante que uma dessas histórias serviu de base para a realização de seu Doutorado no âmbito da Faculdade de Educação da USP.

E assim se firma a Maria pesquisadora na área de Ensino de Física que, como ela mesma nos diz, uma assídua participante, em diversas situações e posições, dos principais eventos nacionais dessa área que são os

EPEF (Encontro de Pesquisa em Ensino de Física) e os SNEF (Simpósio Nacional de Ensino de Física).

Mas, diferentemente de uma grande maioria de colegas de área, Maria não se fixou apenas em um único assunto ou tema ou metodologia em sua vida de pesquisadora científica. Assim, além da especialidade em que se constitui como produtora e utilizadora de histórias para ensinar Física para crianças, ela avançou para ensinar e divulgar a Física mediante articulações com a Literatura e as Artes. E, por fim, já há algum tempo torna-se uma das nossas especialistas em ensinar Física para pessoas com deficiência, em especial com deficiência visual.

Vale destacar que, apesar de participações em diversas instâncias e instituições acadêmicas, seja como docente ou como pesquisadora, a sua trajetória formativa e profissional está profundamente vinculada à atual UERJ (Universidade do Estado do Rio de Janeiro), instituição pela qual realizou sua formação inicial em Física e pela qual obteve seu grau de Professora Titular.

O memorial de *Marta Ferreira Abdala Mendes* está estruturado de forma a relatar a sua vida acadêmica e profissional em " três grandes ciclos": (1) formação inicial, atuação docente na Educação Básica e realização do Mestrado em Educação; (2) atuação no âmbito do CECIERJ (atual Centro de Ciências e Educação Superior a Distância do Estado do Rio de Janeiro) e conclusão do Doutorado em História das Ciências da Saúde; (3) atuação como docente, pesquisadora e extensionista no âmbito do Instituto Federal do Rio de Janeiro (IFRJ).

Há que se destacar os seus estudos em História, Filosofia e Sociologia da Ciência (HFSC), os quais auxiliaram na sua formação como produtora de material didático para o Ensino de Ciências, desde a sua graduação, influenciando também a sua atuação como professora da Educação Básica e como servidora do CECIERJ. Nesse sentido também, ressaltam-se os seus estudos de Doutorado, os quais foram dedicados à obra do reconhecido cientista-divulgador José Reis.

Durante todo esse percurso de variadas atividades, há uma constância que é a preocupação com a Divulgação Científica (DC), o que resultou na implantação de espaço de educação não formal, o Espaço Ciência Interativa (ECI), bem como de curso de formação em pós-graduação, o Curso de Especialização em Divulgação Científica, ambos dedicados a essa finalidade no âmbito do IFRJ/Câmpus Mesquita.

Espero que as leituras de cada um desses memoriais sejam proveitosas para você leitor, assim como elas foram para mim e com as quais, volto a reafirmar, aprendi bastante. Desfrutem!

ALVARO CHRISPINO

Centro Federal de Educação Tecnológica Celso Suckow da Fonseca

Professor de Química, da carreira EBTT-Educação Básica, Técnica e Tecnológica, desde 1992. Pesquisador de Produtividade do CNPq

M E M O R I A L

Submetido à banca examinadora de desempenho para fins de avaliação para Progressão Funcional para Classe de Titular da Carreira de EBTT do CEFET/RJ

> Se quisermos resumir, de outra forma, o significado de *memorial*, talvez possamos fazê-lo dizendo que ele é um retrato crítico do indivíduo visto por múltiplas facetas através dos tempos, possibilitando inferências de sua capacidade para o futuro.
>
> *Irany Novah Moraes,*
> *In* Elaboração da pesquisa científica

Rio de Janeiro, 2014.

1. UMA PRÁXIS CONSTANTE: FORMAÇÃO ACADÊMICA E ATIVIDADES DE GESTÃO PÚBLICA

Sou um educador! Comecei minha formação acadêmica pela área da Química, como Bacharel em Química com Orientação Tecnológica, mas logo busquei o espaço da educação e do ensino, manifestando minha vocação humanista.

Acredito que a busca pela Química tenha sido consequência natural dos estudos que realizei no Liceu Nilo Peçanha, escola estadual de Niterói, na antiga Habilitação Básica de Química. As opções de carreira e as opções de futuros eram reduzidas e o prazer por esta ciência manifestou-se desde cedo.

Aliás, minha opção se concretizou prematuramente. Conclui o curso de Habilitação Básica de Química em 1978 e ingressei no Curso de Química em 1979. Neste ano, recebi convites para lecionar Química, considerando a dificuldade, desde aquele tempo, de se encontrar professores de Química. Em 1980 obtive um Registro Provisório de Professor, emitido pela Secretaria de Estado de Educação. Ali tudo começou!

O Liceu Nilo Peçanha foi minha primeira experiência docente e ali estavam os meus professores. Mais de duas dezenas de professores de Química experientes e dedicados. Agora eu não era mais aluno... era colega, era aprendiz. Sendo que no mesmo ano, 1981, fui convidado a lecionar no Colégio Nossa Senhora das Mercês, sendo este meu primeiro vínculo privado.

No Liceu, minha função era atender às necessidades do laboratório que servia a todas as séries e todos os turnos, com todas as dificuldades sobejamente conhecidas para reposição e desenvolvimento de atividades experimentais em instituições estaduais. Os problemas se multiplicavam e era necessário buscar saídas satisfatórias.

Por conta disso, inicie desde os primeiros anos de exercício do magistério uma saudável simbiose entre a teoria obtida na formação e a busca por soluções dos problemas da prática escolar cotidiana. Nunca mais pude separar estes dois termos da mesma equação educacional. Desde os idos de 1980 até hoje, minha formação acadêmica ombreia com minhas ações institucionais de gestão tendo os problemas concretos como alvo e a busca de soluções exequíveis como meta.

As atividades de laboratório me levaram a realização de atividade de extensão que motivassem os estudantes. As **Feiras de Ciências** estavam sendo estruturadas e iniciamos os preparativos para nossa participação. Os grupos formados deveriam propor experimentos que fossem realizados considerando nossas limitações. Propomos um conjunto de experiências cujos resíduos pudessem ser reaproveitados em outras práticas... estava lançada a ideia que marcaria minha ação didática e minha formação nos anos seguintes.

Fomos vitoriosos nas seletivas e chegamos ao Estádio do Maracanã para a Mostra Estadual de Ciências. Nossa experiência fez sucesso. Recebemos prêmios e um especial convite para apresentarmos nosso trabalho na *FINEP-Financiadora de Estudos da Presidência da República*, que completava 15 anos. Fizemos a apresentação e recebemos o prêmio *JOVEM INVENTOR, 1982*. Os alunos estavam radiantes!

Dentre os especialistas convidados para a apresentação experimental em plena Avenida Rio Branco, no centro do Rio de Janeiro, estava o prof. Enio Candoti que nos provocou dizendo: "Por que não escreve este trabalho no Concurso Jovem Cientista, do IBECC? Posso lhe dar os detalhes!" Assim o fez... assim nós fizemos! A inscrição exigia um nível diferenciado de projeto e nos desdobramos para alcançar as condições exigidas. Conseguimos! Fomos um dos dez projetos selecionados para viajar até a USP/São Paulo e apresentar as ideias a uma banca de especialistas. A apresentação ficou por conta do então aluno Geraldo André Thurler Fontoura, que seguiu a carreira de químico, sendo hoje professor da UFF-Universidade Federal Fluminense. A ideia de realizar experimentos e reaproveitar os resíduos cresceu e estava dando frutos.

O prêmio era a viagem e o debate! Para o professor, aguardava o apoio para estudos futuros por meio de Bolsa de Estudos de Aperfeiçoamento/CNPq. Na viagem a São Paulo, conhecemos os especialistas em Educação Química e já saímos com o acerto para pesquisas sobre o tema na USP. Os professores Ernesto Giesbrecht e Reiko Isuyama, ambos do IQ/USP, tiveram papel especial em minha formação, assim como a profa. Maria Julieta Ormastroni, responsável pelo concurso Jovem Cientista, no IBECC. Este prêmio, com a respectiva Bolsa do CNPq, foi o divisor de águas de minha vida acadêmica. A partir dele, passei a desenvolver estudos que dariam o norte de minha formação acadêmica, ao mesmo tempo que continuava minhas atividades de ensino e gestão.

1.1 Atividades de Gestão Pública

Nova feira de ciências, novo grupo, mesma ideia, novos resultados. Tínhamos estruturado um curso de laboratório a partir de reações que aproveitavam os resíduos para produzir novas etapas de reação. Novamente estávamos no Maracanã para a apresentação. Desta vez, aproximou-se a Coordenadora do Ensino de 2º Grau, da Secretaria de Estado de Educação. Era o esperado Governo de Leonel Brizola e as ideias de reforma educacional estavam em todas as rodas escolares. Neste dia recebi um convite direto: *"quer fazer isso na rede toda?"*. A partir daquele dia, passei a trabalhar na Secretaria de Estado de Educação, na esperança de contribuir para a solução de problemas que nos afligiam a todos.

Desde então, passei a pautar minha formação na busca de subsídios para o enfrentamento de problemas da Rede Estadual e das escolas. Não tinha ideia de onde essa decisão iria me levar.

Leonel Brizola estava no Governo e as ideias de Darcy Ribeiro tomavam conta da educação. Os membros das equipes da Secretaria de Educação enfrentavam dificuldades extremas, pois todos éramos "marinheiros de primeira viagem" e logo aprendemos que boa vontade sozinha não subordina a máquina burocrática.

A Lei 7.044/82, que alterava o dispositivo de obrigatoriedade do ensino profissionalizante, obrigava a uma grandiosa reestruturação do sistema educacional e da própria cultura de administração da rede. Era um grande desafio para todos. Foi uma experiência espetacular. Não trabalhava mais na busca de soluções para o Ensino de Química... aplicava esta máxima na busca de soluções para os mais variados problemas da rede. Inicio, neste momento, um grande desvio que me levaria aos espaços específicos da gestão de sistemas educacionais e aos estudos de políticas públicas voltadas para a educação.

Voltei, em Governo subsequente (2º Governo Brizola), à Secretaria de Estado de Educação e novamente me debrucei sobre problemas antigos que se somavam aos novos. Grupos animados e cheios de boa vontade e sempre a mesma questão: "não há política para isto" ou para aquilo, por mais que os temas fossem prioritários.

Maria Yeda Linhares era a Secretária de Educação do Estado do Rio de Janeiro e estávamos todos sinceramente dedicados a buscar soluções efetivas. O projeto da Nova LDB estava sendo discutido. Naquela época, tivemos a oportunidade de conviver com um grande grupo de operadores do sistema educacional, bem como pensadores da educação, que tinham em Maria Yeda Linhares a grande expressão.

Após galgar diversas funções na estrutura da SEE-RJ, já havia me decidido pela gestão de sistemas educacionais e estava cada vez mais ativo nas discussões sobre legislação educacional, direitos e deveres dos alunos e Governo, eficiência do sistema e outros temas. Gestão passou a ser o meu foco e culminou com o convite para estruturar, pela SEE-RJ, o modelo de Ginásios Públicos, uma escola de onze anos que deveria substituir os ensinos fundamental e médio. Um importante exercício de visão de futuro, mas que não foi contemplada no exto final da LDB.

Em 1992, prestei **Concurso Público para o CEFET/RJ**, sendo aprovado e nomeado em novembro de 1992, deixando duas matrículas de colégios estaduais e escolas privadas.

Em 1995, tive a definitiva mudança de rumo. Fui convidado para a função de **Diretor Científico do CECIERJ-Centro de Ciências do Estado do Rio de Janeiro**, autarquia da Secretaria de Ciência e Tecnologia criada para a formação de professores de ciências e para a divulgação de ciências para o grande público. Foi nomeada Presidente, a professora Deise Miranda Vianna, do IF/UFRJ e reconhecida especialista em Ensino de Física. Ali estávamos os dois: um especialista em Ensino de Física e outro em Ensino de Química, ambos com experiência em ações institucionais. O CECIERJ não era mais sequer a sombra do que fora outrora! Estava em dificuldades. Seria um grande desafio e sabíamos que não conseguiríamos se não tivemos uma gestão bem definida, com metas e indicadores. Assim, partimos para a reestruturação e, em dois anos, tínhamos bolsistas dos principais órgãos de financiamento, tínhamos cursos para professores em inúmeros pontos do estado concomitantemente. O CECIERJ havia renascido, tal qual Fênix, e se transformaria posteriormente na Fundação CECIERJ/CEDERJ.

Os resultados foram tão promissores que decidi retornar a minha formação acadêmica, sem perder de vista a experiência acumulada na identificação de problemas e busca de soluções, bem como a absoluta falta de tradição na formação de gestores e decisores em educação. Parecia que a Política Pública para educação era não ter política. Optei pelo Doutorado em Educação, na área de Políticas Públicas, Panejamento e Gestão da Educação-PPGE e, mais uma vez, a UFRJ seria minha opção. Faria o curso enquanto trabalhava efetivamente em postos de formulação de política. Agora iria vivenciar a gestão pública com uma formação teórica adequada. Minha opção foi estudar a formulação de cenários futuros como orientação de políticas públicas. Neste projeto, contei com a orientação do prof. Jorge Ferreira a quem devo um agradecimento público, pois ofertou-me os melhores debates que mantive até então.

Meus planos sofreram uma pequena mudança quando, em início de 1997, por conta dos resultados obtidos no CECIERJ, fui convidado a assumir a **Subsecretaria de Ensino da Secretaria de Estado de Educação do Rio de Janeiro** e recebi a tarefa de reestruturar o sistema estadual que vinha de anos de crises e de greves.

Assumi a Subsecretaria em janeiro de 1997, juntamente com a vigência da nova LDB, a Lei 9.394/96, e a Emenda Constitucional que apontava para a implantação do FUNDEF. Mais uma vez, tive a oportunidade operara o sistema quando da reforma legislativa. Toda a rede deveria ser adaptada à nova ordem. A reforma dos currículos, rotinas, estruturas clássicas, sistemas de avaliação, sistema de gestão escolar, participação comunitária e outras inovações iriam conviver com falta de professores, salários ínfimos, infraestrutura deficiente, baixa autoestima de professores e alunos. Este era o quadro! Que cenário precisávamos desenhar para alavancar estes atores sociais? Não há como promover mudanças curriculares sem a aliança, a cumplicidade dos principais atores.

Foram produzidas as Políticas Setoriais de Leitura (em parceria com a Fundação do Livro Infanto-Juvenil) o que permitiu as escolas recursos para adquirirem acervo para os projetos que se propunham realizar.

Propus uma reforma na educação profissional considerando as dificuldades que lhes são próprias, reunindo as escolas espalhadas em polos e transformando os cursos técnicos em áreas de formação, reunindo professores, acervos, recursos etc em escolas específicas. Proposta debatida com os professores da área e aprovada em encontros promovidos pela SEE-RJ.

Fui ousado em propor a reforma do Ensino Normal. Propomos que as escolas normais, como as conhecíamos, fossem extintas e, em seu lugar, fossem criados Institutos de Educação Superior, com cursos pós-médios e Núcleos de Formação Continuada para professores da 1ª a 4ª série em exercício. Materiais, alunos, professores, insumos e infraestrutura deveriam ser reunidos nestes Institutos. A ideia era começar com uma grande célula multiplicadora e depois multiplicar de forma a instalar Institutos em todos os municípios ao longo de 4 ou 5 anos. A proposta de política foi debatida exaustivamente com os professores das escolas normais, reunidos em diversos encontros e foi aprovada por eles. Oferecendo condições de levar o projeto ao Conselho Estadual de Educação-CEE/RJ, onde foi debatido e aprovado. Logo após, a Secretaria de Educação perde controle sobre o Instituto de Educação do Rio de Janeiro-IERJ e conflitos internos não permitem que o projeto caminhasse conforme planejado.

Após isso, realizei ações junto a programas importantes no campo da educação como, por exemplo, **Justiça na Educação**, parceria do MEC com a Associação Brasileira de Magistrado e Promotores da infância; **Programa Toda Criança na Escola**, onde me coube a tarefa de instalar programa no estado do Maranhão que obteve o segundo melhor índice do Brasil de matriculas do EF, a **criação e implementação do ENEM** (inicialmente Avaliação dos Concluintes do Ensino Médio-ACEM), a discussão sobre os Institutos Superiores de Educação e os Cursos Normais Superiores etc.

Nos anos seguintes, tive a oportunidade de trabalhar na área de planejamento municipal, como **Secretário Municipal de Planejamento** da cidade de Teresópolis, produzindo políticas públicas específicas para a implantação e implementação da Lei de Responsabilidade Fiscal e suas rotinas. Tive a oportunidade de conhecer melhor os meandros dos orçamentos e das execuções financeiras. Tive também oportunidade de coordenar a elaboração do **Plano Diretor de Desenvolvimento Sustentável** municipais, por conta das exigências do chamado Estatuto da Cidade, exercitando a capacidade de perceber o futuro e a mediar conflitos de interesses, comuns em projetos como este.

Após estas experiências, retornei a gestão de sistemas educacionais quando fui convidado para assumir a **Subsecretaria de Educação Básica da Secretaria de Estado de Educação do Distrito Federal**, em janeiro de 2007.

Ali, na pressão própria e característica do Distrito Federal, tive a oportunidade de colocar em prática a experiência acumulada no exercício da *práxis* entre a formação acadêmica e a ação cotidiana. Tive a oportunidade de formular, juntamente com o corpo técnico da SEE-DF, projetos de políticas públicas para Leitura e Língua Portuguesa, Matemática e Ciências, Educação Especial, Educação profissional, Construção da Base Curricular Comum, Implementação da Política de Valorização da Educação de Jovens e Adultos, Implementação da Política de Redução da Violência Escolar, reestruturação das unidades de atendimento a medidas socioeducativas, o mapeamento dos alunos com defasagem idade-série, gestão escolar/escolha de diretores, reestruturação do atendimento a alunos com necessidades especiais, a ampliação do número de vagas na educação infantil etc.

Após isso, tive oportunidade de ser convidado e assumir a função de **Subsecretário de Ensino da Secretaria Municipal de Educação** da cidade do Rio de Janeiro, que possui a maior rede municipal da América Latina, em janeiro de 2009. Nesta função, desenvolvi atividades no campo da implantação e implementação curricular para todas as séries; a produção de políticas focalizadas para 150 escolas municipais localizadas em áreas de risco (Escolas do Amanhã); identificação de 28.000 alunos dos 4°, 5° e 6° anos analfabetos estruturais, com os respectivos processos de aprendizagem que solicitou a formação de 1.000 novas turmas com professores e materiais de ensino adequados a situação emergencial identificada; a definição de políticas de leitura etc. Cabe ressaltar que neste período de atividade na função não deixei as atividades docentes no programa de Pós-graduação do CEFET/RJ.

De retorno ao CEFET/RJ, fui escolhido pelo colegiado para a **Coordenação do PPECM-Programa de Mestrado em Ensino de Ciências e Matemática**, programa do qual era docente desde sua criação em 2002, no período compreendido entre 04/2010 a 08/2011.

Deixei a Coordenação do PPECM para assumir a **Diretoria de Gestão Estratégica/DIGES** do CEFET/RJ, função esta que ocupei de 08/2011 até 02/2013.

Acumulei, neste mesmo período a função de **Autoridade Local da Lei de Acesso à Informação**, cuja implantação e implementação esteve sob minha coordenação.

Presentemente, fui escolhido novamente para a **Coordenação do PPECM-Programa de Mestrado em Ensino de Ciências e Matemática** para o biênio 04/2014 a 04/2016.

Participei, em 2010, da elaboração do **Projeto do Programa de Mestrado Acadêmico em Ciência, Tecnologia e Educação**, ao qual se agregou o **Doutorado em Ciência, Tecnologia e Educação-PPCTE**, em 2013.

Deixo de citar nossas participações em órgãos de representação colegiada do CEFET/RJ, tais como CEPE-Conselho de Ensino, Pesquisa e Extensão e Conselho do DEMET.

2. DA FORMAÇÃO E DA PRODUÇÃO ACADÊMICA

A obtenção da **Bolsa de Pós-graduação do CNPq, resultante do Prêmio Jovem Cientista**, iniciou o caminho da formação. Desenvolvi por 18 meses (1984–1985) pesquisas no IQ/USP, sob a orientação da Profa. Dra. Reiko Isuyama em torno do tema *Reaproveitamento de Materiais como Alternativa de Ensino*, que foi consagrado nas apresentações em eventos nacionais e internacionais da época.

Após isso, busquei o **Mestrado em Educação** (1986–1992), na FE/UFRJ. Pesquisei a relação entre a ação do professor de Química e o impacto social desta atividade, trazendo a discussão sobre a construção social da ciência e da tecnologia e da Abordagem CTS, discussões incomuns àquela época. Já estava atento para o movimento CTS-Ciência, Tecnologia e Sociedade, que se fortalecia no exterior e que propunha uma relação mais estreita entre a construção social da Ciência e da Tecnologia, bem como o estudo de impacto da produção científica e tecnológica na vida social. Foram tempos enriquecedores onde os debates com meu orientador, Antônio Flávio Barbosa Moreira, e demais professores eram enriquecedores.

Nesta época, já havia publicado o meu primeiro livro, *Manual de Química Experimental* (1991, Ática), que foi resultado de anos de lutas para obter informações que estavam esparsas a fim de realizar os projetos de ensino de química. O *Manual* reúne aquilo que os professores necessitam para organizar aulas experimentais. Eles não passariam mais pelos problemas que eu passei! O *Manual de Química Experimental* foi completamente revisto e ampliado, tornando-se uma nova obra, agora com a coautoria de Pedro Faria (UNICAMP) e publicado pela editora Átomo (2010). Meu segundo livro, *O que é Química* (1992, Brasiliense), com edição revista e ampliada em 2008, pela Coleção Primeiros Passos, atendeu a preocupação de tornar o Ensino de Química mais atraente e crítico e que recebeu calorosa acolhida de Caio Graco, da Editora Brasiliense, que aprovou pessoalmente o original. Também já respondia como **Representante brasileiro no Comitê de Educação Química CCE/IUPAC-***International Union of Pure and Applied* **Chemistry,** *Fellow* **da IUPAC** e Diretor de Educação da ABQ-Associação Brasileira de Química.

Levado pelas experiências de Gestão Pública, iniciei os estudos de **Doutorado na FE/UFRJ**, pesquisando como as técnicas de cenários futuros poderiam ser aplicadas à Educação permitindo a formulação e implementação de Políticas Públicas.

A tese de doutorado resultou na publicação dos livros *Os cenários futuros para a educação* (2009, FGV) e *Controvérsias em Educação: Exercícios de simulação com múltiplas visões sobre questões educacionais* (2005, Papel Virtual).

Apesar de não apresentarmos comprovação aos anexos, possuímos dois originais em análise editorial: o *Introdução as Estudos das Políticas Públicas*[1] (fruto do Pós-doutorado) e o *Enfoque CTS na Educação e no Ensino*[2].

No conjunto das atividades acadêmicas, dividi a produção e atuação entre os campos da Educação e do Ensino de Ciência e Tecnologia (especialmente no campo CTS).

No campo da educação especialmente, tive a oportunidade de publicar, em 2002, o *Políticas Educacionais de Redução da Violência: Mediação do Conflito Escolar* (Biruta) que se tornou obra de referência nacional no tema Convivência e Violência Escolar. Uma segunda publicação na área, derivada da primeira, intitula-se *Mediação do Conflito Escolar* (2011, Biruta). Desde 2002, venho pesquisando e publicando regularmente sobre este tema.

Dando continuidade à formação acadêmica no viés da Gestão Pública, realizei **Estágio Pós-Doutoral**, no ano de 2011/2012, na FGV-Fundação Getúlio Vargas, na EBAPE-Escola Brasileira de Administração Pública, onde pesquisamos acerca do perfil dos gestores educacionais e a sua formação em Políticas Públicas com vistas a formulação e execução de Políticas Públicas setoriais.

Durante este período, tive oportunidade de realizar estudos de **Pós-graduação em (1) Política, Planejamento e Gestão da Educação** (360h. FE/UFRJ) e (2) **curso de especialização à distância, em CTS-Ciência, Tecnologia e Sociedade** (*Universidade de Oviedo*/OEI), além de cursos de curta duração em *Química Sustentável (Universidad Nacional do Litoral/Argentina)*, dentre outros.

---

[1] CHRISPINO, Alvaro. Introdução ao Estudo das Políticas Públicas – Uma visão interdisciplinar e contextualizada. 1. ed. Rio de Janeiro: FAPERJ/FGV, 2016. 252p

[2] CHRISPINO, Alvaro. Introdução aos Enfoques CTS (Ciência, Tecnologia e Sociedade) na Educação e no Ensino. 1. ed. Madrid - Espanha: OEI - Organização dos Estados Iberoamericanos, 2017. 181p.

Atualmente, participo no **curso Sociologia da Tecnologia**, junto ao Mestrado em CTS-Ciência, Tecnologia e Sociedade, na *Universidad Nacional de Quilmes* (Argentina), que é referência na área, a convite do professor responsável, Prof. Dr. Hernan Thomas, cujas obras orientam a área. O referido mestrado possui convênios de cooperação com diversos programas latino-americanos e europeus.

3. ATIVIDADES GERAIS

Paralelamente as atividades de **docência no Ensino Médio e na Pós-graduação do CEFET/RJ (PPTEC, PPECM e PPCTE)**, que nunca foram interrompidas quando do desenvolvimento de outras funções na Instituição, desenvolvi outras atividades que são descritas sinteticamente a seguir.

Sou **Bolsista de produtividade em pesquisa do CNPq-Conselho Nacional de Desenvolvimento Científico e Tecnológico** (2013-2016), Processo: 305889/2012-5.

Possuo pesquisa financiada por Edital Universal do CNPq, (2013-2016), Processo: 477727/2013-1, já tendo obtidos dois outros financiamentos de Editais Universais do CNPq na área da Educação nos anos de 2007/2009 e 2010/2012.

Presentemente, ocupo a função de **Presidente Nacional da ABQ - Associação Brasileira de Química**, fundada em 1922.

Além das atividades Acadêmicas e de Gestão Pública descritas sucintamente, posso elencar uma série de atividades outras que podem ser enquadradas no campo do Serviço Relevante, como a função de **Conselheiro do Conselho Regional de Química, 3ª Região**, as funções de **Diretor de Educação da ABQ**-Associação Brasileira de Química, **Representante do Comitê de Ensino de Química da IUPAC** no Brasil, **Diretor da ANPAE-Associação Nacional de Política e Administração da Educação/RJ**.

Sou **Editor Associado das revistas Ensaio: Avaliação e Políticas Públicas em Educação** e *Educación Química* **(UNAM/México)**, ambas Qualis A1 em Educação.

Faço parte de inúmeros **Conselhos Editoriais de periódicos nacionais e internacionais**, tais como: Ensaio. Avaliação e Políticas Públicas em Educação, Revista de Química Industrial, Meta: Avaliação, *Educación Química* (UNAM/México), REnCiMa – Revista de Ensino de Ciências e

Matemática e *Interacções* (Portugal), Revista Brasileira de Política e Administração da Educação (2004 – 2006) e Tecnologia & Cultura (CEFET/RJ, 2006 – 2013).

Sou **Revisor de Periódicos**, desde 2000, das seguintes revistas: Ensaio: Avaliação e Políticas Públicas em Educação, Varia Scientia, Revista Brasileira de Estudos Pedagógicos (INEP), Revista Brasileira de Política e Administração da Educação (ANPAE), Educação em Revista (UFMG), Ciência e Educação (UNESP), Revista Portuguesa de Educação, Química Nova na Escola, Contexto & Educação, Currículo sem Fronteiras, Amazônia - Revista de Educação em Ciências e Matemáticas, Alexandria (UFSC), Revista Brasileira de Pesquisa em Educação em Ciências e Revista Brasileira de História da Ciência.

Sou cocriador, juntamente com seu idealizador, o Prof. Sérgio Melo (UFC), **da Olimpíada Iberoamericana de Química**, que chega a envolver 165.000 estudantes anualmente.

Desenvolvi tarefa de **Avaliador projetos para órgãos de Fomento Públicos**, tais como: CNPq-Conselho Nacional de Desenvolvimento Científico e Tecnológico, CAPES-Coordenação de Aperfeiçoamento de Pessoal de Nível Superior, FAPERJ-Fundação Carlos Chagas Filho de Amparo à Pesquisa do Estado do RJ, Fundação de Amparo à Ciência e Tecnologia do Estado de Pernambuco, Fundação de Amparo à Pesquisa do Estado de Minas Gerais etc.

Sou responsável, nos Cursos de Mestrado e Doutorado do Programa de Pós-graduação em Ciência, Tecnologia e Educação/PPCTE, pela área de pesquisa CTS, orientando pesquisas, disseminando resultados e participando de eventos especializados na área. A produção cientifica qualificada é numerosa. Desde 2007 participo de **Pesquisa Internacional colaborativa** intitulada *PIEARCTS – Projeto de Avaliação de Atitudes relacionadas com Ciência, Tecnologia e Sociedade*, tendo recebido auxílio financeiro de Editais Universais do CNPq para desenvolvimento da pesquisa no Brasil e para a disseminação de resultados. Participam do PIEARCTS o Argentina, Brasil, Colômbia, Espanha, México, Panamá e Portugal, sob a coordenação de Angel Vazquez, da Universidad de Ilas Baleares (Espanha).

4. SÍNTESE DA PRODUÇÃO

Constam da nossa produção, neste período, 1992 a 2014, nas diversas áreas de nossa atuação:

- Orientações em curso (2014):
  a) 03 orientações de Doutorado
  b) 07 orientações de Mestrado
  c) 02 orientações de Especialização (360h)
  d) 01 orientação de Iniciação Científica/CNPq – Edital Universal
- Orientações concluídas
  a) 20 orientações de Mestrado
  b) 15 orientações de Especialização (360h)
  c) 07 orientações de Iniciação Científica/CNPq
- Participação em Bancas
  a) 05 de defesa de Doutorado
  b) 06 de qualificação de Doutorado
  c) 32 de defesa de Mestrado
  d) 05 de Especialização (360h)
- 48 artigos em periódicos nacionais e internacionais;
- 14 livros publicados e dois em edição, entre profissionais e espíritas.
- 09 capítulos de livros em obras nacionais e internacionais;
- 36 Trabalhos completos publicados em anais de congressos;
- 72 apresentações de trabalhos em eventos e
- 124 textos em jornal visando divulgação para o grande público;

COLÉGIO PEDRO II

Memorial destinado à avaliação de desempenho

Para progressão à classe de titular

CANDIDATO: ANDRÉ LUIS TATO

(Departamento de Física)

Rio de Janeiro, 03 de novembro de 2022.

1. DESENVOLVIMENTO PESSOAL

Nascido em 08 de outubro de 1978, passei as primeiras semanas de vida em uma incubadora após acidente com oxigênio no parto e destruição parcial dos alvéolos pulmonares. A priori, uma criança fora do normal para a época pelo hábito de realizar movimentos repetitivos por horas.

Minha criação inicial se deu em diferentes espaços familiares, devido à falta de estrutura parental, fruto de ascendência também em estruturas desorganizadas. Na casa da Zilah e do Tato, meus avós maternos, me ensinaram como lidar com ferramentas e manutenção de casa desde cedo: encerar chão na mão, limpar quintal, cuidar de plantas, construir e reformar "engenhocas" ou eletrodomésticos etc. Essas habilidades foram úteis durante toda minha formação e vida profissional, acessada a cada necessidade de montagem. As histórias da Segunda Grande Guerra vividas pelo Tato foram o início da história dos lançamentos de foguetes, atividade em que representei o Colégio Pedro II por anos seguidos, de 2009 a 2014, na Olimpíada Brasileira de Foguetes.

O velho Tato me apresentou aos instrumentos de medida que eu conheceria oficialmente apenas na escola técnica e na faculdade. Construímos até um secador de roupa em tamanho que nunca mais vi na minha vida, feito apenas com Arame, tijolos, cortina plástica grossa e um ventilador usado. Já se encontravam aí as habilidades que, mais tarde, seriam aplicadas na minha vida de professor de Física e apaixonado pela ciência prática: uso de multímetro, aplicações em eletricidade residencial utilizadas em minha casa (símbolo de economia de energia com instalação fora do padrão), exemplos de construções sócio-históricas em preparo de aula, uso de ferramentas em geral, o reiterado interesse em assistir documentários sobre a segunda guerra.

Na casa da dona Zezé e do seu Ari, avós paternos, convivi com árvores, cachorros, galinhas, porcos e cavalos. Aprendi a alimentar animais, identificar odores, observar comportamentos e a procurar alimento, não por necessidade, mas pela cultura enraizada de meus ascendentes: pesca de linha e tarrafa em água salgada e doce, caça de rã, coleta de tatuí, marisco etc. Para essas atividades, foi necessário aprender a ver, ouvir, sentir. Dona Zezé ainda me ensinou a costurar à mão: eu mostrava orgulhoso a cada camisa minha que eu remendava. Nesse ambiente, as pessoas não possuíam estudo acadêmico, mas contribuíram com a minha formação, cada qual da sua forma, incluindo os tapas na cabeça dados por meus tios para que eu falasse com as pessoas à minha volta. O valor dado à leitura era proporcional às marcas de cocô de galinha nos livros de Monteiro Lobato, cuja coleção completa li com aproximadamente 10 anos de idade.

Essa vivência em ambiente tão rico em estímulos da natureza e vida prática me dotou de competências singulares, como a capacidade de lidar com situações de escassez e a observação minuciosa do entorno e pessoas, habilidade que, já no meu curso de doutoramento, me motivou a buscar amparo acadêmico em cursos sobre percepção sensorial. Além disso, a convivência prolongada com essa comunidade praticamente rural da zona Oeste do Rio de Janeiro me auxiliou na superação parcial dos problemas de comunicação advindos, hipoteticamente, da falta de óxigênio por tempo prolongado. Minha fala e interação se aproximaram do considerado normal, e eu desenvolvi o entendimento de que é importante cumprimentar a todos à minha volta, independentemente de condição econômica ou posição social.

Na casa da Telma, vulgo *mamãe*, onde passei a maior parte do tempo após 1985 aproximadamente, posso afirmar que fiz curso intensivo de sobrevivência no mundo. Ainda no primário já dormia sozinho em casa, ia e voltava sozinho da escola e comia comida azeda, porque esquecia de colocar as panelas na geladeira

Tais experiências me ensinaram que "Quem tem boca vai à Roma" (no sentido de me deslocar sozinho pelo Rio de Janeiro pedindo informação por onde passava) e que "Ninguém morre de fome na frente de um prato de comida", aprendizado que, quando possível, tento passar adiante, como para os alunos que eu levava para a competição de foguetes. A identificação de relevos característicos de áreas de enchentes é extremamente útil, por exemplo, em diversas aulas incluindo estudo de referenciais não inerciais, objeto de alguns de nossos (por ser trabalho de grupo de pesquisa) últimos trabalhos em grupo enviado a eventos de Ensino de Física.

A Telma achava estranho, mas na infância eu já reclamava de seus gastos comigo,sempre pensando em economizar dinheiro: Não queria festa, não queria presente ... e ainda entrei no corretivo compulsório quando fui "trabalhar" como "marrequinho" nas casas Sendas. Eu ainda não tinha noção, mas minhas atitudes com tão pouca idade já demonstravam como eu conseguia, em termos de resiliência, dar tantos tempos de aula logo no início da carreira de professor e ainda estudar para terminar a faculdade.

A estante de livros era bem diversificada, indo de Jorge Amado, passando pelos livros de Ginecologia, teorias de base da medicina chinesa, esoterismo até Simone de Beauvoir, com "O segundo Sexo". Conversar com a Telma sobre o que era lido também fez bastante diferença em minha formação e o que me tornei enquanto professor.

Em dado momento da minha pré-adolescência, Telma, médica de formação, fez um curso de acupuntura em São Paulo. Na ausência de cobaias/colegas de curso próximos para treinar, Telma me colocava de cueca e transformava meu corpo em agulheiro enquanto aprendia a identificar os pontos de acupuntura. Com a Telma, aprendi a "ler" pulso ainda cedo, desenvolvendo sensibilidade manual útil para diagnósticos nos dias atuais.

Aliás, a acupuntura me presenteou com um dos momentos mais caros da minha vida adulta: meu reencontro com "tia" Tânia, professora que me alfabetizou em 1984. Tal encontro se deu no ano de 2019, quando eu já tinha 41 anos de idade, enquanto a tratava no ambulatório de acupuntura do Lar de Frei Luiz, onde atuo como voluntário.

Foto 1: "Tia" Tânia à esquerda da foto e eu à direita.

Fonte: acervo do autor.

Ainda no que diz respeito à influência da minha mãe na minha formação, pude crescer atestando a importância da diligência no trabalho que abraça. Em datas comemorativas, era comum ficar com a Telma na emergência do hospital. Filho de obstetra, vi dezenas de mulheres grávidas (exemplos biomecânicos de variação de centro de massa), assistia partos, peguei instrumentos, ajudei a empurrar maca e posso afirmar que vi bastante coisa na emergência do Hospital Rocha Faria na década de 1990.

2. INSTITUIÇÕES DE ENSINO

2.1 Centro Federal de Educação Tecnológica Celso Suckow da Fonseca – CEFET-RJ (1995-1997)

No CEFET, matriculado para cursar o Ensino Médio Técnico em Mecânica, em 1995, após concurso público de admissão realizado no antigo Maracanã, tive minhas primeiras lições de "independência ou reprovação". Parte dos professores ministrava aulas de excelência, e outra parte sequer aparecia para dar aula, apesar de quase todas as provas serem difíceis.

Alguns episódios são memoráveis:

1. Professor aparecer para primeira aula, já decorridos uns dois meses do início do ano letivo, ser informado pelos alunos que teria prova na semana seguinte, "virar o quadro" (apoiado por um eixo central em cavalete) com o conteúdo e ir embora.
2. Professor não aceitando trabalho da disciplina fora da data combinada. Na mesma data, o CEFET passou por enchente com transbordamento do Rio Maracanã e ninguém foi à escola, nem o corpo docente ou a pessoa que passou o trabalho.
3. Entregar o desenho técnico ao professor e ficar ao lado dele, mantendo-o acordado, pois ele poderia dormir por cima do desenho, sujá-lo espalhando o grafite com os braços ... e acordar alegando nota zero pela falta de higiene do trabalho (alguns trabalhos levavam dezenas de horas até a versão final).

4. Professor dando prova com duas questões e, quase terminando a segunda hora de prova, com os alunos ainda começando a segunda questão, enquanto acabava o tempo ... e o professor informar que a primeira questão estava anulada e que toda nota seria dada sobre a segunda questão.
5. Professor dando aula de costas para a turma e escrevendo com letra corrida como se o quadro fosse um caderno, enquanto falava em tom de murmúrio.

A distribuição de disciplinas não permitia competitividade com igualdade de oportunidades para o antigo vestibular:

a) História apenas no primeiro ano com dois tempos semanais
b) Biologia apenas no primeiro ano com dois tempos semanais
c) Geografia apenas no segundo com dois tempos semanais
d) Química em dois anos com 3 tempos semanais
e) Português, Matemática e Física em 3 anos com 3 tempos semanais cada.

Os casos citados, apesar do baixo aproveitamento acadêmico, contribuíram para: 1 – preparar o meu psicológico para o que viria na faculdade de Física; 2 – proporcionar alguma autonomia na busca de conhecimento; 3 – motivar a busca por curso para complementar conteúdos, o que acabou me levando precocemente ao magistério.

Em contrapartida, os professores que davam aulas excelentes, possibilitando a seus alunos seguir com os estudos, eram de nível alto pela relação "professor bom/alunos concursados".

Em Desenho, por exemplo, passávamos horas entretidos manipulando instrumentos, incluindo compassos de precisão. O jogo de compassos que ganhei na primeira série ainda guardo de lembrança para tentar fazer o mesmo com minha filha.

No terceiro ano, a professora de matemática Vânia Moreno nos ensinou Cálculo Básico com o livro universitário "Cálculo A". Nenhuma escola particular nos ofereceria tal conteúdo.

É importante salientar que eu não concluí o curso técnico do CEFET: após episódio de estafa, um professor de desenho, o Carneleto, gastou bastante tempo conversando comigo no corredor do bloco D, cujo resumo poderia ser "Se você quer cursar uma faculdade, vai embora. Aqui você terá uma profissão, vai ganhar algum dinheiro, vai constituir família, comprar um carro, quando perceber, não terá mais coragem de abandonar esse trabalho que vai te fazer acordar triste todos os dias da sua vida.". Entrei em sala, em setembro de 1997, arranquei meu desenho da mesa, joguei fora e nunca mais voltei.

Foto 2: Exemplos de desenhos técnicos feitos nas aulas do CEFET

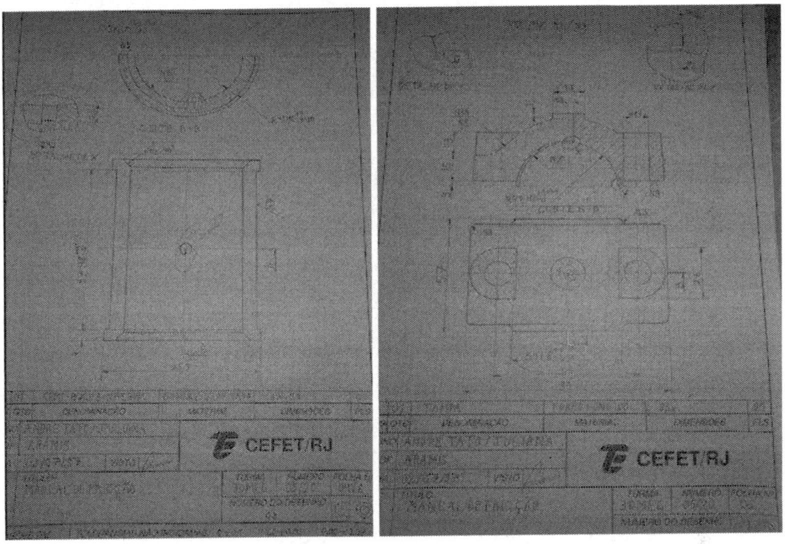

Fonte: acervo do autor.

A busca por conteúdos para complementar o não disponibilizado pelo CEFET me levou a um curso noturno - nome aqui omitido porque não cito quem não cumpre seus compromissos empregatícios com professor - onde conheci a professora Marina Loureiro (hoje professora do Departamento de Língua Portuguesa do Colégio Pedro II), pessoa que me convenceu a dar aulas na condição de monitor, duas tardes por semana, no segundo semestre de 1997.

Nesse mesmo ano, conheci o faxineiro e vigia da escola, o paraibano José do Egito. Em 1998, quando tirei o ano para estudar apenas para a faculdade, o único horário do Zé para estudar era de madrugada, após faxinar as salas de aula do noturno. Várias vezes ajudei o Zé a terminar a limpeza das salas para poder estudar com ele. Dependendo da hora, eu dormia pela escola na mesa da biblioteca e já ficava para a aula do dia seguinte.

Essa sequência de episódios também exemplificam o professor que futuramente trabalhava em 3 turnos sem remuneração extra para melhor atender alunos atendidos pelo antigo Setor de Educação Especial.

2.2 Universidade do Estado do Rio de Janeiro – UERJ (1999 - 2004)

Minha experiência como aluno da Uerj não foi muito diferente da do CEFET em alguns aspectos. Destacando os pontos positivos, cito:

a) Experiência na iniciação à docência do Projeto INVEST-UERJ, Ensino Médio oferecido pela UERJ a seus servidores cuja escolaridade fosse apenas primeiro segmento do Ensino Fundamental. A principal influência da iniciação à docência veio com um projeto realizado na Ilha Grande, vilarejo do Abraão, na Escola Estadual Brigadeiro Manuel Nóbrega, nos anos de 2000 e 2001. Esse projeto ocorreu durante o período de férias da UERJ e visava atender alunos da Ilha Grande no Ensino Médio com projetos interdisciplinares.

b) Aulas de Prática de Ensino de Física e primeiras experiências com trabalhos acadêmicos na área de Ensino de Física junto às professoras Maria da Conceição de Almeida Barbosa Lima e Glória Regina Pessoa Campelo Queiróz.

c) Aulas de Termodinâmica com o professor Aníbal e seu famoso "seu relatório tá uma meeeeeeeeeeeeeerd !", seguido de tapa na mesa.

Em vários momentos, pensei em desistir devido à carga insana entre trabalho e estudo. Coisas como ser reprovado porque a professora resolveu dar aula na casa dela e você não ficou sabendo do acordo são coisas que deixam a pessoa bem triste. Dessa vez, ao invés do Carneleto com sua sábia observação sobre a vida, apareceu a Conceição para dizer algo como "Você vai largar a UERJ por uma universidade privada faltando 8 matérias? Isso não tem sentido". Ela estava certa: aguentei e me mantive na UERJ até meados de 2004 na conclusão de curso. Sem esse momento, aparentemente bobo, provavelmente eu não estaria além de aulas na rede privada nos dias atuais.

2.3 CEFET-RJ mestrado (2006-2009)

No Mestrado Profissional em Ensino de Física, ainda em seus primórdios, no ano de 2006, não tive aproveitamento pleno pela alta carga horária semanal em sala de aula. Inicialmente, a junção de 20 tempos no Pedro II com 12 tempos na Rede Estadual de Ensino e ainda uma média de 20 tempos na rede privada não contribuíram para a formação acadêmica. A vida estava instável após atraso na posse do Pedro II.

Nesse mestrado, aprendi a gostar e respeitar a pedagogia e seus referenciais teóricos. Inicialmente, os estudos se concentraram na construção de curso de Óptica Geométrica baseado no olho humano. As necessidades inerentes a tal proposta me levaram a estudar oftalmologia básica, posteriormente base de atendimento a alunos com baixa visão no Colégio Pedro II ou, como chamavam na época, visão subnormal.

A entrada no mestrado, ocorreu meses antes da posse no Colégio Pedro II. A escolha pelo campus São Cristóvão III, o mais próximo do CEFET-RJ, no ano de 2006, modificou minha carreira de forma inimaginável: o contato com mais de vinte alunos com deficiência visual atrelou toda minha produção dos anos seguintes.

É curioso pensar na forma como ocorreu a troca de projeto: o curso de Óptica baseado na visão humana pelo material de escrita matemática em Braille, meu produto final de dissertação. Minha orientadora, a já citada professora Conceição, em seu papel de orientar, declarou algo como "na deficiência visual você está estudando, produzindo e já tem dados. Para sua proposta inicial de projeto você não tem nada. Troca de projeto ou não termina o mestrado". Novamente ela estava certa e as atividades com alunos deficientes visuais guiaram minha produção acadêmica até recentemente.

2.4 Universidade de São Paulo – USP

A entrada na USP foi algo bem conturbado. O amigo Roberto Soares, como grande incentivador, me mostrou que era possível, indicando o "caminho das pedras". O processo seletivo foi bem cansativo, realizado em diferentes dias, envolvendo prova de idiomas, defesa de projeto etc. A logística do processo seletivo envolveu transporte, alimentação e estada em local desconhecido com recursos limitados.

A entrada no doutorado dependia ainda de uma mudança no horário docente permitida pelo então diretor do Campus Realengo II, Miguel Ângelo Villardi. Fizemos acordo verbal antes do processo seletivo e, após classificação, Miguel cumpriu sua palavra como pessoa honrada.

Tudo pronto: bastava agora me deslocar toda semana para São Paulo, saindo na segunda de manhã e retornando na quarta. Os encontros de grupo aconteciam de duas a três vezes no ano nas cidades de Bauru ou Ilha Solteira: bastava umas horas entre avião e ônibus em cidade desconhecida, uns dias em algum hotel e muito estudo.

Um grande diferencial do Programa Interunidades em Ensino de Ciências da USP era a oportunidade de cursar disciplinas em diferentes institutos. Isso possibilitou assistir a aulas de disciplinas na Física, na Faculdade de Educação e na Filosofia.

Para a defesa da Tese "Atividades Multissensoriais para o Ensino de Física", fiz questão de uma banca inclusiva: uma bióloga trans(UFSE), um físico negro (USP) e o ilustríssimo presidente da banca, Prof. Éder Pires de Camargo, primeiro professor cego livre docente do Brasil, atuante na Universidade Estadual Paulista (UNESP), constituíram 3/5 da banca. Os demais foram o prof. Cristiano Mattos e a prof. Maria da Conceição de Almeida Barbosa Lima.

Foto 3: Momento logo após a defesa de doutorado no Instituto de Física da USP

Fonte: acervo do autor.

3. ATIVIDADES PROFISSIONAIS MAIS RELEVANTES FORA DO PEDRO II

Desde a indicação da professora Marina Loureiro para ser monitor em 1997, minha futura vida profissional iniciou seu curso antes mesmo de desistir da medicina pela necessidade de trabalhar. Em 1998 já substituía professores que precisavam faltar, independentemente da série ou de aviso prévio. Eu costumo dizer que comecei cedo como professor não porque era bom, mas porque o que era feito nas escolas e cursos era tão ruim, que até eu conseguia fazer. As mesmas sequências de aulas em diferentes instituições, questões sempre parecidas e "mesmo planejamento" possibilitam a um garoto treinado a perguntar "onde a matéria parou?" e seguir normalmente com o programa.

Em 1999 peguei minha primeira turma como professor regente, reconhecido por sentença judicial a partir do ano 2000, após 8 professores se demitirem de determinada turma naquele ano. No mesmo ano, passei a pegar outras turmas, conforme necessidade de direções desesperadas por um substituto de Física que aceitasse qualquer horário, incluindo aqueles projetos do antigo pré-vestibular ... domingo às 8h, por exemplo, ou nos buracos dos professores mais antigos (nem vou dizer formados, porque muitos não eram), pulando feito pipoca (termo de época para professores que corriam mais de duas unidades no mesmo dia) com intervalos de tempo mínimos.

No ano 2000, apareceram duas novidades: turmas pré-militares em curso específico para esse fim, onde por erro de comunicação atuei como professor de Química (reitero aqui minha crítica ao necessário para ocupar o cargo), e turmas de Matemática para as crianças da quarta série. Ambas pagavam bem com horários corridos, tornando a vida melhor. No pré- militar, me sentia animador de auditório e na quarta série, "um tira no jardim de infância".

Quem me contratou para as aulas na quarta série foi uma pessoa muito especial na minha vida, a senhora Eliene, a querida Liu, com seu marido Ronaldo. Seu curso era muito disputado, e eu recebi uma oportunidade quando um professor de matemática se demitiu na sexta à noite e precisavam de alguém para o sábado de manhã. Deu tão certo, tomando por base os índices de aprovação para o Pedro II e Colégio Militar, que atuei com eles até o ano de 2007 e mantemos contato até os dias atuais.

Nos anos seguintes, segui o mesmo ritmo, chegando a ter 7 "empregos" ao mesmo tempo, além de alguns projetos que apareciam. Sempre em várias frentes, cada vez mais eu me convencia de que não era necessária muita coisa para ser professor, considerando o que era exigido dentro da realidade conhecida.

Ao terminar a faculdade, em 2004, ganhei a possibilidade de realizar concursos públicos, e logo entrei para a Rede Estadual de Ensino. Permaneci na Rede até o ano de 2009, quando alterei meu regime para dedicação exclusiva no Colégio Pedro II.

4. CONCURSOS

O ano de 2005 foi um ano muito marcante na minha vida: todos os meus empregos de escola particular resolveram parar de pagar no início do ano e o Estado se tornou minha única fonte fixa de renda até as aulas na Liu reiniciarem (a gente trabalhava por aula dada por ser algo sazonal). Em dado momento, em torno do mês de abril, consegui uma escola particular com bom pagamento por hora e fui me retirando das escolas devedoras (nem os 11% de INSS descontados eram depositados).

No segundo semestre de 2005, chegaram os concursos para o magistério no CEFET, no Colégio Pedro II, além da prova do mestrado no CEFET-RJ. Nervosismo zero ... não iria passar mesmo, era só experiência e estava tudo certo. No magistério do CEFET, acabei em sexto lugar e nem conferi a chamada, considerando que o Pedro II me convocou antes.

Para a prova do Pedro II fui direto da praia e, vendo meus colegas tensos, minha sensação de impossibilidade de aprovação me manteve calmo o tempo todo.

Ao saírem as notas, percebi que cerca de 90% dos candidatos estavam reprovados ... e eu também, por 0,5 ponto. Pela pequena diferença, resolvi recorrer e detectei um erro de correção da banca relativo a exatamente esse meio ponto. Era uma questão de cordas vibrantes em que deduzi a equação a ser utilizada na hora da prova, e a banca não considerou a diferença de resolução que chegava ao mesmo resultado.

O intervalo de tempo entre ver a prova e entrar com o recurso era mínimo. Nesse dia, sem o auxílio da calma, pois a chance de entrar elevou o concurso a patamar de algo a definir minha vida, corri para casa para começar a rascunhar o recurso e ligar para os amigos perguntando como montar o recurso de forma a não ser desconsiderado independentemente de estar certo ou não.

Entre rascunhar, trabalhar, perder noite de sono pelo nervosismo, etc, faltava digitar para deixar tudo muito claro. Naquele tempo não era qualquer um que tinha computador e impressora em casa. Nesse momento, fui parar na casa do amigo de faculdade Marco Pacheco (Hoje professor do IFRJ). Ele digitou, acrescentou coisas à argumentação do recurso, imprimiu ... e, em seguida saí correndo para dar entrada no recurso: aceito e deferido.

O concurso de admissão para o mestrado do CEFET-RJ foi composto por prova discursiva seguido se entrevista. Nada a declarar sobre a prova. Sobre a entrevista, lembro que cheguei com camisa furada, suja e esbaforido. Entreguei para a banca uma declaração da diretora da escola estadual onde eu trabalhava, atestando que eu estava dentro da escola há mais de 24 h acabando o trabalho da feira de ciências. A banca se interessou pelo trabalho, uma bomba de água com sistema de irrigação baseado no parafuso de Arquimedes, montado com madeira, engrenagens de uma caixa de marcha desmontada, conduíte de fiação elétrica e outros materiais (habilidades desenvolvidas previamente ao magistério).

Ainda hoje me orgulho desse trabalho com alunos da rede estadual em 2005. Como os alunos trabalhavam de dia e estavam na escola à noite, trabalhávamos da saída do noturno até a madrugada dentro da escola. Na saída eu deixava os 4 alunos, todos com aproximadamente minha idade ou mais, dentro da Cidade de Deus pela falta de condução no horário.

5. PRODUÇÃO ACADÊMICA MAIS RELEVANTE E ATIVIDADES EXTERNAS A PARTIR DAPOSSE NO COLÉGIO PEDRO II EM ORDEM CRONOLÓGICA

2007
- Comunicação oral no I Congresso Internacional de Inclusão da Pessoa com DeficiênciaVisual: O Ensino de Física para Alunos com Deficiência Visual: um estudo de caso no ColégioPedro II
- II Fórum Regional de Educação Especial da Costa Verde: representante do Colégio Pedro II
- Palestrante no I Compartilhando Eficiências: A ciência e a arte de ser professor e de ser aluno
- ENPEC: Pôster intitulado "Material de Equacionamento Tátil"

2008

- III Congresso Brasileiro de Educação Especial: comunicação oral "Escrita matemática em braile para alunos do Ensino Médio"
- II Jornada de baixa visão: pôster "material de equacionamento tátil" com a questão das cores envolvidas

2009

- III Congresso Nacional de Ensino Fundamental: Oficinas"Apresentação sobre edição gráfica em alto relevo" e "De olho no olho".
- Workshop "Educação Inclusiva: Desafios no Ensino de Física" como palestrante
- XVIII SNEF (Espírito Santo): comunicação oral "expressões matemáticas e escrita braile", "ensino de física e estratégias para portadores de necessidades especiais".
- VII ENPEC (Florianópolis): Posteres "Concepções de calor e temperatura para alunos cegos", "Escrita matemática para alunos usuários do Braille: estudo de caso no Colégio PedroII", "Uma proposta de abordagem das leis de kepler em sala de aula com alunos com deficiência visual".
- IX Escola de Astronomia e II Jornada de foguetes, em Mendes, acompanhando os alunos Kauã e Richard Martin Souza (este foi medalha de ouro da Olimpíada Latino Americana de Astronomia em 2010 representando o Brasil).

2010

- III Jornada de Energia OBA (Penedo), conquistada por ter alunos entre as 25 melhores notas do Brasil

2011

- Pedagogia 2011- Encontro por la Unidad de los Educadores (Cuba): Comunicação Oral "Transposición Didactica: La Utilización de "Teaching Learn Sequences (TLS) como Herramienta de Otimización".
- VII Jornada Espacial (ITA) conquistada por ter aluna, Fernanda Moura, Hoje engenheira pelo IME, entre as 30 melhores notas do Brasil.
- XIX SNEF (Manaus): comunicações orais "A importância da Leitura para o Ensino de Física"

2012
- I SPACECAMP (São José dos Campos) acompanhando alunos
- VI MOBFOG: apresentação do trabalho "Lançando foguetes no Colégio Pedro II"

2013
- VIII Encontro de pós Graduação em Ensino de Ciências: Comunicação oral "AtividadesExperimentais nas aulas de Física: desenvolvimento da linguagem e cognição por meio de atividades multissensoriais".
- VII MOBFOG: apresentação do trabalho "Lançando foguetes no Colégio Pedro II".

2015
- X ENPEC (Águas de Lindóia- SP): Comunicação oral "Diversificação Sensorial nas Aulas de Física em escolas regulares: planejamento de atividades para todos os alunos"

2017
- XXII SNEF (São Carlos - SP): "A diversificação sensorial em sala de aula regular: o caso da biomecânica para o entendimento de conceitos não visuais", "Atividades multissensoriais parao ensino de física: significados semântico-sensoriais"
- XI FECTI – Feira de Ciência, Tecnologia e Inovação do Estado do Rio de Janeiro: "Introduçãodo aluno surdo no laboratório de biociências". Nesse ano ficamos com o terceiro lugarEstadual com nosso trabalho e fomos convidados a participar para etapa nacional, onde não comparecemos porque a verba para esse fim foi alocada em outra finalidade.
- XI ENPEC: conferencista com o título "Desafios e evolução da inclusão escolar a partir dade claração de Salamanca".
- Desafios da inclusão na educação básica – PIBID 2017 (IFRJ)
- Palestra do Instituto Nacional de Tecnologia (convidado PROPGPEC): "Inclusão e Alavancagem da Aprendizagem – materiais pedagógicos e metodologias

2018

- V Jornada Pedagógica de Ensino de Ciências e Biologia (CPII): "Produção de Videoaulas com tradução em LIBRAS como recurso didático suplementar à promoção de inclusão e alfabetização Científica de Estudantes Surdos" e "Proposta de sequencia didática para o ensino do tema membrana Biológica com utilização de modelos com significação tátil para alunos com deficiência visual".
- Palestrante na semana de planejamento 2018.1 do IFRJ campus Nilópolis: "Minha Escola está recebendo alunos diferentes... que bom! Temos novas oportunidades de aprender"

2020

- X SEMACIT – Semana de ciência e tecnologia 2020: "Perspectivas da natureza da ciência ematividades experimentais".
- IFRJ campus Volta Redonda - Seminários de Ciência e Tecnologia – palestra: "Tecnologias Assistivas para Escolas Regulares: Identificação, Análise e Justificativa"
- IFES palestra para a Licenciatura: "Recursos para Educação Especial, Formação de professores e Pesquisa em Ensino de Ciências".

2021

- IOSTE SYMPOSIUM 2020 (Organização Internacional para Educação em Ciência e Tecnologia): "Approach to the Nature of Science in experimental activities".
- Word Conference On Physics Education 2021: "Experimental Activities from the Inquiry based Learning and from the reflections about of the Nature of Science".
- SNEF 2021: "Guerra das Correntes - reflexões da natureza da ciência em uma atividade didática experimental", "linguagem utilizada em sala de aula no ensino de física: Câmara escura para alunos cegos, "uso da propriocepção e sistema vestibular no ensino do conceito de inércia: a inclusão sendo útil para todos", "Perspectivas da natureza da ciência em atividades experimentais", " Possíveis Contribuições de Discussões a Respeito da Metafísica na Formação de Professores de Física".

2022

- IOSTE SYMPOSIUM 2022 (Organização Internacional para Educação em Ciência e Tecnologia): "Argumentative Spaces from experimental didactic activities".
- Encontro Nacional de Pesquisadores em Ensino de Física – EPEF: "Limitações e potencialidades da Base Nacional Comum Curricular do Ensino Fundamental I na formação docente sob a perspectiva de uma práxis reflexiva para o ensino de Física", "Uso da Propriocepção e Sistema Vestibular no Ensino de Física: Conceitos de Velocidade, Aceleração e Força Através Da Realidade Virtual"
- Oficina de percepção sensorial aplicada ao Ensino de Ciências na semana da Química do IFRJ e, no mesmo dia, mediação de mesa redonda no evento de alinhamento do Mestrado Profissional em Ensino de Ciências do Colégio Pedro II.

Toda produção supracitada tem relação direta com as atividades desenvolvidas no Colégio Pedro II. Por isso, segue breve relato de desenvolvimento de atividades ao longo dos anos.
Algumas informações, apesar de repetidas, servem de conexão ao leitor diante da gama de atividades desenvolvidas.

6. BREVE RELATO DE ATIVIDADES

Minha experiência com Educação Especial se iniciou em julho de 2006, ao tomar posse como docente efetivo no Colégio Pedro II. Na primeira semana de trabalho, descobri ter alunos cegos e com baixa visão (casos variados clinicamente) e, a partir desse momento, passei a atuar na sala de recursos na condição de voluntário. Desde 2013 este local é denominado Núcleo de Atendimento à Pessoa com Necessidades Específicas, doravante NAPNE.

Universidades, como a Universidade Federal Fluminense (UFF) e a Universidade do Estado do Rio de Janeiro (UERJ), se aproximaram do Colégio Pedro II em busca de orientação a seus estagiários e estudantes de pós-graduação. Os anos de contato de professores universitários com o Colégio Pedro II favoreceram a abertura de disciplinas específicas de Educação Especial nas áreas de atuação dos orientadores de estágio.

Durante o ano de 2010, passei a maior parte do ano envolvido com o laboratório de Física do Colégio Pedro II e preparando alunos para as Olimpíadas de Astronomia (participando anualmente desde 2006 até os dias atuais). Como fruto material imediato, ganhamos medalha de outro na Olimpíada Latino-Americana de Astronomia (OLAA), com o aluno Richard Martim Souza. O Setor de educação Especial ficou por conta de pequenas atuações nos campi São Cristóvão III e Realengo.

De 2011 a 2017 estive novamente dedicado a alunos ligados ao Setor de Educação Especial com dificuldade de aprendizagem em função de alguma deficiência sensorial e altas habilidades, incluindo a formação continuada oferecida pelo Colégio Pedro II. Como fruto desse trabalho, participei: 1 - da equipe de Astronomia, Astronáutica e Ciências Espaciais doMEC, 2 – do processo de avaliação de cursos PRONATEC, 3 – banca corretora da Olimpíada Internacional de Astronomia, 4 – da Banca de concurso para professor efetivo e 5 – da avaliação de cursos PIBITI e PIBIC em Institutos Federais.

No ano de 2017, fui nomeado chefe de NAPNE pelo Diretor do *campus* Realengo II. O NAPNE em questão atendia a cerca de 100 jovens entre Ensino Fundamental II e Ensino Médio. Dentre os casos que recebem atendimento pelo NAPNE, tínhamos alunos cegos, surdos, TDAH, autistas, etc. Ainda neste NAPNE, desenvolvemos projetos envolvendo Astronomia, robótica, formação docente, etc.

Dentro do projeto de robótica, construímos ainda uma montanha russa virtual, utilizada para ensino de Física e Matemática através de estímulos proprioceptivos. Todas as atividades de robótica foram apresentadas no Festival de Matemática ocorrido no *campus* Realengo II.

Na sequência, seguem algumas fotos de atividades desenvolvidas.

Foto 5: robô programado por aluno diagnosticado com múltiplas deficiências

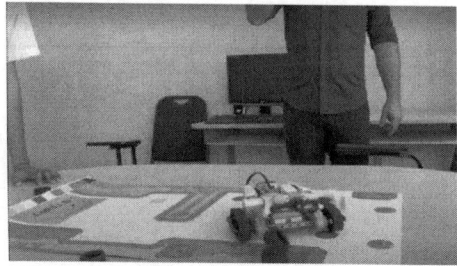

Fonte: acervo do autor,

Foto 6: Montanha russa virtual com materiais reaproveitados e exemplo de imagem interna dos óculos 3Dutilizado

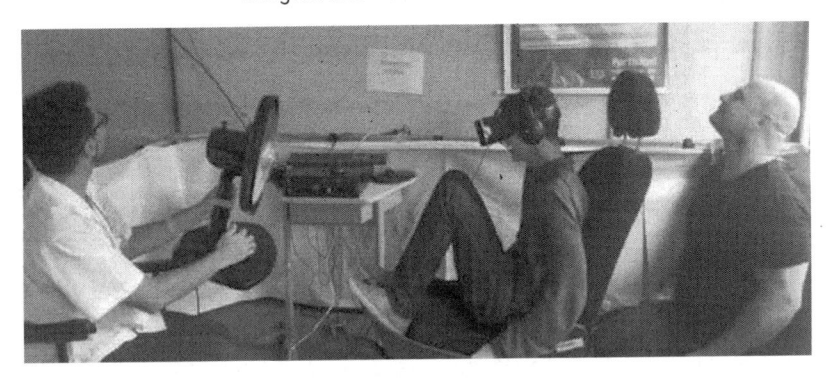

Fonte: Acervo do autor.

Fotos 7 e 8: Visita técnica ao Jardim Botânico do Rio de Janeiro para auxiliar na construção das novasacessibilidades.

Fonte: Acervo do autor.

6.1 Entrevistas e programas de TV

Aqui foram selecionadas apenas as mais relevantes de muitas, encontradas facilmente pesquisando na internet as palavras "André Tato Professor de Física".

2009

Física na ponta dos dedos: reportagem para o canal Ciência hoje. Esse vídeo, amplamente divulgado por plataformas como o "passei direto", até os dias atuais ainda fazem pessoas (estudantes de pedagogia da rede privada principalmente, pelo acesso ao "passei direto") me reconhecerem na rua em situações inusitadas. Abaixo, segue imagem de uso da reportagem pelasecretaria Estadual de Educação do Paraná.

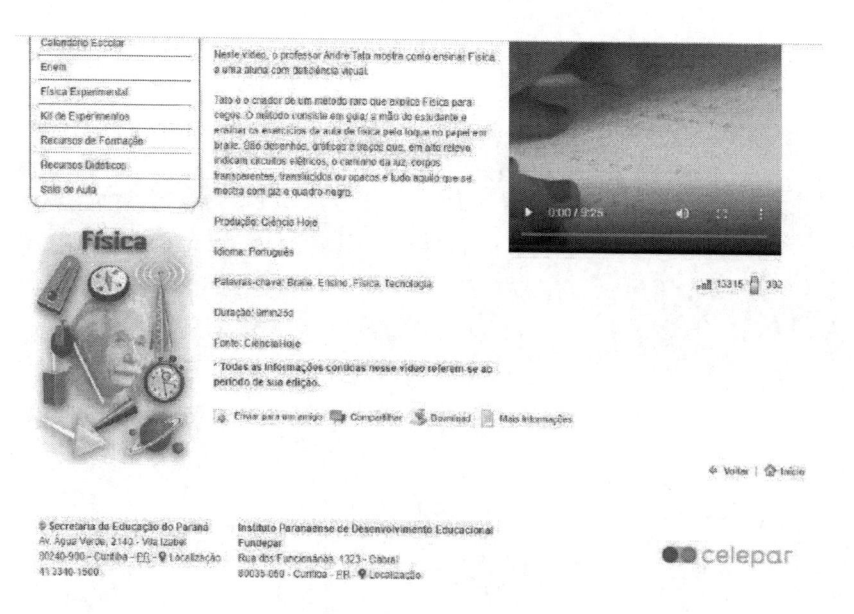

Fonte: Acervo do autor

2013

Reportagem: Professor de física faz sucesso na zona norte do Rio de Janeiro: professor ensina Física construindo e lançando foguetes com seus alunos. Disponível em https://redeglobo.globo.com/globoeducacao/sou-professor/noticia/2013/11/professor-ensina-fisica-construindo-e-lancando-foguetes-com-seus-alunos.html.

11/11/2013 11h58 - Atualizado em 06/11/2013 12h04

Professor ensina Física construindo e lançando foguetes com seus alunos

André Tato leciona há 14 anos e participa da Mostra Brasileira de Foguetes com estudantes do Ensino Médio do Colégio Pedro II da unidade Realengo

Fonte: Acervo do autor

2014

- Reportagem "dedicação de professores inspira alunos no interesse por ciências" disponível em https://memoria.ebc.com.br/educacao/2014/03/dedicacao-de-professores-inspira- alunos-a-se-interessar-por-ciencias e muitos outros canais de mídia.

- Programa como será? Meu professor é o cara!

O professor André Tato faz pose ao lado de seus alunos de Física do Colégio Pedro II (Foto: Reprodução)

Conseguir manter a atenção em todas as fórmulas e números das aulas de Física poderia ser difícil, mas com a ajuda de André Tato tudo parece mais prático. Professor do Ensino Médio na unidade Realengo do Colégio Pedro II, ele procura métodos diferentes de ensino.

Fonte: Acervo do autor

Este programa foi reapresentado em 2015, selecionado como um dos 10 melhores do ano de 2014.

6.2 Atividades complementares

– Membro da banca corretora da Olimpíada Internacional de Astronomia e Astronáutica

– IOAA 2012
Primeira Olimpíada científica Internacional ocorrida no Brasil

– Avaliador de cursos PIBITI, PIBICT e PROCIÊNCIA te de 2013 a 2017
– IFRJ e IFPr
Atividade definidora de disponibilização de recursos a projetos apresentados em editalpúblico

– Equipe Astronomia, Astronáutica e Ciências Especiais – Ministério da Educação (MEC2013)
Nesta atividade, ligada diretamente ao Ministério da Educação, realizávamos postagens semanais com aulas sobre o tema-nome do grupo e tirávamos dúvidas de docentes interessados no tema. Periodicamente, realizávamos viagens a diferentes Estados, ministrando cursos para professores de escolas públicas. Essa atividade se tornava especialmente interessante por ter um grupo de pessoas de diferentes Estados e com diferentes formações acadêmicas: Pedagogia, Radioastronomia, Química, Física e Astrofísica.

– Catálogos técnicos 2013
Realizado em Brasília após processo seletivo via edital público, nesta atividade, reavaliamos centenas de cursos técnicos existentes e recursos básicos para sua continuidade. Por algum motivo, acabei no grupo de Artes e Cultura, sendo o único representante das ciências ditas exatas em grupo com pouco mais de 100 professores. Dividida em dois momentos presenciais, em diferentes semanas em um hotel de Brasília, debatemos e tomamos decisões importantes no sentido de manter ou não alguns cursos abertose quais as necessidades para autorizar a abertura de novo curso.

A experiência adquirida aqui foi muito importante em decisões quando chefe do Núcleo de Atendimento à pessoa com Necessidades Específicas do campus Realengo II e em reuniões com as demais chefias de NAPNE.

– Membro de banca de concurso público de provas e títulos – IFRJ/2013

Processo de seleção de professor efetivo do ensino básico técnico tecnológico no institutofederal do Rio de Janeiro ano 2013.

– Aplicação/adaptação de provas pelo setor de Educação especial de 2008 a 2017

Atividade anual, solicitado de última hora, para adaptar provas para processo seletivo, usualmente de novos alunos. Eram levados materiais de casa para iniciar a adaptação a menos de uma hora do início.

– Cursos de extensão ministrados no Colégio Pedro II – 2017

- Braille e impressão gráfica em alto relevo – 30 h

  A ementa basicamente discutia o sistema Braille de escrita, incluindo a escrita matemática euso dos softwares de impressão em alto relevo como Monet e Braille Fácil.

- Percepção sensorial: pensando a Educação Especial na Educação Básica – 30 h

  Apresentação dos perceptores sensoriais humanos, fenômenos físicos associados e sistemas de interpretação de realidade em construção Sócio-histórica com aplicações para casosinerentes à educação especial. Com muito orgulho, uma das alunas/colega de trabalho deste curso foi a professora Kátia, à época diretora pedagógica do Centro de Referência em EducaçãoInfantil, nova chefe de departamento de Educação Especial.

- Participação da Extensão em Ensino de Física – Proj. departamental

– Membro da organização da Olimpíada Brasileira de robótica na etapa ocorrida no Colégio Pedro II junto à PROPGPEC.

Neste evento, além de outras questões de ordem técnica, cheguei para montagem final aproximadamente na hora do almoço após turno de aula. Ainda lembro do Jorge Fernando, professor responsável pela organização, dizendo, em tom de brincadeira, "logo após o almoço, estará tudo pronto. Não se preocupe."

Resultado: Ao final, em torno de meia noite, estávamos eu, Márcio Medina e Siddharta. Abaixo segue sequência de fotos para dimensionar a quantidade de trabalho no dia. Tudo em nome do amor porque não conta para a carga horária docente.

Fonte: Acervo do autor.

No mesmo ano, acabei desenvolvendo atividades com alunas/reclusas no DEGASE, estudantes do Ensino Fundamental, ajudando na preparação para o Torneio Brasileiro de Robótica. Nesse torneio, atuei como Jurado (2016) na categoria metodologia nas etapas regionais na etapa regional no colégio Pedro segundo campus Niterói e na etapa nacional final de campeonato no Sesc Jacarepaguá.

– Especialização em Ensino de Física - 2019 até os dias atuais

Inicialmente em apresentações pontuais sobre Educação Especial, atualmente ministro adisciplina de História e Filosofia da Ciência.

– Atuação em grupo de pesquisa em Ensino de Física em colaboração com o IFRJ – 2020-atual

Pesquisamos temas diversos relacionados ao Ensino de Física com alunos da Educação profissional e Tecnológica. Nossa ampla produção acadêmica relaciona-se aos esforços empregados.

– Mestrado Profissional em Educação Técnica e Tecnológica (ProfEPT) – atuação iniciada em agosto de 2021

O programa do ProfEPT tem sido muito importante em minha formação profissional, dadas as especificidades da proposta. Reuniões de alinhamento, mesas redondas, contato com diferentes formações com diferentes origens tem incrementado minha formação continuada nosentido de me tornar um profissional melhor.

– Artigos e capítulos de livros

Aqui serão apresentadas produções escritas não publicadas em eventos, mas em outroscanais de comunicação.

– Desenvolvimento de material didático para portadores de deficiência visual – Cadernos Temáticos 2008 (https://abre.ai/iTym)

Material desenvolvido com atividades com alunos cegos do Colégio Pedro II.

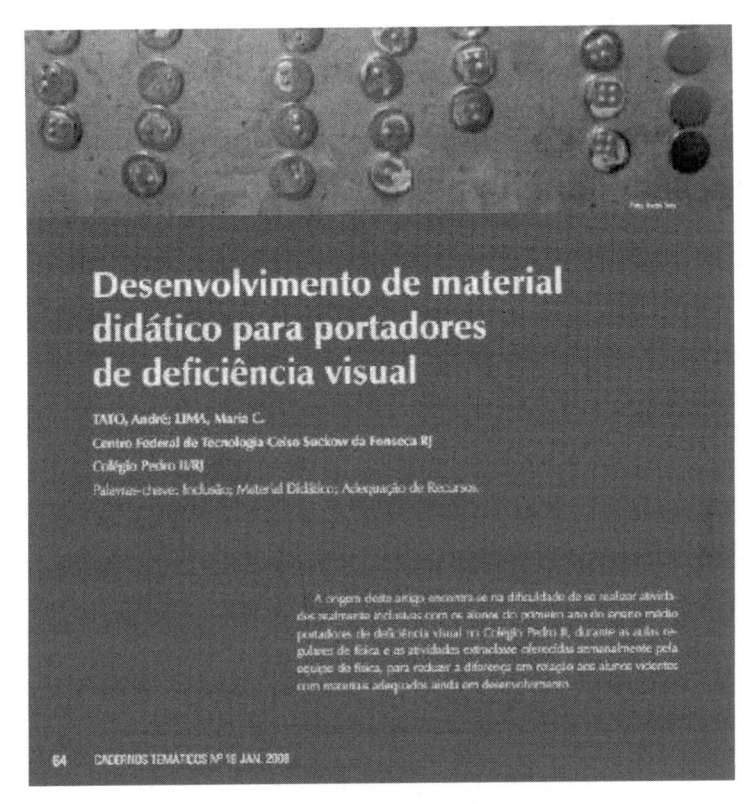

Fonte: Acervo do autor

– Reflexões sobre o ensino de física para deficientes visuais – Revista Ciência em Tela 2016 (https://abre.ai/iTyy)

Artigo desenvolvido por atividades de Ensino de Física com base no Colégio Pedro II.

– Desenvolvimento de sequência didática sobre o tema membrana plasmática como recurso didático-metodológico para promoção de aprendizagem de alunos cegos – revista Vivências (https://abre.ai/iTyR).

Artigo desenvolvido pelos trabalhos do professor Roberto Irineu da disciplina de Biologia.

– Participação em capítulos do livro "Inclusão e necessidade educacional especial: compreendendo identidade diferença por meio do ensino de física e da deficiência visual" – São Paulo: Livraria da física editorial, 2016.

- Cuidados na impressão da escrita matemática de problemas físicos para alunos usuários do sistema braile.
- A linguagem matemática em sala de aula de física: proposta de um material de equacionamento tátil.
- Maquetes e experimentos multissensoriais abordando o comum entre alunos com e sem deficiência visual no ensino de física.
- Lançamento oblíquo.
- Dispersão e refração da luz.
- Onda transversal e natureza da luz.
- Experimento multissensorial para ensino do conceito de condução térmica em meios materiais.

– Participação em capítulos do livro "Ensino de Física Multissensorial" - São Paulo: Encontrografia, 2022.

- Construção analógica do conceito de branco.
- Maquete tátil visuais para o ensino de espelhos esféricos e fibra óptica.
- Maquete tátil visual para o ensino de sombra.

- Experimento tátil visual para o estudo de interações entre objetos e o conceito de força.
- Enfoques auditivo e tátil do movimento.
- Experimentos multi sensoriais para o ensino de transformação da energia.

Encerro este memorial pesaroso por todas as atividades não inseridas por questões de tempo disponível na vida, pois caso contrário teríamos um livro em mãos.

Agradeço a todas as pessoas que contribuíram nessa jornada, cada qual da sua forma e com seu grau de contribuição. Em especial, ressalto as participações da Telma (Mãe), Renata (esposa linda e repleta de adjetivos, mãe da minha filha Letícia e revisora/organizadora da bagunça que estava esse texto), Roberto (parceiro de jornada e de vida) e minhas filhas lindas, Letícia e Elisa.

DEISE MIRANDA VIANNA

Universidade Federal do Rio de Janeiro

DEISE MIRANDA VIANNA

PROGRESSÃO PARA PROFESSOR TITULAR

MEMORIAL

Elaborado em agosto 2022
Apresentado em 21 de novembro de 2022

Instituto de Física – Universidade Federal do Rio de Janeiro Av. Athos da Silveira Ramos 149 - Centro de Tecnologia - Bloco A Cidade Universitária - Ilha do Fundão - Rio de Janeiro - RJ – depois CEP: 21941-972.
email: deisemv@if.ufrj.br.
Tel (21) 999816352

MEMORIAL – DEISE MIRANDA VIANNA

Ao elaborar este memorial, tentei relatar cerca de 54 anos de magistério, em sala de aula, e cerca de 50 em pesquisa, inicialmente em Física Nuclear e depois em Ensino de Física. Portanto é muito difícil lembrar de tudo que aconteceu ao longo deste período, sendo que há interseção das duas áreas em certos momentos.

Não é comum um memorial ter título, mas gostaria que este tivesse o seguinte: *Do Instituto de Educação ao Instituto de Física.* E tentarei explicar a relação ao longo do texto.

Não escrevi em ordem rigorosa cronológica, pois muitas atividades aconteceram paralelamente no período profissional.

Nasci na primeira metade do século XX (1949), numa família de classe média, com pais trabalhadores, mas com preocupação com educação. Comecei a frequentar escola aos 4 anos no Jardim de Infância e sendo alfabetizada aos 7 anos, no Instituto de Educação (IE). Após o primário, fiz ginásio no Instituto Guanabara, e retornei ao Instituto de Educação para fazer Escola Normal. À época, já saímos com emprego público ao nos formarmos, o que era desejado pelas famílias, principalmente no Rio de Janeiro. Era o período de 1965 a 1967, crítico politicamente no Brasil.

No Instituto de Educação tive meu primeiro contato com bons profissionais da área de educação, pois tive sociologia, didáticas e muitas disciplinas de prática de ensino. Destaco que, no ginásio, tive uma boa formação em matemática e tudo indicava e que eu deveria seguir alguma carreira na área de exatas, após o Normal. Mas com as abordagens pedagógicas no IE e toda a discussão política sobre educação e sobre o país, fui me inclinando à área de humanas. Achava que seria meu caminho na psicologia, sociologia ou filosofia. Cursei um semestre de filosofia, mas desisti, não era bem o que esperava em uma universidade, estávamos em pleno 1968, e os estudantes estavam muito mobilizados politicamente, e com repressão militar severa. Neste período, já trabalhava em escola primária, longe de minha casa, e com pouco tempo para frequentar passeatas, como as dos *100MIL*.

Parei a Universidade por um semestre para refletir e, após conselhos de profissionais, retornei à área de exatas, tendo que fazer curso pré-vestibular, pois no IE quase não tinha estudado matemática, física e química. Pensava naquele momento fazer Engenharia Nuclear.

No meio do ano de 1969, vi abertura de inscrição para o curso de Física da UFRJ, que me despertou atenção, pois poderia ser um início do caminho a ser seguido, nas ciências exatas.

Entrei em agosto de 69 no Instituto de Física da UFRJ (IF), mas continuando a dar aulas para o primário na zona oeste do Rio de Janeiro. Conciliar horários era o problema, aulas no IF pela manhã e escola à tarde, com noites para estudar e preparar aulas.

Destaco aqui meu contato com população carente e com alunos com deficiências. Estava em início de carreira e sem preparo suficiente para ter alunos "especiais", como eram chamados. Mas este contato me dava percepção de que não era possível atender às necessidades dos alunos sem saber o que eles traziam em sua bagagem. Em 1970, já estava em outra escola, bem mais perto do Fundão, na Favela Nova Holanda. Agora outra realidade, alunos muito mais carentes, com necessidade de atendimento, em muitos outros aspectos, além de um ensino formal em sala de aula.

Levava estas dificuldades a colegas do IF, pois as minhas demandas eram muitas. Muitos "cálculos" e listas e muitos problemas educacionais. Assim como problemas no IF, quando diversos professores renomados já estavam fora da Universidade por conta da repressão militar. Havia um vazio de discussões e olheiros por todo lado....

No meio do curso, fui ao CBPF em busca de estágio, pois já considerava que deixaria de lado a minha vida como professora do ensino primário. Encontrei a Dra. Solange May Cuyabano de Barros, que me incorporou ao seu laboratório. Fiz alguns trabalhos, colaborando com seu grupo, mas sempre com a dificuldade de conciliar horários. Com mudanças no CBPF, Solange se mudou para o São Paulo, Instituto de Física-USP, mas fazendo contato com Dr. Artur Gerbasi para que eu ficasse no Instituto de Energia Nuclear (IEN), até me formar, em 1973.

O IF oferecia os cursos de bacharelado, tecnólogo e licenciatura. Diplomei-me nos 3, sendo o de licenciatura feito no esquema 3+1, isto é, 3 anos junto com bacharelado e 1 ano na Faculdade de Educação, na Praia Vermelha e Colégio de Aplicação.

Voltando à área de Educação, me deparei na Faculdade de Educação com conteúdos já bem conhecidos que havia estudado no meu curso no IE. Não havia muita novidade para mim, além de tudo já estava com a "mão na massa", isto é, já praticava a docência, enfrentando o que os professores estavam falando sobre teorias de educação, questões educacionais. A relação teoria-prática já estava presente na minha vida.

Ao me formar, comecei o mestrado no IF (1974), ainda não sabendo que área seguiria, quando Solange retornou de São Paulo e veio para IF-UFRJ, que estava se estruturando com mais verbas da FINEP para implantação de diferentes áreas de pesquisa. Aconteceu uma grande mudança no IF, devido a financiamentos e outros pesquisadores que se incorporavam e fui ser orientanda da Solange, a seu convite, na área de Física Nuclear.

Neste momento passei a dar aulas no ginásio (5ª à 8ª. série), uma vez que havia carência de professores de ciências na rede pública e recrutavam quem já estivesse alguma formação nas áreas científicas. Portanto continuei no cargo de professora primária, mas dando aulas em outro nível, com diferente carga horária. A escola onde lecionei fica muito perto da Ilha do Fundão, portanto facilitando meu deslocamento. Aqui também tive outras percepções sobre educação. Eram alunos já adolescentes, com outros problemas de vida, e sem interesse em aprender. A situação disciplinar dos alunos era muito difícil, a orientação da Secretaria e dos livros adotados indicava um ensino comportamentalista e eu já não me adequava mais a este procedimento didático. Felizmente consegui dar as aulas correspondentes a física, química e astronomia, pois os outros professores de ciências eram formados em biologia, o que me oportunizava lecionar nas séries em que havia conteúdos que mais me interessavam. Procurei fazer trabalhos em grupos, indicando leituras para casa, e pesquisas sobre assunto da vida cotidiana destes alunos. Mais tarde pude perceber que estas dinâmicas pedagógicas foram incorporadas ainda no IE. A Escola Normal continuava me ajudando muito.

Lembro-me que neste período conheci o Centro de Ciências do Rio de Janeiro, que ofertava cursos com aulas práticas aos sábados em Vila Isabel. Eu e uma amiga do mestrado, Isa Costa, íamos até lá para conhecer materiais para aulas experimentais.

Começo a destacar aqui a importância dos Centro de Ciências já naquela época de minha vida acadêmica. Já era possível manter um diálogo acadêmico com os pesquisadores da área de ensino, pois os materiais eram bons, e eu já tinha algum contato com leituras de Paulo Freire e a preocupação em procurar saber sobre as necessidades dos alunos. Os Centros de Ciências, criados na década de 60, eram espaços para atualização de professores, e eram muito procurados. Priorizavam o ensino experimental, principalmente com a inserção de projetos oriundos dos Estados Unidos como: BSSC (para Biologia) e PSSC (para Física), já traduzidos. A história dos diferentes Centros de Ciências pode ser encontrada em "Educação e Cultura Científica e Tecnológica" publicado em 2012, pela ediPUCRS, tendo como organizadores Regina M.R. Borges, AnaL. Imhoff e Guy B. Barcellos. Sobre CECIERJ, junto com Enne,O. temos o capítulo *Acompanhando a Trajetória do CECIERJ*, p.185-198.

Em 1976, fiz concurso para a Secretaria Estadual de Educação para poder dar aula no Ensino Médio, o que ocorreu até 1978. Fui para uma escola noturna, com adolescentes e adultos, em região, perto de Universidade e hoje considerada de alta periculosidade. Com estas tarefas noturnas, tinha mais tempo livre para o mestrado. Neste período, já tinha contato com a área de ensino da Sociedade Brasileira de Física (SBF) e adotei em minha Escola um material que era vendido pelo MEC (até nos seus caminhões), organizado pelo Ernst Hamburguer (Instituto de Física – USP), o Projeto de Ensino de Física (PEF). Era um material didático inovador, fornecido em fascículos, com material experimental para que o professor pudesse adotá-lo em sala. Foi uma boa experiência. Os alunos podiam comprar, pois era muito barato e proporcionava interação com material, como por exemplo, até elaboração de gráficos, principalmente nos volumes de mecânica. Entendia que uma nova metodologia de ensino podia acontecer, com a maior participação de alunos. Só estive nesta escola durante este período, pois o IF estava aceitando mestrandos, através de concurso, para Auxiliar de Ensino... foi minha entrada na UFRJ. Deixei o magistério na Educação Básica com muitas experiências e uma boa bagagem profissional. Comecei a lecionar no IF e o tempo ficava dividido entre docência e pesquisa.

E o mestrado continuava, com as dificuldades de um trabalho experimental. Tinha ainda pouco conhecimento de equipamentos, precisei montar todo o aparato, com suporte para alvos, elaborados no IEN e apoio da oficina mecânica do IF. Foram muitos acertos técnicos para que cada tentativa de experiência acontecesse. E foi muito tempo...

A dissertação de mestrado foi apresentada em janeiro de 1982, com o título *Estudo relativo à formação de isômero de fissão via reação* $^{232}Th + a$, orientada pela Solange de Barros, no programa de Pós-Graduação do IF-

UFRJ. Utilizava método distância-recuo, empregando como detector plástico do tipo Makrofol. A energia da partícula incidente era de 28 MeV, experiências realizadas no Ciclotron do IEN. Com a vinda do Prof. S. Bjornholm, dinamarquês, para colaborar com o grupo de pesquisa, foi possível um maior aproveitamento dos dados até então coletados. Mediu-se uma meia-vida total isomérica de $0{,}23^{+}.0{,}03$ ns, e uma taxa de formação de fissão isomérica relativamente à fissão imediata ($s_i/s_p = 0{,}75 \times 10^{-5}$), resultados comparáveis ao da literatura na época.

Os estudos continuaram com o grupo, sendo publicado em 1986 o artigo *Excitation function and half-life for the fission isomer*^{240m}*Pu from the*^{238}*U(α, 2n)*^{240m}*Pu reaction,* dos autores S. de Barros, S. D. de Magalhães, H. Wolf, J. Barreto, J. Eichler, N. Lisbona, O. de Souza & D. M. Vianna na revista *Zeitschrift für Physik A Atomic Nuclei* volume 323, p.101–104.

A utilização do plástico Makrofol era bem difundida para detecção de traços de fissão, e conseguimos montar boa infraestrutura no IF para podermos contá-los através de microscopia ótica. Assim tivemos outro convidado Gérard Poupeau do CNRS/MHNH Paris para o trabalho de datação de minério por traço de fissão. Infelizmente tal pesquisa não foi muito a frente, apresentando problemas na execução.

E eu comecei a me envolver com a licenciatura desde que entrei para o corpo docente. Sabia bem como era a licenciatura, pela experiência que tive ao me formar. Estava. na UFRJ a Susana de Souza Barros que, ao retornar ao Brasil, trazia à tona a problemática do ensino de física na universidade e a formação do professor de física. Foi formado um grupo para discutir uma disciplina que se tornava obrigatória Instrumentação para o Ensino, que foi organizada em conjunto com José Pereira Peixoto Filho, Guaracira Gouvea de Souza e Isa Costa.

Meu envolvimento foi grande com a área de Ensino tanto na UFRJ como na Sociedade Brasileira de Física (SBF), até que em 1983 me tornei Secretária para Assuntos de Ensino, ocupando o cargo na Diretoria, juntamente com Anna Maria Pessoa de Carvalho, ocasião em que o presidente era Fernando de Souza Barros, até 1985.

Em fevereiro do mesmo ano, fui a coordenadora do geral do VI Simpósio Nacional de Ensino de Física, realizado na UFF, em Niterói, responsável pela organização, financiamento, infraestrutura e posteriormente organizando a publicação das Atas. Conseguimos um público recorde que até então não era frequente nos SNEF's e com suporte financeiro para termos cerca de 70 convidados de fora do Rio de Janeiro, para palestra, mesas redondas e oficinas.

O meu rompimento com a Física Nuclear foi se consolidando e a minha inserção na área de pesquisa em Ensino se fortalecia. Embora não tivesse doutorado, consegui projetos aprovados e bolsas de aperfeiçoamento no CNPq para que professores pudessem trabalhar num grupo de pesquisa que se formava. Apresentamos trabalhos em eventos nacionais e e internacionais como em Journées Internationales sur la Communication, l'Education et la Culture Scientifique et Industrielles. em Chamonix, França. Nossas discussões se faziam com a melhor adequação de materiais didáticos, mas incluindo leitura de história, filosofia e sociologia da ciência. Afinal, queríamos entender que ciência é esta que ensinamos. A relação entre "fazer ciência" e "ensinar ciência" começava a fazer sentido para mim.

A discussão política educacional era intensa no país e a SBF se fazia presente junto à Sesu/MEC sobre a discussão das licenciaturas (REF.V7, N1, 1985).

Em 1986, publiquei na Revista de Ensino de Física (REF, V8, N1) o artigo com o título "O ensino superior a formação do magistério", em que relatava o encontro com a SESU em Campinas, para a discussão sobre os profissionais do magistério de 1º. e 2º. graus. O encontro enfatizava que a discussão deveria ser ampliada pelo MEC para que as Instituições de Ensino Superior (IES) pudessem participar.

Muitas eram as questões ligadas à Licenciatura e como os professores da Educação Básica deveriam saber sobre o que se discutia nas IES e MEC. Coordenei, em outubro de 1987, junto com Guaracira Gouvêa de Souza, Isa Costa e Lucia Almeida o seminário "Ciência Integrada e/ou Integração entre as Ciências: teoria e prática, com apoio da Decania do CCMN/UFRJ, Projeto Fundão e INEP, com as Atas publicadas pela Editora da UFRJ. Para este evento de 2 dias foram convidados coordenadores de projetos de ensino de ciência desenvolvidos no país, apresentando seus trabalhos para dar subsídios aos grupos de trabalhos, discussões sobre história, filosofia e antropologia das ciências. Foram 93 participantes dos 3 graus de ensino e alunos da Licenciatura. Destaco aqui alguns pontos das conclusões: a importância que os projetos de ensino estejam vinculados à pesquisa em ensino, com financiamentos abertos às ideias e propostas das escolas da Educação Básica; a Universidade enquanto detentora da construção do saber deve socializar o conhecimento, enquanto os professores devem se mobilizar em busca de tal socialização, pois é importante a troca bilateral dos saberes.

A preocupação com a formação dos formadores sempre foi grande. A licenciatura é um curso multidisciplinar. Em 1988, junto com Isa Costa e Lucia Almeida, ambas da UFF, publicamos o artigo "Licenciatura em Física: Problemas e Diretrizes para uma mudança (REF, V 10, p 144-152). O problema do ensino de Física no 2º. Grau nos levou a pesquisar um conjunto de IES federais, estaduais, municipais e particulares. E olhamos para a estrutura dos cursos, corpo docente atuante e a relação número de vagas, número de formandos e absorção no mercado de trabalho. Concluímos com a seguinte frase: "Não temos dúvidas de que o avanço nas questões relacionadas com a formação do licenciado em Física só ocorrerá a partir do momento que os docentes envolvidos com o curso de Licenciatura estejam conscientizados de sua responsabilidade para formação do futuro profissional, bem como na melhoria da qualidade de ensino dos 1º. e 2º. graus e com reflexo no 3º. grau." (p. 152).

Junto com Anna Maria Pessoa de Carvalho, da Faculdade de Educação da USP e professora da Prática de Ensino de Física, desenvolvemos também um trabalho que foi apresentado na Reunião Anual da SBPC em 1988, com o título A quem cabe a licenciatura?, publicado na revista Ciência e Cultura (SBPC), São Paulo, v. 40, n. 2, p. 143-163.

No período 1989 e 1990, como Secretária Adjunta da Regional-RJ da SBPC, organizamos junto com o SEPE-RJ, o evento SBPC Vai à Escola, pela valorização do ensino público, com palestras noturnas no CIEP Tancredo Neves. Tivemos o patrocínio da FINEP e FAPERJ. Fizeram palestras para os professores participantes pesquisadores das diferentes áreas científicas. Em uma publicação da Secretaria Regional, temos os textos de Vanilda Pereira Paiva, Sérgio Costa Ribeiro, Maria Cecília Minayo e Nilda Teves.

Em 1990, publiquei a artigo "Formação Política do Professor", na Revisa Ciência e Cultura, v. 42 (12), p. 1164 a 1166, em que destaco que a discussão sobre a Licenciatura extrapola os muros das Universidades. O professor da educação básica será o formador do futuro cidadão, com participação da vida pública do país. Portanto um educador, com competência técnica e política. É necessária uma formação que reúna e integre conteúdos específicos e pedagógicos, propondo a relação com os diferentes graus de ensino, formando um sistema nacional de educação.

O grupo de pesquisa continuava com seus trabalhos pensando o ensino de Física e com professores do Ensino Médio participando, tendo publicado, em 1990, o artigo *O professor de 1°. e 2°. graus e sua participação nas pesquisas em educação.* na Revista Contexto & Educação, v. 5, p. 63-67, com os colaboradores e professores do 2°. Grau: Guerra, A.; Pinto, K. N. ; Freitas, J. ; Reis, J. C. O. ; Braga, M. A. B.

E como a ciência evolui a cada dia e precisamos divulgá-la, em 1990, tínhamos secretarias regionais da SBF. No Rio de Janeiro, estava como secretário Odair Dias Gonçalves. Reuniram-se 4 professores de diferentes Instituições do Rio de Janeiro: Maria da Conceição Barbosa-Lima (UERJ), Odair D. Gonçalves (UFRJ), Guaracira Gouvea de Souza (Cecierj/SEE – RJ) e eu, para realizarmos a I Escola de Verão para Licenciandos, em Nova Friburgo. Recebemos apoio da SBF, FAPERJ e Vitae. Foram 20 alunos, todos de escolas públicas que ficaram durante 5 dias em imersão no espaço do Centro de Ciências, onde também os pesquisadores e palestrantes podiam ficar hospedados. As conversas aconteceram durante todo o dia, tornando um ambiente de agradável troca acadêmica. O programa do evento foi organizado em 2 grupos: Seminários de Metodologias Educacionais em Física e Palestras apresentando Problemas da Física Atual. Foram mais de 10 pesquisadores do Rio de Janeiro, Minas Gerais e São Paulo, todos apresentando seus trabalhos de pesquisa que elaboravam na época.

Realizamos a II Escola (1992) e a III Escola (1994), já com menos verbas, mas com apoio da UFRJ, no Forum de Ciência e Cultura, sendo eu a Secretária Regional da SBF, naquele momento. Destaco aqui a importância de eventos mais regionalizados, onde se pode discutir problemas mais específicos da educação e conhecer as IES com seus pesquisadores. Estas Escola para Licenciandos são uma forma importante pela troca de conhecimentos, pois fez com que professores do Ensino Médio do Rio de Janeiro conhecessem mais a SBF e suas atuações, como publicações de revistas e realização de eventos.

A UFRJ formou uma Comissão de Integração de 1°., 2°. e 3°. graus, da qual fiz parte. e organizou o evento *Universidade vai à Escola*, com Atas publicadas com trabalhos de professores dos 3 graus de ensino. Teve apoio da Secretaria Municipal de Ensino e Colégio Pedro II. Destaco uma das sugestões do seminário para viabilizar a Integração com as

Escolas: "As ações devem ser realizadas com os professores de 1º. e 2º. graus, e não para eles" (1991).

A minha inserção nas discussões sobre formação inicial e continuada estiveram presentes num grande programa, realizado pela UFRJ, Secretaria de Estado de Educação e Ministério de Educação, em 1991. A Secretária naquele momento era a Maria Yeda Linhares que apresentou a necessidade de atualização dos professores da Rede Estadual, garantindo a adesão de diretores de escolas e agentes técnicos e assessores. Com esta vontade acadêmica e política reuniu as IES do Estados sob a coordenação da UFRJ para a realização do Programa de Atualização de Professores da Rede Estadual do /RJ (PAPRE). As reuniões de coordenação aconteciam no Fórum de Ciência e Cultura da UFRJ, com a participação de representantes de cada IES participante, com o apoio dos respectivos reitores. Fui representante da UFRJ, juntamente com Paulo Cezar Bastos Arantes do Instituto de Biologia, de 1991 a 1994. O programa recebeu financiamento do MEC através de recursos da CAPES e SESU, posteriormente da SENEB. Ao todo o programa recebeu cerca de 300.000 dólares, para cobrir materiais de apoio e deslocamento, sendo que muitas vezes era oferecido pelas próprias IES. O PAPRE atingiu, nas 2 etapas, 22 municípios, com cursos nas diferentes áreas do conhecimento, realizados pelas 9 IES do Rio de Janeiro. Foram 79 cursos com 943 cursistas. Este foi um programa de múltiplas atuações, procurando a interação entre IES participantes e entre elas e a Educação Básica. Durante a execução do Programa, discussões técnicas e metodológicas aconteciam nas reuniões semanais da equipe coordenadora, com todos os representantes. Junto com K.N Pinto e A.M. Gonçalves oferecemos, no polo de Barra do Piraí, o curso Física para o 2º. Grau. Infelizmente com mudanças governamentais não houve continuidade, embora a direção da UFRJ, com a coordenação de Renata Gérard Bondim, procurasse dar continuidade. Há uma publicação, de 1995, com dados, da UFRJ: *PAPRE: Programa de Atualização de professores da Rede Estadual.*

Pela Regional da SBF, junto com Maria da Conceição Barbosa-Lima, ainda em 1991, também realizei o vídeo para divulgar a ciência e o ensino de Física, e sua importância para a vida, "Por dentro da Matéria: Física e os Físicos" (https://abre.ai/iTz7), com apoio da Escola de Comunicação da UFRJ, e são apresentados depoimentos de professores e cientistas de diferentes instituições de pesquisa sobre Física, ciência, universidade e ensino. Divulgamos em muitos eventos e deixamos registradas os depoimentos de profissionais com muito reconhecimento na área da Física.

O trabalho de divulgação científica também esteve presente na Rio-92, quando participando do Conselho da Regional -RJ da SBPC, junto a Elói Fernandez y Fernandez, como Secretário Regional, organizei a *SBPC vai à Rua*, uma Jornada com Professores da Rede Municipal do Rio de Janeiro. Participaram do evento diferentes grupos de ensino do Rio de Janeiro e de Campinas. Tivemos, por exemplo, o ônibus do Cecierj com seus computadores aberto à população, estacionado num CIEP e com o grupo Aldebaran, coordenado por Márcio D'Olme Campos (UNICAMP) uma excursão ao Mirante Dona Marta para que alunos da rede estadual pudessem fazer uma observação socioambiental do Rio de Janeiro.

Ainda em 1992, quando Elói Fernandez y Fernandez assumiu a Presidente da Fundação João Goulart (FJG), fui convidada para coordenar um grande concurso para professores da rede municipal do Rio de Janeiro. A FJG é o Instituto de Estudos em Administração Pública Municipal, que, entre outras atribuições organiza todos os concursos para promover a seleção do pessoal para o serviço público municipal. Para o caso deste concurso, estava sendo necessário uma pessoa que estivesse ligada à Universidade e com conhecimento da Educação Básica. Durante 6 meses, foram organizadas bancas para o 1º. segmento e todas as áreas do segundo segmento do 1º. Grau. Ao todo eram 2004 vagas para cerca de 40.000 candidatos. Contei com apoio da coordenação de vestibular da UFRJ, pois estávamos mudando o sistema de concurso no Município. Além da organização da seleção, os candidatos aprovados ainda faziam um minicurso com professores especialistas em cada área para que houvesse uma entrada de profissionais na rede com propostas educacionais. Durante este período fiquei cedida à Prefeitura do Rio de Janeiro, que mantinha um convênio com a UFRJ.

No período em que fiquei lecionando me dediquei muito às atualizações das pesquisas em ensino, principalmente às voltadas à formação de professores. Mesmo lecionando outras disciplinas no IF, sempre fiquei muito ligada ao curso de Instrumentação para o Ensino, participando de modificações e trabalhando com diferentes colegas. Mas uma questão, para mim, sempre foi fundamental: é preciso ensinar conteúdos com metodologias mais ativas. A área de pesquisa em ensino se destacava com novos pesquisadores e as disciplinas que deviam integrar eram as Instrumentações, Didáticas Específicas e Práticas de Ensino. Em 1992, saiu publicado o artigo *"Uma disciplina integradora: Instrumentação para o ensino"* na revista Perspectiva (Florianópolis), v. 17, p. 59-66, em que enfatizo a necessidade de repensar o ensino da disciplina e outras da Licenciatura sobre a concepção de ciência que se quer transmitir aos alunos, qual o papel da Física na sociedade, inseridas nas diferentes épocas de produção do conhecimento e a relação com o cotidiano dos alunos, de uma forma crítica, voltada para as diferentes escolas. Seriam vários os "instrumentos" que caberiam nestas disciplinas, como em outras, mas respondendo às questões: *Escola - Para quem? Física – Por que?; Professor – Para que?.* Para mim, demonstra a necessidade de sempre uma grande integração da Universidade com a Educação Básica. Afinal... tinha estudado no Instituto de Educação.

Cada vez mais estávamos estudando sobre o que é pesquisado e como se ensina em Física. Uma outra publicação, baseada em estudos em filosofia da ciência que estávamos fazendo foi *"Pode o Ensino de Física modificar a concepção de Ciência do futuro professor de 1º. segmento de 1º. grau?"* publicado no Caderno Brasileiro de Ensino de Física, v. 11, n. 2, p. 79-87, em 1994, com Pinto, K. N.; Lima, S. F.

No ano de 1994, já estava com o tempo necessário a me aposentar... mas faltava o doutorado na área de ensino, pois já tinha grande inserção na comunidade e um grupo de pesquisa em ensino de Física que avançada em seus trabalhos. Então, decidi fazer o doutorado na Faculdade de Educação da USP, tendo como orientadora Anna Maria Pessoa de Carvalho, coordenadora do Laboratório de Pesquisa em Ensino de Física (LAPEF), que baseava seus estudos na linha piagetiana para ensino fundamental, já elaborando matérias com atividades investigativas.
Iniciei o doutorado em 1995. Neste momento ficava muito claro para mim, que o meu começo no Instituto de Educação retornava com muita presença na minha vida profissional.

E no dia 1º. de janeiro de 1995, na posse do governador do Rio de Janeiro, o Elói Fernandez y Fernandez, que assumia a Secretaria de Estado de Ciência e Tecnologia, me convidou para presidir o CECIERJ.

Lembrando aqui sobre o que escrevi acima sobre o meu entrosamento com o Centro de Ciências e, além disto, como participante de sua modificação nos anos 90, quando Letícia Parente assumiu a Presidência.

Neste período, participei como colaboradora no trabalho de atualização de professores e pesquisa em ensino de Ciências. O CECIERJ passou a ocupar uma parte do prédio da UERJ, com uma outra sede em Nova Friburgo. Dediquei-me muito e foi muito proveitosa os avanços na pesquisa o entrosamento com o grupo que atuava na Instituição.

A questão que se apresentava era de como conciliar as duas tarefas: doutorado e presidência. Foram muitas idas a São Paulo, com a compreensão de minha orientadora e do Secretário. E as duas tarefas se completaram.

Presidi o CECIERJ, cedida pela UFRJ, de 1995 até início de 1998, formando uma equipe de profissionais com experiência nas diferentes áreas do conhecimento científico, pois atuávamos principalmente com Física, Química, Biologia, Matemática e Informática. Conseguimos aumentar muito o orçamento do CECIERJ, com verbas do Estado, bolsas da Faperj e outros financiamentos para eventos. Nosso foco diário era com formação de professores, oferecendo cursos aos profissionais das redes municipais e estadual. O quadro de professores era composto com profissionais de diferentes áreas de conhecimento, sempre com cursos de pós-graduação. Destaco aqui a colaboração de colegas do IF, que já aposentadas, passaram a fazer parte do quadro de docentes, assim como colegas de minha graduação e ex-alunos da UFRJ. Portanto sentia-me segura no andamento das atividades. O número de professores das redes públicas crescia a cada ano, sendo que em 1997, último em que atuei, atendemos a 3898 profissionais em diferentes áreas. Tínhamos laboratórios, com laboratoristas, sala de informática para cursos e suporte ao quadro docente. Nossa proposta didática se baseava na discussão sobre a ciência que estava sendo levada para as salas de aula e como lidar com as diferentes regiões do Estado.

Quanto à divulgação da ciência também foram vários eventos, principalmente os comemorativos, como por exemplo: *Semanas de Meio Ambiente*, com atividades externas, os *10 anos de Jean Piaget*, este na sede de Nova Friburgo, *Os Cem Anos do Elétron*, com coordenação de Ildeu Moreira com colaboração do IF da UFRJ, com produção de materiais e palestras para professores e alunos de licenciatura. Recebemos ainda o Dr. Roald Hoffmann, Prêmio Nobel de Química de 1995, na comemoração dos *30 anos do CECIERJ*. O professor realizou palestra e apresentou seus vídeos para a divulgação do ensino de química. Em 1997, recebemos o *17º. Prêmio José Reis de Divulgação Científica*, da SBPC, com Menção Honrosa.

Como projeto de extensão ainda agregávamos o projeto Praça da Ciência, que em princípio atuou no Centro de Educação Integral (CEI), em Quintino, atendendo aos jovens daquela escola. Em 1997, passou a ser Praça da Ciência Itinerante, percorrendo o Estado para atualização de professores. Neste projeto houve a colaboração de outras Instituições parceiras Escola de Belas Artes – UFRJ, Espaço Ciência Viva, Espaço UFF e Museu de Astronomia e Ciências Afins.

Além de promover eventos, também participamos de vários outros nacionais e até de um internacional, em que apresentei, com o diretor científico <u>Chrispino, A.</u> o trabalho *Le CECIERJ comme Intermediare entre la Production de Connaissance et le Public* publicado nas Actes XVII Journées Internationales sur la Communication, l'Education et la Culture Scientifique et Industrielles. Chamonix., 1996. p. 116-123.

O trabalho no CECIERJ impulsionava minha pesquisa de doutorado para a linha de formação de professores. A formação inicial e continuada precisa apresentar conteúdos que apontem como a ciência é construída para que os professores possam ensinar criticamente, desenvolvendo metodologias participativas. É preciso saber como a ciência é construída. Antes do começar o doutorado, já fazíamos no grupo de pesquisa leituras e uma delas me despertou atenção sobre como os cientistas atuam. Na realidade vivi laboratórios de pesquisa, mas ler um antropólogo da Ciência me elucidou mais sobre a vida de um laboratório, seus processos de produção e o produto final. Tive contato com as ideias de Bruno Latour e seus livros (A Vida de Laboratório e Ciência em Ação, principalmente). Esta literatura apresentei ao grupo LaPEF, coordenado por minha orientadora e foi incorporado aos meus referenciais teóricos. Obtive meu grau de Doutora em dezembro de 1998, com a tese intitulada *Do Fazer ao Ensinar Ciência*. A pesquisa foi feita com professores de Ciências, buscando estabelecer a relação FAZER CIÊNCIA - ENSINAR CIÊNCIA, olhando para dentro do produto que deverá ser transmitido aos alunos. Analisamos as falas dos professores, ao participarem de um curso de Atualização para Professores de Ciências, organizado e realizado pela FIOCRUZ (Fundação Oswaldo Cruz) e pelo CECIERJ, instituições de pesquisa e ensino, em 1996, com financiamento CAPES/FAPERJ, para melhor entender como os cientistas agem e como constroem seu conhecimento, verificando os caminhos e descaminhos na construção da ciência. Analisamos este processo de 'imersão' dos cursistas, segundo estudos da

Sociologia e Antropologia da Ciência, baseados principalmente em Bruno Latour e Steve Woolgar. O procedimento metodológico da pesquisa constituiu de entrevistas com organizadores, pesquisadores-palestrantes e cursistas, e a gravação do curso em vídeo. Analisando os resultados, os dados nos permitiram uma reflexão sobre as concepções de ensino, sinalizando a necessidade de oportunidades de formação permanente de professores, com conteúdos de sua área de atuação e pedagogia; a nossa percepção sobre esta formação; e nossas conjecturas sobre este campo de pesquisas.

Durante o doutorado e após sua conclusão publicamos os artigos relacionados à tese:

Vianna, D. M.; Carvalho, A. M. P.: *Do fazer ao ensinar ciência: a importância dos episódios de pesquisa na formação de professores.* Investigações em Ensino de Ciências (Online), Porto Alegre, v. 6, n.2, p. 01-22, 2001;

Vianna, D. M.; Carvalho, A. M. P.: *Bruno Latour e contribuições da antropologia da ciência - aspectos para o ensino das ciências.* Ciência & Ensino (UNICAMP), Campinas, v. 6, p. 14-19, 2001;

Vianna, D. M.; Carvalho, A. M. P.: *Formação Permanente: A necessidade de interação entre a ciência dos cientistas e a ciência da sala de aula.* Ciência e Educação (UNESP), Bauru, v. 6, n. 1, p. 31-42, 2000;
Vianna, D. M.; Carvalho, A. M. P.: *Do Fazer ao Ensinar Ciência.* Estudos e Documentos, v. 40, p. 168-177, 1998;

Vianna, D. M.; Carvalho, A. M. P.: *Da Criação à Difusão: A Ciência que ensinamos.* Pro-Posições (Unicamp), São Paulo, v. 17, n. 1, p. 95-102, 1996.

Em 1999, ao retornar às atividades na UFRJ, implantei o grupo de pesquisa em ensino (https://abre.ai/iTAj) *PROENFIS – Formação de professores de Física* , com Instituições parceiras: Universidade de Santiago de Compostela (Espanha); Centro Federal de Educação Tecnológica Celso Suckow da Fonseca (CEFET/RJ); Instituto Oswaldo Cruz (IOC), Centro de Ciências Exatas e Tecnologia (UFS – Sergipe), Colégio Pedro II (CPII) e Faculdade de Ciências (U Porto), em diferentes momentos de existência do Grupo.

Esta linha de pesquisa começou relacionada à proposição de conteúdos de ensino de Física para ensino Fundamental e Médio, dentro de uma perspectiva de Ciência, Tecnologia e Sociedade, com pesquisa sobre metodologia de ensino e produção de material, assim como observação sistematizada da aplicação destes materiais e avaliação. A partir da criação dos primeiros materiais, a relação com o tema da tese deveria estar presente, pois queríamos saber como o conhecimento do aluno estava sendo construído, desenvolvendo-os como conhecimentos científicos como construção humana e sempre em desenvolvimento. Foi num evento na Espanha (2001), em que apresentei o trabalho, a partir dos dados de minha tese, *La ciencia de los cientificos y la ciencia de la sala de clases. La necessidad de la interacción en la formación permanente de profesores.* que tive contato com a Maria Pilar Jimenez -Aleixandre, Catedrática de la Didáctica de las Ciências da Universidade Santiago de Compostela, que desenvolvia pesquisa sobre argumentações e uso de provas por meios de intervenções em grupos de alunos e professores.

Fiz meu estágio de Pós-doutorado (2002), com apoio da CAPES, em seu Departamento, tendo convivido com professores e estudantes de pós-graduação em diferentes áreas das ciências. Daí passei a incorporar parte de seus princípios da pesquisa, como também o que vinha sendo desenvolvido no LAPEF sobre atividades investigativas. Ao retornar, apresentei em 2003 um trabalho no SNEF, em Curitiba, com Bustamante, J. Diaz e Aleixandre, Maria Pilar Jiménez. *E quando os ímãs se rompem?* Participei das Conferencias Interamericanas para sobre Educación en Física CIAEF) e, em 2000, passei a fazer parte de seu Conselho, como membro brasileira. São reuniões que se realizam, sempre que possível de 3 em 3 anos, em cada país. No intervalo entre uma e outra conferência, os membros se comunicam trocando informações sobre o andamento das atividades de ensino de Física, divulgando eventos. Temos 3 representantes brasileiros neste conselho. Em 2006 fui eleita, na reunião em Costa Rica, para presidir a CIAEF. Em 2009, presidi a X CIAEF, realizada pelo Instituto de Física de la Facultad de Ciencias Exactas y Naturales y la Facultad de Educación de la Iniversidad de Antioquia, terminando meu mandato. Continuo agora como membro do Conselho

O Mestrado Profissional em Ensino de Física e Matemática, do CEFET-RJ, foi aprovado pela CAPES, em 2002, e fui convidada por Paulo Borges para fazer parte de seu quadro docente, com apoio do IF-UFRJ e, em 2004, comecei a lecionar a disciplina Metodologia do Ensino de Física. Começa assim minha trajetória nos cursos de pós-graduação. Orientei 2 alunos, neste período: Sidnei Percia da Penha, com a dissertação *A Física e a Sociedade na TV* (2006) e Ana Paula Damato Bemfeito, *Ondas de Rádio no Ensino Médio* (2008). Estive vinculada a este programa até 2008.

Também participei, desde o início do Programa de Pós-graduação *Stricto Sensu* em Ensino em Biociências e Saúde (EBS) do Instituto Oswaldo Cruz (IOC/Fiocruz), que foi aprovado pela Capes, em setembro de 2003, tendo suas primeiras turmas de mestrado e doutorado matriculadas em março de 2004. Comecei a lecionar em 2005 a disciplina Metodologia da Pesquisa em Biociências e posteriormente Tendências da Pesquisa em Biociências. De 2005 a 2020 foram 7 orientações de mestrado e 4 de doutorado, sob minha orientação.

Aprovado em julho de 2007, pela CAPES, iniciamos no IF-UFRJ, o Mestrado Profissional em Ensino de Física e comecei a lecionar, em 2008, a disciplina Tópicos de Ensino de Física e, posteriormente, também Tópicos de Ensino Investigativo. De 2008 a 2020 fui orientadora de10 dissertações de mestrado profissional, mais coorientadora de 1 com S. C. Cardoso, outra com S. P. Penha e 3 com M. B. Gaspar.

A linha de pesquisa que venho desenvolvendo com os alunos está baseada em *Temas para o ensino de Física com abordagem CTS (Ciência-Tecnologia-Sociedade)* em que propomos suprimir parte da lacuna no déficit de materiais didáticos, assim os elaboramos contextualizados, de fácil inserção na linha programática do ensino médio. O material didático para os alunos é apresentado a partir de textos, experiências, vídeos, jogos, histórias em quadrinhos, músicas e outras atividades, assim como sugestões metodológicas para os professores. A elaboração está baseada nos referenciais que enfatizam o enfoque Ciência-Tecnologia-Sociedade (CTS), apresentando atividades investigativas, de modo a possibilitar a construção crítica do conhecimento científico por parte dos alunos. As pesquisas e produção dos materiais são inseridos em salas de aula e avaliados, a partir de transcrição de áudio e/ou vídeo, coletados em grupos de alunos, para que identifiquemos, ao observar e transcrever as falas, se houve construção do conhecimento científico escolar, utilizando os indicadores de Alfabetização Científica.

Destacamos ainda que no Programa da EBS, temos alguns trabalhos de mestrado: *Projeto Praça da Ciência Itinerante: Avaliando 12 anos de Experiência* (Enne, O.), 2010, e de doutorado *Estudos sobre licenciaturas em Física na UAB: formação de licenciados ou professores?*, em 2010, de Araujo. R S., inseridos também na linha formação de professores, dando continuidade à minha linha inicial de pesquisa.

No início, para dar subsídios aos trabalhos desenvolvidos em sala de aula e para coleta de materiais, solicitamos à FAPERJ dois projetos. Em 2008, um APQ1: *Novas perspectivas para o ensino de Física na Educação Básica: Proposta para uma formação cidadã centrada no enfoque Ciência, Tecnologia e Sociedade- CTS*, dando origem ao livro, publicado em 2008, com quatro trabalhos de professores pertencentes ao grupo PROENFIS, que tinham sido aplicados em salas de aula do Ensino Médio. Em 2012, através do Edital Produção de Material didático – APQ1, recebemos mais um pouco de verba também nos ajudando a equipar os professores com gravadores, máquinas fotográficas e materiais para construção de diferentes kits. Publicamos, em 2013, o livro *Temas para o Ensino de Física com abordagem CTS (Ciência-Tecnologia-Sociedade*, organizado por mim e J. R. da R. Bernardo, com 11 capítulos oriundos de trabalhos dos participantes do Grupo. Foi uma tiragem pequena, com cerca de 300 exemplares, que está disponível no site do PROENFIS, também organizado através do mesmo edital. (https://proenfis.squarespace.com/).

Retornando ao ano de 2003, ocupei o cargo de Secretária de Assuntos de Ensino da SBF, até 2007. Participei e colaborei na organização de vários eventos. A discussão sobre ensino sempre foi uma preocupação da SBF e seus eventos, tanto SNEF's como EPEF's, foram bem frequentados com bons trabalhos apresentados. Em 2005 presidi a Assembleia do XVI SNEF, Ano Mundial da Física. Apresentei uma discussão que vinha sendo feita pelos membros da diretoria da SBF, no sentido de serem incentivadas por órgãos de fomento, através de bolsas, a manutenção de alunos nas licenciaturas em seus cursos. A proposta foi aprovada pela assembleia e sugerido que este procedimento fosse feito, no sentido de se conseguir bolsas para este segmento de ensino. Estava cada vez evidente que os alunos de Licenciatura das IES não permaneciam nos cursos no tempo regular, pois muitos, enquanto alunos, já estavam atuando no mercado de trabalho. A diretoria encaminhou a proposta documentada e fez reuniões no MEC de tal forma que temos a criação do Programa Institucional de Bolsas de Iniciação à Docência (*PIBID*), em 2007.

O PIBID oferece bolsas de iniciação à docência a estudantes de cursos de licenciatura que desenvolvam atividades pedagógicas em escolas da rede pública de educação básica, com professores-supervisores. Primeiramente ele atendeu às disciplinas de Física, Química, Biologia e Matemática. A UFRJ logo se engajou na primeira chamada e professores do IF UFRJ que já participaram foram: Susana de S Barros João José de Sousa, Ligia de Faria Moreira e Vitorvani Soares. Desde seu início até agora, já trabalhamos com cerca de 100 alunos da Licenciatura, em diferentes escolas públicas, o material produzido está no blog do PIBID-IF/UFRJ (http://pibidfisicaufrj.blogspot.com/p/blog-page.html). Hoje o PIBID engloba todas as áreas da UFRJ que possuem curso de licenciatura. A última chamada se deu em 2020, com término em 2022, coordenada no IF-UFRJ pelo Vitorvani e eu como cocoordenadora. Participaram como supervisores, em 2 unidades do Colégio Pedro II (São Cristóvão e Humaitá), os professores Sandro S. Fernandes, Vitor C Sales e Carlos Frederico M. Rodrigues. Já elaboramos o projeto para programa Residência Pedagógica (que dará continuidade ao PIBID) para recomeçar ainda em 2022, e aguardamos a seleção. O PIBID, em suas primeiras chamadas, oferecia bolsas para coordenadores, supervisores e licenciando, assim com recursos para compra de materiais para as aplicações didáticas nas escolas parceiras. Atualmente, só fornece as bolsas.

O PIBID é um programa de formação inicial de professores, mas tem despertados os alunos a continuarem seus trabalhos, após a formatura. São muitos que se inscrevem em programas de pós-graduação. Realizamos diversas apresentações em eventos como ENLIF's, SNE'F, SIAC's, apresentando trabalhos e oficinas. Há materiais on line em blog, Instagran e Facebook. Durante a XIII Conferencia Interamericana de Educación en Física, 2019, Montevideo, foi apresentado o trabalho *O subprojeto PIBID/UFRJ-FÍSICA: programa de formação inicial de professores de Física para o ensino médio brasileiro*, de Soares, V. ; Vianna, D. M. ; Fernandes, S. S. ; Sales, V. C. H.; e de Rodrigues, C. F.M. ; Carvalho, N. O ; Pacheco, R. C. ; Marinho, V. S. ; Vianna, D. M. ; Soares, V. *Propostas de atividades experimentais para um curso remoto de Física no Ensino Médio*, publicado na Revista de Enseñanza de la Física (online), v. 33, p. 451-458.

A diretoria à época da SBF em colaboração com a CAPES, em 2013, iniciou as atividades do Mestrado Nacional Profissional em Ensino de Física (MNPEF). Para manter o diálogo com a CAPES, sendo um curso de Pós-graduação, a SBF precisava ter uma Pró-Reitoria de Pesquisa. O Presidente da SBF neste período era o Ricardo Galvão, e me convidou para ocupar este cargo, ficando ele como Reitor. Meu nome foi aprovado pelo Conselho da SBF, em reunião do dia 25 de outubro de 2013. A SBF seria a responsável pelo orçamento, pois é a gestora do programa e responsável por sua parte acadêmica. Como coordenador do programa ficou o Marco Antonio Moreira. O Programa começou com 21 polos em rede, com cursos presenciais, voltado para professores de Física ou áreas afins em exercício em sala de aula da Educação Básica do país, e hospedados por Instituições de Ensino Superior (IES) públicas, espalhados por todos os estados do país. Hoje são cerca de 60 polos, com mais de 1700 mestres com seus produtos educacionais, testados e aprovados pelas bancas acadêmicas e escolas. Coube a mim ser a gestora, tendo sido empenhado pela CAPES, relativo ao convênio número 796219/2013, o valor de R$ 2.890.265,40, destinados aos polos para compras de material para os alunos, visitas de avaliação aos polos, pela Coordenação e Conselho do MNPEF, assim como eventos para os alunos. Ao final do convênio, pedi meu desligamento, o que foi aprovado em reunião de Conselho da SBF em 25 de novembro de 2016. Hoje sou membro do Conselho do MNPEF.

Durante a pandemia foi organizado um Grupo de trabalho do Programa EBS/ IOC que elaborou a Nota TÉCNICA N.º 1/2020/PG-EBS/IOC-FIOCRUZ: *Embasamento técnico e sugestões para ações de promoção da saúde ambiental e estratégias educacionais para mitigar as iniquidades no acesso à Educação Básica no Brasil no contexto da pandemia de COVID-19*. Participaram pesquisadores do IOC, de outras IES e professores, a última versão é de 31 de julho de 2020. Este grupo de trabalho também organizou alguns webnários, sendo o primeiro *A vacina para COVID e o retorno às aulas*, em 8 de fevereiro de 2021, com a Dra. Margareth Dalcomo (IOC), Dr. Gonzalo Vecino (USP) e Claudia Vieira da rede pública de Ensino, mediada por mim (https://abre.ai/iTAe).

Em 2022 retornamos às aulas presenciais. Durante o período da pandemia, as atividades didáticas foram online, assim como os encontros do grupo PROENFIS. Participei de defesas, palestras e alunos defenderam seus trabalhos também remotamente.

Atualmente, continuo lecionando no IF-UFRJ na graduação e na Pós-Graduação em Ensino e no Programa de Ensino de Biociências e

Saúde. São atualmente em desenvolvimento: 2 monografias de final de curso, 5 dissertações de mestrado e mais uma com coorientação, 2 teses de doutorado, sendo uma também com coorientação. Há também um Pós-doutoramento em andamento que está bem engajado no grupo, colaborando com as pesquisas e publicações.

Os resultados das pesquisas desenvolvidas estão explicitados nos artigos publicados, apresentações em eventos e em conferências para as quais fui convidada.

Como perspectivas de trabalhos de pesquisas, aguardamos os resultados das pesquisas dos alunos, sendo que, em dois trabalhos (graduação e doutorado), estamos fazendo uma avaliação dos produtos educacionais e pesquisas concluídas pelos antigos participantes do PROENFIS. É necessário saber como as suas pesquisas evoluíram, como estão sendo usadas no dia a dia das salas de aula. Estes resultados nos darão mais embasamento para construir outras pesquisas que abordem a necessidade de materiais para o ensino médio, de forma investigativa e relacionadas ao nosso referencial de CTS. Como temos alguns produtos que não constam dos 2 livros já citados, produzidos pelo grupo PROENFIS, há a necessidade de elaboração de um terceiro livro e artigos reflexivos sobre o desenvolvimento de nosso trabalho.

Apresento este memorial ao Instituto de Física tendo em vista que acredito que há preocupação de seu corpo docente com a Educação do país, em particular com o Ensino de Física. Deste modo, me permito apresentar o quanto a pesquisa em ensino é fundamental para a melhoria no ensino e aprendizagem de Física para todos os segmentos educacionais.

Ao terminar este documento, para mim, fica evidente, que a minha formação inicial no IE influenciou quase toda a minha trajetória profissional. Nunca deixei de ser a "professora primária", mas avancei e com certeza muitas contribuições foram dadas à minha docência, nos diferentes graus de ensino em que lecionei e à pesquisa em ensino de Física e Ciências.

Apresento a seguir alguns dados quantitativos mais relevantes de minha carreira.

Ingresso na UFRJ – 1978 – Auxiliar de Ensino
Disciplina já lecionadas no período de 1978 a 2021
Graduação UFRJ – Instrumentação para Ensino, Física para Biologia, Física para Professores de Ciências, Avaliação da Aprendizagem, Física para Desenho Industrial, Física Experimental.
Pós-Graduação UFRJ – Tópicos de Ensino de Física, Tópicos de Ensino por Investigação.
Pós-Graduação CEFET-RJ - Metodologia do Ensino de Física.
Pós-Graduação EBS/IOC - Metodologia da Pesquisa em Biociências e Tendências da Pesquisa em Biociências.

Trabalhos publicados (1988-2022) - 52
Revistas nacionais – 45
Revistas Internacionais – 7

Trabalhos apresentados em Congressos (com textos completos) - 122
Nacionais - 99
Internacionais – 23

Citações: segundo scholar.google.com.br, 917 com índice h 16
Desde 2017: 397, índice H: 10.

Participante de Corpo Editorial: desde 2007, em 6 revistas nacionais e 2 internacionais.
Orientações de Doutorado: desde 2008, 4 na EBS, sendo 1 coorientação.
Orientações de Mestrado: desde 2005.
CEFET – 2.
EBS – 7, sendo 2 com coorientação.
UFRJ – 16, sendo 4 com coorientação.

Orientações de Trabalho de Conclusão de Curso (TCC), desde 1999; UFRJ – 38
Orientações de IC, desde 2000, UFRJ – 6
Coorientações no PIBID – cerca de 100
Participação em Bancas de Doutorado - 18
Participação em Bancas de Mestrado - 51
Participação em Bancas de TCC - 49
Capítulos de livros publicados – 18
Livros publicados ou participação da elaboração- 5

GUARACIRA GOUVÊA DE SOUSA

Universidade Federal do Estado do Rio de Janeiro

Memorial
50 ANOS DE MILITÂNCIA NA EDUCAÇÃO
Guaracira Gouvêa de Sousa
Universidade Federal do Estado do Rio de Janeiro
Centro De Ciências Humanas E Sociais
Departamento de Didática
11 de julho de 2018

INTRODUÇÃO

Talvez seja uma ousadia minha iniciar este memorial citando Roland Barthes quando ministrou sua aula de acolhida no COLEGIO DE FRANCE. Ele referia-se à alegria de ter na plateia tantos amigos. Eu também tenho muitos amigos nesta plateia, gostaria de citar todos, no entanto só citarei duas: Carmen Irene, minha eterna autora, te respeito, te amo muito; ISABEL MARTINS, foi sempre muito bom de ter sempre próxima a mim uma professora que me fez tornar uma pesquisadora.

E ainda como diz Roland Barthes, mas sem a sombra de ironia e seu excesso de polidez e elegância "o professor não tem aqui outra atividade senão a de pesquisar e de falar - eu diria sonhar alto sua pesquisa – não de julgar, de escolher, de promover, de sujeitar-se a um saber dirigido" („,). Este é um exagero meu, mas considero a universidade e o Mast, os dois lugares onde trabalho e trabalhei onde tive muitos graus de liberdade para definir o que pesquisar, "falar sem nenhuma sanção, simplesmente falar."

Será que em minha vida nunca houve uma interdição, como nos diz Foucault, parafraseando-o, não se pode falar qualquer coisa em qualquer lugar e para qualquer pessoa, "que qualquer um, enfim, não pode falar de qualquer coisa em nossa sociedade".

No entanto tentarei, ao narrar neste memorial minha história, romper com as interdições. Como se isso fosse possível, pois a língua sempre está a serviço de um poder, não é nem reacionária, nem democrática, ela é simplesmente fascista; pois o fascismo não é impedir de dizer, é obrigar a dizer (Barthes). Sou obrigada a falar de uma certa forma, visto que estou defendendo um memorial. Iniciarei esta narrativa contando minha vida de estudante, depois minha vida de militante da educação (professora), e a seguir minha vida de pesquisadora.

50 ANOS DE MILITÂNCIA NA EDUCAÇÃO

Toda prática social é uma prática pedagógica,
é uma prática política (Gramsci)

Minha vida de estudante: eu sempre gostei de estudar

A escola básica

Entrei no grupo escolar Marechal Floriano Peixoto da Fonseca, na cidade de São Paulo, em 1954, tinha sete anos completos e lembro-me de minha irmã gêmea e eu entrarmos em fila e irmos para o segundo andar, onde havia as salas de aulas só para meninas. Nossa professora de alfabetização era uma mulher que se arrumava como uma senhora de 60 anos, mas deveria ter somente 35 anos. Tinha uma pele branca e as unhas sempre pintadas de esmalte transparente, seguramente não devia fazer nenhum serviço doméstico. Ela representava as mulheres que se formavam à época nas escolas normais. Era uma mulher incrível, era extremamente dedicada às crianças, independente de classe ou cor. Lembro-me de chegarmos um pouco antes de tocar o sinal para entrarmos na fila e dela estar sentada no banco do pátio das meninas, ensinando a ler crianças que estavam com dificuldades.

No entanto, a nossa professora do segundo ano do primário era uma mulher que todos temiam, não por ser exigente, eu a classifico com uma mulher má, preconceituosa e rancorosa. Todos os bimestres ela classificava as crianças pelas notas tiradas nas avaliações e chamando criança por criança, as dispunha em filas de carteiras A, B C D e E, esta última, ela chamava de cemitério, e não por acaso, as crianças que iam para o cemitério, eram as mais pobres e negras. Esta escola pública que todos tem saudade e que se orgulham de ter frequentado, era uma escola elitista, e por isso não aceitava negros e nem pobres.

Ao contar essas histórias para as estudantes do curso de pedagogia, estas ficam horrorizadas, como se as nossas escolas tivessem se modificado muito, que me perdoem as(os) cotidianistas(os), continuam a ser aparelho ideológico de estado, no sentido dado por Althusser e reprodutoras, no sentido dado por Bourdieu.

O segundo ciclo do ensino fundamental e o ensino médio, eu e minha irmã gêmea cursamos em escolas privadas, o que nos trazia um desconforto, pois as crianças que frequentavam estas escolas pertenciam a uma estratificação social superior a nossa, e assim fizemos poucos amigos nestes períodos de nossas vidas Compensávamos as diferenças, estudando muito. Isto para nós duas não significava nenhum sacrifício, pois gostávamos muito de estudar e ainda gostamos.

A licenciatura em Física

No ano de 1987, eu, minha irmã Isolda e meu irmão Jair, entramos na Universidade de São Paulo, eu para cursar física, minha irmã letras e meu irmão engenharia. Fui excedente, pois tirei a nota mínima em inglês, mas tirei nota 7,0 tanto em matemática como em física. Para quem não viveu esse período, excedente era o estudante que tinha obtido nota igual ou superior a cinco, mas não havia vagas no curso escolhido. Naquela época uma das bandeiras do movimento estudantil era acabar com a figura do excedente, o que a ditadura fez, mas criando a nota de corte.

O palestrante da turma de 1987 foi o Prof. Mário Schemberg, que já era um físico famoso. Era um senhor de cabelos brancos, gordo e ministrou a palestra, em pé, com as mãos apoiadas na mesa e o tempo todo de olhos fechados. Lembro-me até hoje desta imagem, depois encontrei o Prof. Schemberg, correndo da polícia militar paulista, em uma manifestação estudantil, em que eu também estava, no ano de 1968.

O curso de física, como hoje, era bastante excludente. Em 1987, a turma era formada por 100 estudantes, em 1989, éramos 30 e nos formamos em 1972, 15 estudantes. Foram meus professores, vinculados ao campo da Física, Oscar Sala, Jaime Tiomno e José Goldemberg, e vinculados ao campo do ensino de física, a professora Jesuína Pacca e os professores Ernst Hamburger e Alberto Villani. Muitos estudantes dessa época constituem a massa crítica do ensino de física no Brasil. Citaremos alguns, dos que se espalharam pelo Brasil: Angotti; Deliozoicovi e Arden, os três na UFSC; Marta Pernambuco da UFRN, (falecida há pouco tempo), Eduardo Terrazzan da UFSM e os que ficaram na USP, Zanetic, Menezes e Motoyama.

Os estudantes da física eram muito engajados na luta política contra a ditadura, muitos foram presos e alguns destes foram mortos. As palavras de ordem que gritávamos nas manifestações de 1968 eram: Fora MecUsaid – agentes do imperialismo; yanks go home; abaixo a ditadura. Militei no Movimento Estudantil de1967 até final de 1969, considerávamos que faríamos a revolução em cinco anos. No final de 1970, afastei-me do movimento estudantil, inclusive do curso de física e em 1972 voltei para o curso. Em dezembro de 1972 casei com o gaúcho que eu chamo de Seu Gómez e viemos para o Rio de Janeiro.

O bacharelado em Física

Em uma das vezes em que fui visitar minha família em São Paulo, fui ao Instituto de Física da Universidade de São Paulo - USP e solicitei ao professor Hamburger uma carta de apresentação para algum professor do Instituto de Física da Universidade Federal do Rio de Janeiro. Ele solicitou meu histórico escolar, que óbvio não era um dos melhores, devido à militância, mesmo assim ele me deu a carta de apresentação, endereçada à minha querida professora Susana de Souza Barros, uma argentina de faca na bota e que me ensinou muito sobre ensino de física.

O Instituto de Física da UFRJ estava em processo de reconstrução, devido à quase extinção pela perseguição política realizada pela ditadura. Em agosto de 1973 retomo meus estudos no campo da física, e Susana me solicitou que monitorasse o trabalho de estudantes do Colégio de Aplicação da UFRJ, que tinham uma bolsa de ensino médio para estagiarem em um grupo de pesquisa do Instituto. Como Susana sempre esteve vinculada à física experimental, eu refiz com os meninos e meninas algumas experiências do PSSC, depois fui monitora em física experimental e já no mestrado em física fui monitora da disciplina instrumentação para o ensino de física, nesse momento conheci minha amiga, até hoje, a professora Deise Vianna.

Qualquer curso de física no Brasil é excludente, as turmas que eu frequentei não tinham mais do que 10 estudantes, e estes eram de períodos diferentes. Estudei física durante nove anos e não deixei a física, e sim o IF em1978.

O Mestrado em Educação

Muito estimulada pelo meu amigo Peixoto, que eu conheci no IF, fiz seleção para o mestrado em educação no Instituto de Estudos Superiores em Educação – IESAE, instituição à época a mais respeitada no campo da educação. Devo minha formação neste campo ao meu mestrado, além de ter feito amizades que permanecem até hoje (Humberto, Eunice, Leticia falecida em 1991.

Durante realização do mestrado, nasceu o Queco, como eu chamo meu filho Francisco. Minha orientadora foi a professora Zilah Xavier e minha banca foi formada pelas docentes do IESAE, a minha orientadora, a profa. Circe Navarro e por minha saudosa professora Susana Sousa Barros, que sempre foi muito carinhosa comigo.

O tema de minha dissertação de mestrado versou sobre minha experiência no Instituto de Física da UFRJ. Seu título é "Ciência e Pedagogia científica – um estudo das práticas acadêmicas no Instituto de Física da Universidade Federal do Rio de Janeiro". Seu objeto era, portanto, a Física, ciência e ensino, baseado em Gaston Bachelard e Thomas Kuhn.

Para a análise que me propus comecei pela história da construção do conhecimento científico.

"A nossa proposta da pedagogia científica tem como objetivo recuperar a dimensão política consciente dos atos de ensinar e pesquisar". (GOUVÊA)

Na realidade, talvez, atualmente, eu não fosse tão dura com os pesquisadores do IF, mas o que mais me deixa impressionada é que as práticas de ensinar física continuam as mesmas, realizadas em 1983, expressas nos manuais adotados, nas infindáveis listas de exercício, e no pouquíssimo tempo dedicado para discutir-se a epistemologia da física, a história da física, bem como a história da disciplina escolar física.

Quando terminei o mestrado, em agosto de 1985, ter esse nível de escolaridade era considerado o ponto mais alto da formação de um educador, apesar do doutorado da PUC-Rio ter sido implantado em 1976 e, como naquela época o doutorado poderia ser concluído em 6 anos, a primeira turma doutorou-se em 1982 e a segunda em 1988, havia poucos doutores em educação no Brasil.

O doutorado

Em 1995, dez anos depois de eu concluir meu mestrado, estava trabalhando na coordenação do Departamento de Educação do Museu de Astronomia e Ciências Afins, e para concorrer de igual para igual com os membros de outros departamentos, por exemplo, pela cota Mast de bolsa de IC, ou para solicitar financiamentos à Faperj ou ao CNPq, deveríamos ter o grau de doutor. Como eu e o Douglas Falcão tínhamos sido convidados pelo professor Leopoldo de Meis, ele para fazer o mestrado e eu fazer o doutorado no instituto dirigido pelo prof. Leopoldo, resolvi ingressar no doutorado do Instituto de Bioquímica Médica do CCS da UFRJ.

Meu tema de qualificação foi a história do ensino de ciências e a história da educação brasileira. Hoje me arrependo de não ter publicado este artigo, somente organizei as transparências.

O objeto de estudo de minha pesquisa de doutorado foi a leitura realizada por crianças assinantes da revista Ciência Hoje das Crianças – revista de divulgação da ciência para crianças, filiada à Sociedade para o Progresso da Ciência (SBPC). Minha hipótese era que, como os marcadores de leitura eram controlados pelo conselho editorial da revista, as crianças só teriam condições de realizar a leitura autorizada, na perspectiva colocada por Bourdieu,

A linguagem

Parece-nos relevante estudar a prática social de divulgar ciência para crianças por meio do cotidiano de produção dessa revista, tentando perceber as formas de condução da política editorial e sua influência sobre a revista e como isso pode ou não influenciar a leitura das crianças.

Para estudar essa prática social, fez-se necessário compreender o processo de produção da revista, como se estabelecem as relações entre pesquisadores, jornalistas/editores de texto e as crianças e estudar as formas de apreensão do discurso contido na revista pelas crianças. Parecia-nos que esses elementos nos possibilitariam compreender aquela prática.

Os elementos citados caracterizam o fenômeno comunicacional – divulgar ciência – que acontece pelo uso da linguagem por diferentes interlocutores e pela realização de leitura, seja ela qual for (ouvida, lida, vista). Nesse sentido, é necessário explicitar nossa compreensão sobre a linguagem e sobre a leitura e em particular a linguagem escrita e sua leitura correspondente.

Assim, o nosso entendimento sobre a linguagem e a leitura indicarão os caminhos teóricos e metodológicos a serem seguidos, isto é, a nossa perspectiva.

A leitura

> O ato de ler não se esgota na decodificação
> pura da palavra escrita ou da linguagem escrita
> mas que se antecipa e se alonga na inteligência do
> mundo.
> A leitura do mundo precede
> a leitura da palavra
> e a leitura desta implica
> a continuidade da leitura
> a daquele. (Freire, 1986, p. 11).

O ato de ler - prática social de leitura - está associado historicamente ao aparelho literário (história do livro: produção e consumo) e ao processo literário (história da leitura: formas de leitura, relação autor/leitor e aprendizado da leitura que evolui com a demanda social e com o entendimento desse aprendizado). Lê-se para buscar informações pontuais, ou para aprofundar conhecimentos sobre conteúdos e métodos, ou simplesmente como entretenimento ou como fruição.

Assim, a noção de leitura é polissêmica e a leitura não é simples decodificação de sinais, não depende somente da capacidade do leitor de decifrá-los, e sim de dar significados a eles, compreendê-los. Significados construídos a partir de sua história de vida, referendados ou não por uma leitura autorizada, aceita, caracterizando suas condições de acesso à leitura e suas condições de produção.

A divulgação científica

A comunicação social da ciência define-se como divulgar, popularizar, vulgarizar, comunicar publicamente a ciência, dependendo do momento histórico considerado e do ator, entendido como um ser histórico e político envolvido no ato de comunicar. O momento histórico indica diretrizes para as políticas de educação científica, demandada por diferentes setores da sociedade, que orientam as ações de comunicação social da ciência.

Os problemas tecnológicos do começo da Revolução Industrial (últimas décadas do século XVIII e primeiras do século XX) não exigiam homens com qualificações científicas, mas homens com escolaridade fundamental, familiarizados com dispositivos mecânicos simples, com o trabalho em metal e dotados de experiência prática e iniciativa. Do mesmo período são os museus de artes e ofícios, que realizavam ações para qualificar os profissionais de acordo com uma perspectiva indicada e montavam exposições em que as técnicas eram apresentadas por meio de aparatos.

Não escapamos, assim, do imperativo de observar a produção de conhecimentos e técnicas e do trabalho dos próprios cientistas, com sua história, da mesma forma como devemos observar a história da cultura de nossos interlocutores." Nesse momento, não estamos falando somente do espírito científico, e sim da cultura científica da sociedade.

Vale destacar, contudo, que as estratégias de comunicação social da ciência são similares em muitos países: tipos de revistas com política editorial semelhantes, museus interativos de ciências com os mesmos aparatos; parques da ciência, livros com temáticas iguais. Além disso, a discussão sobre cultura científica e alfabetização científica tem a mesma característica.

Três fatores fundamentais raramente são considerados: a língua nativa, a cultura local e a percepção sobre a ciência por parte da população, caracterizando uma relação assimétrica entre o pesquisador/jornalista e o público.

Os trabalhos sobre comunicação social da ciência sempre têm dois aspectos: sua necessidade – a ampla abordagem justificando sua existência – e os enfoques diferenciados, tentando clarear o conceito. Parece-nos que o mais razoável é admitir o dinamismo histórico – expresso nos diferentes nomes que a divulgação recebe. Isto significa inserir as questões sobre a comunicação social da ciência e da tecnologia no contexto sócio-histórico e cultural. Assim, é importante fazer referência às experiências de outros países. No entanto, é fundamental considerar esse fenômeno comunicacional no contexto de cada país onde se realizam as ações da ciência.

Pós-doutorado

Em 2005, já na Unirio, fui para Universidade Autônoma de Barcelona (UAB) na cidade de Barcelona, onde realizei o meu pós-doutorado. Estes três meses foram os primeiros em minha vida que eu pude dedicar-me apenas ao estudo, com financiamento, sem trabalhar. Eu tinha 58 anos.

Na primeira reunião com o grupo de pesquisa da professora Mércè Izquierdo, minha supervisora, ela me avisou que todos falariam catalão e eu poderia falar em português porque todos fariam esforço para me entender. Na UAB há uma biblioteca fantástica só de periódicos impressos, eu pude consultá-la, pois consideravam que eu era estudante e disponibilizaram para mim uma carteira de estudante, desta forma tive acesso a todas as bibliotecas da UAB.

Por que estudar o livro didático? Neste momento, apresento alguns trechos de minhas reflexões produzidas durante o pós-doutorado

Nosso objetivo no pós-doutorado foi investigar o papel dos distintos sistemas de signos ou modos semióticos constitutivos das interações discursivas ocorridas em aulas de ciências, entendendo que toda prática educativa envolve processos comunicacionais por meio do uso de diferentes mídias com suas linguagens específicas. Essas linguagens são constituídas por estruturas que podemos chamar de retóricas, pois cada mídia no ato de sua produção tem uma intencionalidade que é materializada por meio dessas estruturas. No caso particular desta pesquisa, a mídia escolhida foi o livro didático de ciências – Física ou Química - utilizado no ensino secundário espanhol.

A escolha por estudar o livro didático se deve ao fato deste suporte ser, atualmente, o mediador preferencial nas interações discursivas realizadas em sala de aula de ciências (Bittencourt, 2004)) nesse sentido, constitui-se em um objeto de estudo relevante para a educação em ciências.

O livro didático como objeto cultural é a expressão da enunciação dos autores, social e historicamente datada e é apropriado por professores e estudantes nas práticas das aulas de ciências materializadas por novas enunciações por meio das diferentes linguagens.

O foco deste estudo, desta forma, está na linguagem expressa pelo texto verbal escrito e pelo texto imagético gravados nesse suporte e formado por diferentes estruturas, sejam verbais ou gráficas, que neste trabalho são consideradas estruturas retóricas, constitutivas das narrações nos atos enunciativas.

50 ANOS DE MILITÂNCIA NA EDUCAÇÃO

Minha vida como professora

A escola básica – São Paulo

No mês de setembro do ano de 1968, comecei a trabalhar em uma escola estadual em Diadema, cidade da grande São Paulo. Lecionei a disciplina escolar física por dois anos, e repetia o que meus professores do ensino médio e da universidade faziam. Foi a primeira vez que comecei a refletir sobre a forma de se ensinar física. Eram todos estudantes trabalhadores e eu querendo ensinar movimento circular uniforme na lousa. Em 1970, meu contrato a título precário foi extinto e tive que sair de Diadema.

Logo retomei o ensino, só que nessa nova escola eu fui contratada para ensinar ciências para o que hoje denominamos sexto e nono anos, num bairro chamado cidade Leonor. O que ficou marcado em minha memória foram as ações que a PM realizava em São Paulo, junto com a polícia civil.

Uma noite eu estava esperando o ônibus para voltar para casa e os estudantes, em sua maioria rapazes, estavam saindo da escola, de repente, escutamos um barulho intenso que eu não identifiquei o que era, os estudantes, moradores do bairro puseram-se a correr, mas muitos foram cercados pela cavalaria da PM. O barulho que ouvimos era dos cascos dos cavalos no asfalto. Todos foram obrigados a deitar no chão e cada um foi obrigado a entregar a carteira de estudante que deveria estar carimbada com a presença daquele dia, os que não tinham a carteira ou esta não estava carimbada eram separados e levados, sabe-se lá para onde. Eu não fui indagada, pois sou branca e estava usando um avental azul que me identificava como professora da escola. Os professores mais antigos desta escola tinham me aconselhado que, ao descer do ônibus para chegar na escola, deveria sempre vestir o avental, e quando saísse também. Era comum, em 1970 e 1971, haver os chamados comandos - ação conjunta entre a PM e a polícia civil que paravam os carros e reviravam tudo. Justificavam essas ações por conta da "caça" aos comunistas, como se eles já não tivessem exterminados todos.

Essas narrativas parecem ser contemporâneas, a cidade do Rio de Janeiro hoje, e particularmente a população pobre e negra, vive situação similar aos tempos da ditadura. Permaneci nesta escola até o ano de 1971 e depois fui para uma escola em Capuava, bairro do município de Santo André, na divisa com o município de Mauá.

Esta escola era frequentada por meninos e meninas filhos dos trabalhadores de uma refinaria que funcionava bem próxima à escola. Esta refinaria exalava um constante cheiro de enxofre, pois nela havia montanhas deste produto, espalhadas por toda a parte externa, este cheiro também era constante na escola. Uma outra dificuldade era a tensão em que as crianças viviam, pois, a chama de segurança de uma das torres que controlava saída dos gases da refinaria não podia parar. Se isso viesse a acontecer, tocaria um apito e todos deveriam sair correndo, mas estas crianças tinham seus pais trabalhando lá dentro.

Eu sempre ia de trem e mais um ônibus para ir de minha casa até a estação e da estação até a escola, Sempre levava comigo uma sacola de feira com material de laboratório, incluindo um bujão pequeno de gás, às vezes, este ficava na escola. Atualmente eu não faria isso, colocava todo mundo em risco, mas se as normas de segurança forem cumpridas, não há perigo. Bem a verdade é que eu e meu marido estamos vivos, pois, aos sábados ele sempre ia comigo até a escola e depois ia me buscar, é claro de trem e dois ônibus. Mas por que realizar experimentos para crianças?

Lecionava para o atual 6º ano e o conteúdo era, como é até hoje, ar, água e solo. Para estes conteúdos há muitas possibilidades de ser realizar experimentos, e eu elaborava experimentos de demonstração. No segundo semestre de 1971 e no primeiro de 1972 eu cursei Instrumentação para o Ensino de Física 1 e 2, e nestes dois períodos tive a oportunidade de realizar todos os experimentos propostos pelo PSSC. A minha capacidade de realizar observações e de realizar inferências ficaram mais agudas. Muitas críticas têm sido feitas em relação aos projetos prontos de ensinar. Consideramos que vivenciar, ou experimentar os projetos, nos abastece para que possamos refletir sobre eles. Para criticar faz-se necessário conhecer e realizar os experimentos, ter contato pelo menos uma vez, assim o sujeito que realiza o experimento, mesmo que este seja repetido, nunca o repetirá da mesma forma.

Desta forma, mesmo sendo de demonstração, o que cada criança experimentou é impossível de ser controlado. E talvez esta seja a primeira e última vez que estas crianças terão esse tipo de experiência.

A escola básica – Rio de Janeiro

Viemos para o Rio de Janeiro e tinha uma indicação, de uma nossa amiga paulista, sobre uma orientadora educacional que trabalhava em uma escola particular. Em posse do telefone desta pessoa, liguei um dia para ela e ela me atendeu, o nome dela é Marita. Talvez Marita tenha gostado de mim, pois um dia, voltando do mercado, encontrei um bilhete dela, embaixo da porta de entrada, que me dizia o seguinte: Guaracira, a diretora do colégio de que lhe falei, quer conversar com você, pois há quatro turmas sem professor de ciências. Ao final do bilhete estava o endereço do colégio.

Por incrível que pareça, ter me formado na USP garantiu meu primeiro emprego na cidade do Rio de Janeiro. Esta foi a experiência mais intensa e desafiadora que eu tive nesta cidade. Eu vinha de São Paulo com este meu sotaque, chamando o quadro negro de lousa e o dever de casa de lição de casa, passei dois semestres inteiros tentando dar aula, visto que as quatro turmas não me deixavam dar aula. No primeiro semestre do ano seguinte, entrei em turma disposta a dar conta do desafio. Em primeiro lugar decidi que todos os deveres, feitos em sala de aula, seriam computados para a nota do bimestre e não corrigi mais nada no quadro, passava de carteira em carteira corrigindo à medida que iam terminando. No entanto, considero a medida mais definitiva adotada foi elaborar provas muito difíceis no primeiro e no segundo bimestre e afrouxava nos dois bimestres seguintes. Assim, eles entraram nos eixos, por serem muito competitivos, não queriam ter nota baixa.

Essas ações foram uma violência para mim. Eu tinha vindo de lecionar para crianças pobres que tinham vontade de aprender, mas estas, pertencentes à classe A aparentemente não gostavam. Para encerrar esta minha saga, fiquei 14 anos nesta escola. Durante 12 anos fui coordenadora das disciplinas escolares ciências e física, realizei 12 feiras de ciências, montei com o auxílio do meu marido quatro laboratórios, pois para cada lugar que se deslocavam as séries finais do ensino fundamental montávamos um laboratório. O último laboratório que montamos foi o definitivo, era uma sala grande de química e outra de física junto com biologia, mas havia dois lugares separados, um para guardar o material da biologia e outro para o material da física, havia dois professores de laboratório, um para a física e outro para ciências e biologia e o material que solicitávamos era adquirido. Este colégio era o Colégio Israelita A. Liessen.

Eu sempre assumi dar aula nos laboratórios, como as turmas eram pequenas, sempre levava todos e solicitava o auxílio do professor de laboratório. Cada bimestre sempre tinham que realizar uma prova prática que poderia ser do tipo investigativa, cada grupo tinha um problema que devera resolver solicitando o material que precisasse. Outras eram leis que eles tinham que demonstrar; neste tipo de prova algumas vezes com o material que estava em cima da bancada, outras vezes poderiam solicitar outro material. Quando o experimento era de demonstração de um fenômeno, complicávamos o tipo.

Em 1973, fiz concurso para a escola pública do ensino médio e passei em 6º lugar, eram 45 vagas para professores de física. Fui lecionar em uma escola, situada no Largo do Machado, chamada Colégio Estadual Amaro Cavalcante. Era a melhor escola pública para formar mão de obra para trabalhar em serviços vinculados à administração de empresas, como secretárias, administradores e contadores. Lecionava quatro tempos de física para os primeiros anos. Havia uma sala abandonada que era na realidade um laboratório, neste estavam guardadas em armários uma quantidade imensa de vidrarias, vidros com substâncias, cartazes com espécies de vegetais e animais, alguns esfolados humanos e um esqueleto. Organizei um mutirão com as meninas do curso secretariado e limpamos tudo.

Com recursos obtidos em uma festa junina, compramos material de física (Kits de mecânica e de eletromagnetismo do Projeto de Ensino de Física, alguns materiais do PSSC e kits de eletricidade). Fui autorizada pela diretora a comprar esse material, pois tinha trabalhado muito na organização e durante a realização da festa, e, assim, obtive o direito de utilizar uma parte dos recursos angariados que iam para a caixa escolar. No ano seguinte, ao voltar das férias, duas situações fizeram-me ficar muito aborrecida: a primeira foi que o laboratório que tínhamos recuperado tinha virado sala de datilografia e estava repleto de máquinas de escrever, e a outra é que o material de eletromagnetismo tinha sido roubado e quem tinha feito esse crime, deixou somente as caixas fechadas.

O laboratório ficava na parte inferior do prédio, abaixo do nível da rua. Ao verificar o acontecido, subi as escadas muito enfurecida e entrei direto na sala da diretora, e devo ter falado algo muito desagradável para a diretora, pois a partir daí fiquei conhecida como a "paulista invocadinha".

Permaneci nesta escola até 1981, e vivenciei a aplicação da lei 5692 que destruiu tudo que havia sido organizado durante anos. A fusão do antigo Estado do Rio Janeiro com o Estado da Guanabara, este último transformado em capital, transformou a sua rede do ensino fundamental em municipal, e as escolas do ensino médio ficaram sob a tutela do Estado, como a lei indica. As disciplinas vinculadas, as chamadas ciências da natureza, foram transformadas em ciências física e biológicas e passamos a lecionar dois tempos por semana para ministrarmos física, biologia e química. Eu nunca tinha estudado biologia em minha vida escolar, nem poderia tentar ensinar biologia. Naquele período tínhamos total liberdade para ensinarmos qualquer conteúdo, mas não abordávamos nenhum tema que fosse associado a temas de política, visto que poderíamos ser denunciados e presos. Parece que estamos em tempos piores que aqueles, pois nossa liberdade está cerceada, não podemos mais falar sobre política devido à escola sem partido e também não podemos lecionar qualquer conteúdo devido às avaliações externas, seja o Enem ou o Pisa.

Só volto para a escola em março de1979. Neste ano, houve a primeira grande greve dos professores e participamos dela. A direção da escola tinha sido alterada e eu e mais minha amiga, chamada Ludmila, não assinamos o ponto, depois de voltarmos da greve. Por castigo, o diretor, no ano seguinte, fez um horário que inviabilizava nossa vida, o horário ocupava parte da manhã e parte da tarde. Acertei com a diretora da escola particular, um ajuste no horário desta escola. No ano seguinte eu e Ludmila fomos para outra escola, chamada Colégio Estadual Inácio Azevedo Amaral, dirigido pela professora Lúcia, uma diretora comprometida com a educação. Havia liberdade nesta escola. Eu mais uma professora de química e o prof. João de biologia propusemos a Lúcia uma distribuição em nosso horário, de forma que cada um de nós daria mais um tempo por semana para cada turma para lecionarmos desde o primeiro ano metodologias do ensino de ciências. Isso significou que, como tínhamos seis turmas e lecionávamos doze tempos por semana, passamos e ter quatro tempos para reuniões. Destes tempos dois foram dedicados a reuniões conjuntas e conseguiríamos ter duas daquelas turmas, mas ficariam quatro turmas sem ter aula de metodologia de ensino física ou duas sem aula de física. A Lúcia conseguiu mais professores e pudemos implantar nossa proposta.

Em 1983, concorri às eleições para direção da escola e perdi. Minha situação ficou impossível, e fui para o Centro de Ciências do Estado do Rio de Janeiro, antigo Cecigua, depois Ceci, depois Cecierj.

Cieps – Programa Especial de Educação

De 1983 a 1987e 1991 a 1993, durante o primeiro e o segundo governo de Leonel Brizola, foi criado e implementado pelo prof. Darcy Ribeiro a proposta do CIEP – Centro Integrado de Educação Pública. O Programa Especial de Educação foi o Programa responsável por elaborar e implementar a proposta de horário integral nas escolas do ensino fundamental no Estado do Rio de Janeiro - os CIEPs. Estes funcionavam das 7h às 17h e as crianças tinham refeição desde a sua chegada. No entanto, o que considero mais importante no Programa foi a possibilidade das crianças que frequentavam essas escolas terem o mesmo tipo de acesso ao conhecimento científico e à cultura que as crianças de outras estratificações sociais. Os CIEP foram denominados pela população de Brizolões, e ficaram conhecidos como escolas para pobres. E tudo que se faz neste país, ainda com saudades da escravidão, destinados aos pobres deve ser pobre. Assim, para que ter piscina nessas escolas e bandejas de inox?

No primeiro Programa Especial de Educação, atuei na equipe de ciências, era a coordenadora geral a professora Lia Faria. Não me lembro de como fui parar neste programa, para elaborarmos as diretrizes para o ensino de ciências. Era uma equipe muito solidária e em 1985 eu estava na etapa de terminar de escrever minha dissertação de mestrado e a equipe, por ideia de Lia, sugeriu que eu ficasse em casa, trabalhando em meu texto da dissertação.

Em 1986, houve a eleição para governador e o prof. Darcy, candidato a governador de Estado, perde as eleições e a equipe toda é transferida para o município do Rio de Janeiro, e de 1987 a 1990, atuei na denominada Equipe de Direção, onde tínhamos como uma de nossas atribuições visitar os CIEPs e escutar as equipes de direção. Como dizia uma amiga da mesma equipe. "muito saculejamos na Kombi", e por isso eu digo que conheço esta cidade muito melhor que muito carioca e mais ainda, quem me fez amar esta cidade foram um mineiro, o professor Darcy, e um gaúcho, o Brizola.

A formação continuada de professores - CECIERJ

Ainda em 1990, eu e minhas amigas Eunice Trein e Carlota fomos convidadas pela direção para trabalhar no Centro de Ciências do Rio de Janeiro - CECIERJ que funcionava precariamente em uma escola em São Cristóvão. Os Centros de Ciências foram criados em todo o Brasil na década de 1960, no movimento para a melhoria do ensino de Ciências e tinham como funções realizar cursos de capacitação para os professores da rede pública e produzir material para auxiliar o professor de Ciências em suas aulas. Conseguiram sobreviver o Centro de Ciências do Rio Grande do Sul, de Minas Gerais, do Rio de Janeiro e de Pernambuco.

Era diretora do CECIERJ a professora Letícia Parente que comigo e com a Eunice Trein, cursamos, na mesma turma, o mestrado no IESAE. Tivemos a mesma orientadora e escrevemos um projeto solicitando recursos para a SPEC/PADCT, isto em 1984. Não fomos contempladas com nenhum recurso.

Depois do CECIERJ tornar-se uma fundação, fui convidada pela professora Letícia para assumir a diretoria científica. Nesta época o CECIERJ estava vinculado à Secretaria do Estado de Ciência e Tecnologia, como está até hoje, e funcionava nas instalações da UERJ. Fiquei com a responsabilidade de acompanhar todos os projetos e, em particular, fiquei responsável por uma parte do projeto mais ambicioso que tenho conhecimento de formação continuada de professores, elaborado por Letícia, O objetivo central era romper coma educação bancária dos professores por meio de sua inserção, a partir da problematização das Estações Geradores (mar, floresta, campo, indústria e serviços urbanos), no que hoje chamamos de educação ambiental crítica.

Como os professores permaneciam sexta, sábado e domingo, na sede do CECIERJ, no município de Nova Friburgo, com alimentação e deslocamento garantidos pelo projeto, tínhamos que convencer a direção da escola a liberar os professores na sexta e no sábado quando algumas funcionavam, pois as crianças não poderiam ficar sem aulas. Eu, Francisco e Cristina Araripe elaborávamos atividades de ciências para que, sob nossa supervisão, estagiárias das escolas de formação de professores dos municípios de onde o professor se deslocava, realizassem as atividades nas escolas dos docentes que estavam participando do curso. Assim, as crianças não ficariam sem aula e ainda vivenciariam momentos diferenciados da rotina escolar.

Uma das minhas outras atribuições foi orientar estudantes recém formados em um curso de especialização, em conjunto com a UERJ, e gostaria de citá-los. Andrea Guerra, Hilda Fajardo, Jacqueline Alves.

Agradeço a Letícia (in memoria), à Eunice, ao Francisco e à Cristina a possibilidade de ter participado de uma tão atual experiência. E mais ainda à Letícia que me ensinou a elaborar projetos e realizar relatórios técnico e de prestação de contas.

Em 1991, com o falecimento de Letícia é nomeado um outro presidente para o CECIERJ e eu sou convidada para coordenar o Departamento de Educação do Museu de Astronomia e Ciências Afins (Mast).

Em minha vida profissional sempre trabalhei em duas instituições, por isso este memorial vai e vem no tempo.

Ciência Hoje das Crianças

Em 1985 depois que terminei meu mestrado, fui convidada pelo Ennio Candotti, editor chefe da revista Ciência Hoje (CH), vinculada à Sociedade Brasileira para o Progresso da Ciência (SBPC), para elaborar e implantar um projeto de divulgação da ciência para crianças, pois tinha trabalhado na escola Inácio do Azevedo Amaral, especializada na formação de professores para o ensino de crianças, e deveria entender de crianças. Eu não sabia nada de divulgação da ciência e muito menos de revista, mas enfrentei esse desafio.

Veio trabalhar comigo uma darcisista e brizolista e acabamos nos tornando grandes amigas, Angela Maria Ramalho Viana. Ela teria como função me auxiliar a pensar a revista e realizar a edição dos textos. Minha primeira tarefa foi a de convencer o conselho editorial da Ciência Hoje (CH) que o projeto de uma revista para crianças era melhor que um projeto para adolescentes. Ennio e eu ganhamos essa discussão e, em dezembro de1986, foi publicado, encartada na Ciência Hoje, o número zero da Ciência Hoje das Crianças.

Depois de trabalhar na revista, passei a entender porque considerava fundamental realizar experimentos. É porque eu amo a materialidade, sou uma empirista.

O setor educativo do MAST – Departamento de Dinamização – Departamento de Educação – Coordenação de Educação em Ciências

Ao longo desses 30 anos, o MAST vem desenvolvendo múltiplas atividades de divulgação da ciência, voltadas para um público com um perfil específico ou para o público em geral. Essas atividades são de responsabilidade do setor educativo, a Coordenação de Educação, e são elaboradas, realizadas e avaliadas por essa coordenação. Isso significa que a equipe dessa coordenação tem como incumbência ir além de dinamizar e avaliar, essa equipe é mentora de todo o processo, isso caracteriza esse setor.

Algumas das principais atividades realizadas (Museu vai à Praia) ao longo desses 30 anos, foram mudando de periodicidade ou acontecendo em eventos com outras instituições, e representam a diversidade de frentes de atuação do setor educativo do MAST.

Um aspecto que queremos destacar é que membros dessa equipe, além da realização das atividades, também participaram como curadores, elaboradores das exposições denominadas permanentes, de exposições de longa duração e temporárias que integram as atividades de divulgação, e o conjunto de exposições que foram elaboradas por essa equipe perfazem um total de sete exposições, e essas geraram pesquisas que foram publicadas no Brasil e no exterior em livros e artigos. Os temas dessas pesquisas foram: paradigmas das exposições; tendências pedagógicas das exposições; padrões de interação de estudantes e professores com as exposições; processos de mediação; o instrumento científico como recurso pedagógico; processos de cognição nas interações com as exposições, entre outros.

Os resultados das pesquisas geram subsídios teóricos e práticos para o fortalecimento da relação museu e escola e para desenvolver novas estratégias de divulgação da ciência, além de contribuírem para consolidar os fóruns de debates sobre os espaços não formais de educação.

Minha entrada na Universidade em 2000

Ao terminar meu doutorado, em agosto de em 2000, fui convidada pela minha amiga Maria Cristina Leal a me inserir no grupo que estava tentando transformar o mestrado da Universidade Católica de Petrópolis para que contemplasse os critérios de avaliação da Capes, pois este funcionava, mas era nota 2 nas avaliações da Capes. Enviei o meu currículo para o coordenador do mestrado, o professor Vicente Madeira, e ele me retornou dizendo que seria bem-vinda, pois tinha feito o mestrado no IESAE, no qual ele também tinha feito o seu mestrado. Com ele aprendi todos os encaminhamentos necessários para se implantar um programa de pós-graduação.

O professor Madeira entedia a necessidade de dar maior visibilidade ao programa e convidou a Professora Dra. Nilda Alves da UERJ, e ex professora da UFF, para ministrar uma palestra, quando nos narrou a pesquisa que estava desenvolvendo com o tema de "Imagem e Escola". A professora já me conhecia e ao término da palestra conversamos, e contei que na minha tese de doutorado havia um item analisando as imagens da Revista Ciência Hoje das Crianças. Ela então me convidou para publicar essa parte de minha tese no livro que estava organizando. Isto acertado e como eu já estava atuando no Núcleo de Tecnologia em Saúde (Nutes), convidei Isabel Martins para publicar comigo, e esta foi a minha primeira publicação sobre imagem e minha tese.

Minha entrada na Universidade Pública em 2001

Minha entrada na universidade pública foi por intermédio da Professora Dra. Isabel Martins, que me convidou, em 2001, a fazer parte do corpo docente, como colaboradora da Programa de Pós-graduação, atualmente denominado "Educação em Ciências e Saúde" (PPGECS) do Núcleo de Tecnologia em Saúde (Nutes) da Universidade Federal do Rio de Janeiro. Isabel tinha chegado de Minas Gerais, onde trabalhou no Colégio Técnico da UFMG, no qual estava vinculada ao grupo de pesquisa em Educação em Ciências, e ela continuou, e continua, a vincular-se às pesquisas neste campo. O objeto de estudo à época era a imagem, e ela desenvolvia uma pesquisa denominada *"Imagens no livro didático de ciências"*.

No PPGECS do Nutes tive o privilégio de orientar, no mestrado e doutorado, minha amiga e colaboradora Lúcia Helena Pralon de Sousa, à época professora da escola pública na educação básica, e atualmente docente do Programa de Pós-graduação em Educação (PPGEdu) da UNIRIO. Lúcia foi a minha primeira estudante a defender o mestrado e o doutorado, tenho muito carinho por ela. Gostaria de citar os meus queridos orientados de doutorados do Nutes, que me ensinaram a orientar: Lúcia, Sheila, Simone, Renata e João, e os que eu estou orientando: Carlos e Hiata. E meus estudantes de mestrado: Lúcia, Gisele, Antônio, Adriana e Marcelle.

No PPGECS tive muitas oportunidades, via o companheirismo da Isabel. A primeira foi a de aprofundar e consolidar meus objetos de pesquisa até hoje: imagem, museu de ciência, divulgação da ciência, mídias e a perspectiva CTS no ensino de Ciências. A segunda, que está fortemente associado a primeira, foi o de poder realizar o meu Pós-doutorado, em 2005, na Universidade Autônoma de Barcelona, para desenvolver o projeto de pesquisa *"Estudo das linguagens imagéticas em contextos formais e não formais de educação – o caso do livro didático de ciências"*, sob a supervisão da Professora Dra. Mercê Izquierdo. Este projeto estava vinculado à investigação *"Discurso e comunicação na educação científica"*, coordenada por Isabel, projeto de cooperação internacional, vinculado ao Convênio CAPES/Brasil e DGU/Espanha. Eu e Mercê somos parceiras até hoje, como indicam nossas produções conjuntas.

No PPGECS desenvolvi meu entendimento da necessidade de se publicizar os resultados de nossas pesquisas e que isto não é somente uma demanda das agências de fomento, mas é uma questão de se dar retorno à sociedade, pois são os cidadãos brasileiros que nos financiam, via recursos liberados pelo CNPq, pela Capes, ou pela Faperj, ou pelo pagamento de nossos salários.

Meus sinceros agradecimentos à Isabel, minha amiga de sempre.

Eu não queria ser uma velha pobre

Em 2001 a UNIRIO divulgou um edital de concurso com um perfil que se aproximava do meu perfil na área de Educação e Comunicação. Eu já participava do GT 16 da Anped, no qual se apresentava, e se apresenta, trabalhos cujo objeto de estudo é a relação entre a mídia e a educação em contextos formais e não formais. Do programa, havia somente uma parte de um item que não dominava sobre "Educação aberta e a distância". A banca do concurso foi constituída pelas professoras doutoras: Lígia Marha C. C. Coelho da Unirio; Raquel Goulart da UFRJ e Marly A. Costa, da UERJ.

Quem me avisou do concurso foi meu amigo Nereu, infelizmente já falecido. Eu fiz o concurso, passei, e estou há 16 anos na UNIRIO.

Eu enfrentei esse concurso, por dois motivos: primeiro eu queria continuar a fazer pesquisa, e segundo eu tinha, recentemente, me aposentado como professora do ensino médio do Estado do Rio de Janeiro e meu salário era, e é, muito baixo e eu não queria ficar na UCP nem ser uma velha pobre. Foi bastante acertada essa minha decisão, visto que consegui fazer pesquisa, ter uma bolsa de produtividade do CNPq e todos os projetos para os quais solicitei financiamento foram aprovados como esta' explícito em meu relatório. E, ainda, meu salário atual é seis vezes minha aposentadoria que está congelada há seis anos. A não ser que tenhamos uma crise como a da Grécia, eu não serei uma velha pobre.

Em 2002, tomei posse e fui trabalhar na Coordenação da Educação a Distância. Naquela data era coordenadora a minha querida amiga, a professora Gilda Grombach, e estavam trabalhando lá as professoras Monica Mandarino da educação, a Professora Leila, do Departamento de Processos Técnicos e Documentais, Cláudia (já falecida) e Valéria Wilke, ambas do Departamento de Filosofia e Ciências Sociais. Era secretária à época a Carmem Irene C. Oliveira, que é a minha grande amiga da UNIRIO e minha companheira em muitas tarefas realizadas.

Em 2003, com a experiência adquirida na UCP, discutimos com a pró-reitora a possibilidade de encaminharmos um APCN à Capes, e ela nos autorizou. A comissão para escrever o projeto do programa ficou formada por: Ângela Martins, Deise Hora, Lígia Coelho e eu. Tínhamos como secretária, a Carmem que ficou responsável por inserir na plataforma, denominada Coleta Capes, os dados dos oito docentes necessários para se começar um mestrado. A não ser Lígia e Ângela, todos os outros docentes tinham menos de cinco anos de doutorado, sendo que duas eram recém-doutoras.

Em 2004, iniciamos com a primeira turma de mestrado. À medida que a graduação ia crescendo em números de docentes, expandíamos o mestrado. Em 2013, dez anos depois de escrevermos o APCN para implantarmos o doutorado, apresentamos eu, a professora Fernanda e a profa. Carmem Irene, em uma reunião de colegiado, a proposta de enviar o APCN para solicitarmos a instalação do doutorado. Aprovado no Colegiado eu e a Fernanda ficamos responsáveis em preencher os campos da plataforma Sucupira e Carmem Irene em inserir os dados dos docentes que foram credenciados para compor o corpo docente do doutorado e elaborar a matriz da estrutura curricular. Encaminhamos o APCN em 2013 e ainda no final desse ano, recebemos a visita de uma comissão, enviada pela Capes, para verificar as condições de funcionamento do Programa. A comissão elaborou parecer favorável, e, em 2014, realizamos o processo seletivo para a primeira turma de doutorado. Com a expansão dos cursos de graduação pelo projeto REUNI, atualmente temos 23 docentes atuando no PPGEdu.

50 ANOS DE MILITÂNCIA NA EDUCAÇÃO

Minha vida como pesquisadora

Na escola básica

Comecei a pesquisar desde 1974. O meu objeto de pesquisa era o ensino de física, e como eu estava lecionando física na escola pública fiz um trabalho que versava sobre a possibilidade de se ensinar física com material de baixo custo, este foi apresentado em um Simpósio Nacional de Ensino de Física em São Paulo

Sempre fui uma professora que se manteve próxima a universidade, pois sempre participava dos encontros promovidos pelo Projeto Fundão – Física que era coordenado pela professora Susana, mesmo depois de ter deixado o IF da UFRJ.

CECIERJ

Durante minha permanência no CECIERJ, produzimos uma pesquisa, cujo objeto foi a formação continuada de professores. Participaram desta pesquisa, eu, Eunice Trein, Vitória Brant e Letícia Parente e artigo gerado por esta investigação foi publicado na revista Contexto e Educação, nº. 21, em 1991, com o título *Um projeto em questão: a formação continuada de professores de ciências.*

Ciência Hoje das Crianças

Durante minha permanência na Ciência Hoje das Crianças, Ângela e eu elaboramos e realizamos três pesquisas, sendo que as duas primeiras foram pensadas no sentido de avaliar a política editorial da revista e a terceira queríamos saber a possibilidade de uso como material paradidático. Na realidade, cada vez que havia uma crise econômica e como a publicação das revistas dependia de verba governamentais, o Conselho Editorial queria suspender a publicação da CHC. Quando a revista começou a ser comprada pelo MEC para o Programa Sala de Leitura, esta foi tornando-se independente e aí não houve mais necessidade de se realizar pesquisas para avaliar a CHC.

As pesquisas que foram realizadas eram pesquisas de avaliação da revista. No entanto, considero a pesquisa mais relevante sobre a CHC foi a que eu realizei em meu doutorado que tinha como foco principal estudar a leitura das crianças, pois nenhuma pesquisa anterior tinha estudado a leitura das crianças

Museu de Astronomia e Ciências Afins

Quando cheguei ao Mast a equipe do Departamento de Educação estava se qualificando para realizar pesquisas. Creso Franco estava na Inglaterra fazendo o doutorado; Sibele Cazelli estava terminando o mestrado na PUC, assim que cheguei, uma das minhas primeiras tarefas foi assistir a defesa de dissertação de Sibele, que é uma das referências mais importantes no campo da educação em museus. Esther Valente, também estava fazendo mestrado na PUC e ao terminar sua dissertação esta também se tornou uma referência no campo da educação em museus. Douglas Falcão foi realizar o seu mestrado na mesma instituição que eu fiz meu doutorado.

Realizamos muitas pesquisas, cada exposição que nós montávamos, esta gerava uma pesquisa sobre diferentes temas, tais como: interação público e as exposições; mediação, paradigmas das exposições; tendências pedagógicas das exposições; a relação museu escola; museu e a formação inicial e continuada de professores. As pesquisas sobre esse tema estão publicadas em um livro, financiado pela Faperj, cujo título é Educação e Museu: a construção social do caráter educativo dos museus de ciência e tecnologia, as organizadoras foram, eu, Martha Marandino e Cristina Leal.

Os programas realizados, também geraram pesquisas, e estes foram: Brincando com a Ciência e o Bate- papo hiperinteressante, nestas pesquisas nós discutíamos o conceito de educação não formal e começamos a estudar a linguagem da divulgação científica que e que fomos explorar mais em meu doutorado.

O Programa de Pós-graduação em Educação em Ciências e Saúde

Em 2000, depois de minha defesa de tese, me inserir na equipe do mestrado do Nutes que à época tinha conceito 3 na avaliação trienal da Capes. Desde 2001 até nossos dias, publiquei com a Isabel Martins sete produtos, sendo que para se perceber o papel da Isabel em meu aperfeiçoamento enquanto pesquisadora, basta observar o conjunto de minhas publicações, estas eram conjuntas com Isabel no início de minha atuação, mas à medida que fui orientando e participando do grupo de pesquisa dela, fui ganhando maior autonomia. Nos anos de 2000 a 2009 foram aqueles, em que um dos meus espaços onde pude realizar pesquisa em educação em ciências, foi no PPGECS do Nutes.

Universidade Federal do Estado do Rio de Janeiro - Unirio
Programa de Pós-graduação em Educação – PPGEdu
Grupo de Pesquisa Educação, Discurso e Mídia

Quando entrei para a Unirio, havia um único grupo de pesquisa liderado pela Professora Dra. Lígia Martha C. C. Coelho, este congregava todos os docentes do Departamento de Didática (Did) que naquela época eram nove. Devido à expansão dos cursos de graduação na universidade no bojo do Projeto Reuni (Programa de Apoio a Planos de Reestruturação e Expansão das Universidades Federais, hoje somos 23 docentes neste departamento. No início do PPGEDu, nós éramos 8 docentes do corpo permanente, sendo que cinco eram do Did e atualmente somos 20 docentes do corpo permanente sendo 12 do Did. Na Unirio, quando iniciamos o mestrado, eram seis programas, nesses dias de hoje são 26 programas de pós-graduação.

O nosso grupo de pesquisa "Educação, Discurso e Mídia" foi criado em 2006 e estavam vinculados ao grupo os seguintes docentes: Valéria Wilker, Claudia (já falecida), Leila, uma técnica administrativa Carmen Irene e eu. Atualmente, o grupo está composto por mim, que lidero o grupo, a vice-líder Professora Carmen Irene C. Oliveira e, as professoras: Lúcia Pralon; Maria Auxiliadora D. Machado; Sheila Rego; Valéria Wilke; Mônica Alves Lobo; Rita Rezende V. P. Migliora e Leila L. de Medeiros.

Grupo de Pesquisa Educação, Discurso e Mídia

Grupo de Pesquisa Educação, Discurso e Mídia, constituído por docentes de Programas de Pós-Graduação da Universidade Federal do Estado do Rio de Janeiro – UNIRIO. Este grupo vem desenvolvendo investigações, associadas à linha de pesquisa Práticas Educativas, Linguagens e

Tecnologia, cujo objetivo é estudar as linguagens das diferentes mídias em suas mediações nas práticas educativas, elaborando, assim, formas de repensar essas práticas.

Dentre essas investigações, por mim coordenada, podemos citar o projeto **Educação a Distância e Mídias: um estudo sobre a produção e utilização de materiais didáticos**, apoiado pela FAPERJ3, e **Educação a Distância e Formação de Professores: um estudo sobre a produção, utilização, e avaliação de materiais didáticos,**4 apoiado pelo CNPq.

De fato, desde 2000, venho estudando a questão da produção discursiva em diferentes práticas educativas, analisando a produção e leituras de uma revista de ciência para crianças (Gouvêa, 2000; 2005), a produção de exposições interativas e as interações discursivas elaboradas em programas de divulgação científica, ambos em um museu de ciência (Gouvêa, 2002; 2003).

Além dessas investigações, no âmbito do meu estágio pós-doutoral, apoiado pela CAPES, desenvolvi o projeto **Estudo das linguagens imagéticas em contextos formais e não formais de educação – o caso do livro didático de ciências** que estudou as imagens contidas em livros didáticos espanhóis, buscando descrever como estas se articulavam com os textos escritos, constituindo, assim, estruturas retóricas que explicitam modelos de ciência, de práticas educativas e de estudantes.

Desta forma, ao longo de minha trajetória de pesquisadora na Unirio tenho me detido no estudo de discursos, particularmente os imagéticos, materializados em textos, gravados em diferentes suportes ou transmitidos e que são elaborados para ou em práticas educativas em contextos formais ou não formais de educação.

Vale ressaltar que estamos considerando discurso o ato enunciativo que se constitui no momento da produção por seu autor - materializado em um texto - e depois no momento da leitura por seu leitor. Denominamos "texto" uma mensagem expressa em uma determinada linguagem, estamos considerando, ainda, o texto como uma unidade perceptível pela visão, audição ou tato que é tomado por usuários em uma

---

3 Este projeto contou com recursos FAPERJ, APQ1 – 2002 e uma bolsa de iniciação científica.
4 Este projeto contou com recursos do CNPq, Edital Universal/ 2003 e duas bolsas cota IC– UNIRIO.

interação comunicativa, como unidade de sentido. Desta forma, são textos as falas, os escritos, as imagens, os filmes, os programas da televisão, os hipertextos. O texto, então, está associado ao suporte material e à produção de sentido. (Gouvêa, 2000).

Assim, poderemos falar em texto verbal oral – fala, mas poderemos falar em texto radiofônico, também oral, nesse sentido, a denominação de um texto depende das condições sociais de produção, isso significa caracterizar a mídia que estamos estudando e para cada uma teremos modos de leitura, ou seja, condições sociais de produção de sentidos.

Na realidade suporte teórico e metodologia dessas pesquisas foram se entrecruzando, mas o que propusemos, para a solicitação de bolsa de produtividade, foi uma investigação que tinha como objeto de estudo a relação texto verbal escrito e texto imagético contidos em matérias de ensino de ciências e de divulgação científica, elaborados para diferentes espaços educativos.

Para o triênio, 2010-2013, realizamos uma investigação que deslocou o foco da produção para a recepção/leitura, estudamos os modos de leituras de diferentes mídias, realizadas por estudantes de cursos de formação inicial de professores.

Tínhamos interesse em perceber como as táticas utilizadas na constituição das linguagens dessas mídias que abordavam temas de ensino de ciências ou de divulgação da ciência e da técnica são apreendidas pelos estudantes. Nossa hipótese estava fundamentada no estudo anterior que os discursos sejam do ensino de ciências ou da divulgação ciência e da técnica tendem a se constituir no sentido de controlar a polissemia, assim queríamos perceber como os estudantes seguem ou não os caminhos de intencionalidade de controle desses textos e qual era o papel da imagem na constituição de sentidos pelos estudantes.

Da leitura realizada pelos estudantes percebemos que as imagens em sua maioria quando faziam parte da cadeia argumentativa do discurso fixavam os sentidos propostos pelo texto verbal escrito e quando jogavam um papel de ilustração, muitas vezes, não eram reconhecidas pelos estudantes como participantes do argumento do discurso, nem como motivação para a leitura.

Para o triênio 2013-2016, consideramos como objeto de estudo as imagens impressas em livros didáticos de física para o ensino médio e nos dedicamos a estudar a representação da técnica em livros didáticos de física publicados nos séculos XX e XXI.

O estudo das imagens em livros didáticos foi retomado, na mediada que julgamos que não tínhamos, ainda, esgotado todas as possibilidades de análise dessas imagens, visto que no estudo do triênio 2007-2010 estudamos um conjunto pequeno de livros. Neste estudo, observamos que, por exemplo, algumas imagens se repetiam, mudando somente o processo de produção (bico de pena ou desenho no computador). Outro aspecto a destacar é que alguns objetos sempre presentes, como a balança, foram tendo sua forma de representação alterada ao longo do período dos livros estudados. A partir da década de 1950, estão representadas diversas máquinas, sejam vinculadas à produção ou ao fazer da vida cotidiana doméstica. Por que alguns artefatos permanecem? E outros têm seu grau de iconicidade alterado? Outros começam a ser representados a partir de uma determinada década. O que emergiu, também dessa investigação, foram as formas das imagens representarem a técnica e como esse tema não tem sido pouco explorado na área da educação, julgamos pertinentes tomá-lo como objeto de estudo.

Tínhamos como hipótese, na primeira investigação, que a mudança nas práticas de ensino de ciências, expressas pelo livro didático, é acompanhada por modificações nas formas de representação das imagens e na explicação dos conceitos e fenômenos, mas algumas formas de representação permanecem por longos períodos, caracterizando-se como elementos constitutivos da memória dessa prática social – ensinar física. Essas representações são em grande número de aparatos técnicos como ferramentas, máquinas ou são representações de processos como destilação do petróleo ou de fissão nuclear. Um outro aspecto a destacar é que o livro didático de ciências tem como objetivo inserir o estudante na cultura científica, e as imagens contidas nesse livro estão presentes com esse objetivo, assim qualquer imagem que nos remeta a técnica e a tecnologia se constitui em um recurso de retórica e não são objetos de estudo. Ensina-se na escola a disciplina escolar ciência e não a disciplina escolar técnica

Desta forma, escolhemos estudar como a técnica e a tecnologia estão sendo representadas em imagens nos livros didáticos de ciências (Física) do século XX e XXI, no sentido de inserir a discussão sobre a técnica e a tecnologia na educação científica e tecnológica dos estudantes do ensino médio.

Ao abordarmos, especificamente, no modo como a ciência está presente nas imagens, delineamos os esquemas da física como os elementos gráficos que intervêm nessas representações para reforçar o estatuto do conhecimento científico como saber hegemônico. Ou seja, os esquemas que aparecem em imagens com artefatos, de diferentes origens e aplicações, parecem funcionar para explicar os fenômenos aos quais estão ligados a partir de uma perspectiva científica, unicamente., isto é, da ciência por meio da técnica (sem maiores explicações sobre essa relação). Observamos que as imagens que apresentam esquemas de física, e que são constitutivas das formas de apresentar a ciência, não são as dominantes, apesar da importância.

Há relações com o contexto externo à área, que diz respeito a fatores históricos e políticos de cada período que indicam caminhos para opções didáticas no ensino de física. Isso fica mais evidente quando observamos a variação quantitativa entre a predominância dos artefatos do mundo do trabalho (primeiras décadas do século XX) e dos artefatos ligados ao cotidiano e lazer (mais contemporaneamente). Ou seja, vai-se do espaço do serviço/trabalho (mais universalizado em um período em que, ao menos no mundo ocidental, o contexto social e político do trabalho era pauta) ao espaço do cotidiano doméstico e do lazer, que são habitados por novos produtos cujo desenvolvimento científico possibilita a produção e o empoderamento financeiro permite a aquisição.

Para a pesquisa do triênio 2016-2019, analisamos a imagens produzidas por estudantes da UNIRIO, oriundos de diferentes cursos e tentaremos perceber como estes representam a técnica nas imagens produzidas e ainda de que cultura são oriundas essas formas de representação da técnica.

A experiência desenvolvida, ao longo desses anos, nos apontou para necessidade de trabalharmos nem somente com as imagens já produzidas e nem somente com a leitura destas, mas com a produção, na medida que entendemos que para se apropriarem criticamente da linguagem das mídias e as formas como estas elaboraram suas táticas por meio das imagens, faz-se necessário que os estudantes participem da produção de imagens. Esta pesquisa está sendo concluída, por isso não temos, ainda, resultados consolidados para expor.

Para que tivéssemos suporte teórico para essas investigações, elaboramos textos sobre imagem; leitura de imagem, livro didático e a técnica e a tecnologia.

REFERÊNCIAS

GOUVÊA, G. & MARTINS, I. **Imagens e Educação em Ciências**. ALVES, N. & SGARBE, P. (org). *Espaços e Imagens na Escola*. Rio de janeiro: DP&A, 2001, p. 41-58.

_____. A revista Ciência Hoje das Crianças e práticas de leituras do público infantil. In: MASSARANI, L. (org). **O pequeno Cientista Amador: a divulgação científica e o público amador**. Rio de Janeiro: Vieira e Lent, 2005.

_____, MARANDINO, M., LEAL, Maria C. (orgs). **Educação e Museu: A Construção do Caráter Educativo dos Museus de Ciência**. Rio de janeiro: Access Editora e FAPERJ, 2003.

GOUVEA, G; IZQUIERDO, M; MARTINS, I. Estudo das linguagens imagéticas em contextos formais e não formais de educação – o caso do livro didático de ciências. In Atas do **X Encontro de pesquisa em Ensino de Física**, 2006, Londrina.

GOUVÊA, G. **Divulgação científica para crianças: o caso da Ciência Hoje das Crianças**, tese de doutorado, Programa de pós-graduação em Ciências do ICB/UFRJ, 2000.

HELENA AMARAL DA FONTOURA

Universidade do Estado do Rio de Janeiro

MEMORIAL[5]

Helena Amaral da Fontoura

Eu sou aquela mulher que fez a escalada da monta-
nha da vida, removendo pedras e plantando flores.
(Cora Coralina)

Fazer um concurso de Titular é uma oportunidade ímpar de re-
ver a vida pessoal e profissional, olhar para tudo o que fiz e produzi nesses
anos todos de trabalho intenso. Chegar ao degrau mais alto de nossa carreira na Universidade do Estado do Rio de Janeiro, UERJ, meu espaço de
trabalho, de realizações profissionais e pessoais, de docência, de orientações, de extensão e de administração, de trocas de afetos, de escritos, de
construções coletivas, é motivo de realização e sensação de dever cumprido e prazer usufruído.

Ser Titular na área de Didática parece mesmo muito coerente
com minha trajetória profissional, sempre exerci minha docência nessa
área, desde quando era professora de um curso Normal na década de 70,
e os dois concursos em que fui aprovada para professora universitária, da
Universidade Federal Fluminense, nos anos 80, e para a Faculdade de
Formação de Professores, FFP, em 2001, foram para ser professora de Didática, e as disciplinas que ministro até hoje são, além da Didática, de
áreas correlatas, como Estágio Supervisionado e Pesquisa em Educação,
que invariavelmente tangenciam questões do fazer pedagógico.

---

[5] Editado pela autora para a presente publicação.

Revendo minha vida acadêmica, encontro um registro fotográfico de meu primeiro congresso em Educação, durante a graduação em Pedagogia, década de 70, como bolsista de iniciação científica. Mas não havia ainda de minha parte a prática de guardar registros impressos, não sei onde foi parar o certificado; muitas mudanças de casa e de vida se encarregaram de fazer desaparecer comprovantes de eventos realizados, mas assim é a vida, guardamos algumas coisas, perdemos outras...

Já formada há algum tempo, concluindo o Mestrado, meu currículo lattes revela um primeiro trabalho publicado em periódico datando de 1994, quando comecei a me dar conta da importância de registrar experiências e divulgar o que fazemos. "Ouvindo professores de alunos com dificuldades de aprendizagem" é o título, publicado na Revista Brasileira de Educação Especial[6]. Em 1995 duas publicações, uma em um periódico em inglês, fruto de minha experiência no Ontario Institute for Studies in Education (OISE), em Toronto, Canadá[7], e outra na área de relação médico-paciente, explorando o que chamei de aspectos pedagógicos presentes nessa interação[8]. Em 1999 uma publicação em parceria com Romeu Gomes, colega de muitas aventuras pedagógicas, sobre o tema de sua tese[9], período em que atuei como ledora e dialogadora do trabalho em produção, bons tempos de Fiocruz.

Em 2000, passeios pela educação a distância, trabalho no CEDERJ com escrita de material didático para Pedagogia, publicação em evento de EAD[10], e um artigo derivado de uma ida a um evento, sobre Formação de Professores[11], minha área de escolha mais forte, transversalizada pelo aporte da Didática como caminho formativo. Em 2001, encantada com a

---

[6] FONTOURA, H. A. Ouvindo professores de alunos com dificuldades de aprendizagem. Revista Brasileira de Educação Especial, v.2, 1994.
[7] FONTOURA, H. A.; SIEGEL, L. Reading, syntactic and working memory skills of bilingual Portuguese-Canadian children. READING AND WRITING, v.7, p.139 - 153, 1995.
[8] FONTOURA, H. A. Pensando a interação médico-paciente em uma perspectiva construtivista. Medicina (Ribeirão Preto), v.28, p.120 - 129, 1995.
[9] GOMES, Romeu; MINAYO, M. C. S.; FONTOURA, H. A. A prostituição infantil sob a ótica da sociedade e da saúde. Revista de Saúde Pública / Journal of Public Health, v.33, p.171 - 179, 1999.
[10] FONTOURA, H. A.; ANDRADE, L. A. B.; PASSOS, E. Utilização de meios interativos no ensino presencial e a distância: convite ao debate interno em face da urgência de um posicionamento institucional. Cadernos do CES (UFF), v.10, p.45 - 51, 2000.
[11] FONTOURA, H. A. Formação de Professores e Transformação da Educação Básica. Teoria e Prática da Educação, v.3, p.15 - 23, 2000.

pesquisa qualitativa, a abordagem etnográfica, a utilização de vídeos em pesquisa e em sala de aula para registrar as aulas de Prática de Ensino para as licenciaturas, publico artigo sobre o tema[12] buscando desenvolver uma metodologia formativa na qual licenciandos e licenciandas pudessem se ver em ação didática e pudessem pensar sobre seus fazeres sem que eu, professora de Didática, desse alguma receita de como dar aula.

Entre 2002 e 2003, a partir de aulas de Didática para docentes universitários de áreas sem formação pedagógica propriamente dita, publiquei trabalhos[13] sobre o magistério superior, com algum impacto para os poucos docentes que se aventuraram a embarcar na canoa de refletir sobre sua prática docente na Universidade. Algumas semelhanças com professores de licenciaturas que não se veem professores, mas sim historiadores, geógrafos, matemáticos, biólogos, críticos literários, engenheiros, médicos, apenas para citar áreas com as quais interagi, e fica uma pergunta sobre considerar a docência importante (ou não), e de que docência falamos quando formamos em nível superior. Já em 1999 havia escrito um capítulo de livro nessa linha[14].

Em 2004, junto com uma parceira de muitos encontros, Gianine Pierro, fizemos um trabalho de extensão em São Pedro da Aldeia, um processo de qualificação profissional para os docentes da rede, que resultou em uma publicação embrião do trabalho com narrativas que hoje fazemos[15]. A produção do livro incluiu escritas de professoras que nunca

---

[12] FONTOURA, H. A. O vídeo como instrumento de pesquisa. Cadernos de Ensaios e Pesquisas (UFF), v.3, p.19 - 24, 2001.

[13] FONTOURA, H. A.; CHAVES, Iduína Mont'Alverne B. Educação Superior: construindo pontes e diálogos com professores da Faculdade de Engenharia da UFF. Movimento (Niterói). v.7, p.113 - 122, 2003.

FONTOURA, H. A.; CHAVES, Iduína Mont'Alverne B. Educação Superior: diálogos com os professores da Escola de Engenharia. Cadernos do CES (UFF), v.12, p.57 - 62, 2002.

[14] FONTOURA, H. A. A formação do professor universitário: considerando propostas de ação In: Formação de professor: narrando, refletindo, intervindo. Niterói/Rio de Janeiro: Quartet/Intertexto, 1999.

[15] FONTOURA, H. A.; PIERRO, Gianine Maria de Souza. Professores contam sua cidade: São Pedro da Aldeia em foco. Niterói: CL Edições, 2004.

FONTOURA, H. A.; PIERRO, Gianine Maria de Souza. Relato de um (per)curso de aperfeiçoamento In: Professores contam sua cidade: São Pedro da Aldeia em foco. Niterói: CL Edições, 2004.

imaginavam ser autoras, se viam em um processo de desqualificação profissional, sensação presente em depoimentos de docentes de educação básica, que podem ser verificados em pesquisas com narrativas pelo país a fora. Construir esse aporte teórico metodológico no espaço da universidade articulada à educação básica foi sendo um dos pilares de minha pesquisa com professores e professoras das séries iniciais.

Duas publicações de 2005 trazem reflexões sobre formação docente e articulação universidade-escola básica[16], com especial foco na formação inicial, em trabalho de iniciação à docência, feito a partir da Residência Pedagógica, projeto de pesquisa, ensino e extensão que originou publicações em vários meios, artigos em periódicos[17], livros e capítulos de livros e participação em eventos nacionais e internacionais. Sobre o trabalho com egressos, fui descobrindo esse tema quando pensava em contribuições políticas e pedagógicas de um curso de Pedagogia como o que oferecemos na FFP ou do Mestrado que construímos na mesma instituição e ainda das outras licenciaturas nas quais atuamos, e a Residência Pedagógica me devolvia docentes cheios de dúvidas e inquietações,

---

[16] FONTOURA, H. A. Formando professores a partir de uma prática. Cadernos de Ensaios e Pesquisas (UFF), v.10, p.41 - 45, 2005.
FONTOURA, H. A. Iniciação à Docência na Faculdade de Formação de Professores da UERJ: trilhas e rumos. Vozes em Diálogo, v.1, p.128 - 136, 2005.
[17] COSTA, L. L.; FONTOURA, H. A. Residência Pedagógica: criando caminhos para o desenvolvimento profissional docente. Revista @mbienteeducação, v.9, p.161 - 177, 2015.
MONTEIRO, FMA; FONTOURA, H. A.; CANEN, A. Ressignificando práticas de ensino e de formação docente: Contribuições de narrativas, diálogos e conferências. Revista de Educação Pública (UFMT), v.23, p.637 - 654, 2014.
PIERRO, Gianine Maria de Souza; FONTOURA, H. A. Investigação e caminhos na prática e na formação docente. Educação em Foco (Juiz de Fora), v.1, p.195 - 207, 2012.
FONTOURA, H. A.; PIERRO, Gianine Maria de Souza. Oficinas de formação: observatórios de artes e conhecimentos. Revista Triângulo, v.5, p.85 - 99, 2012.
FONTOURA, H. A. Residência pedagógica: investigação-ação com professores egressos da Faculdade de Formação de Professores da UERJ. Revista de Educação Pública (UFMT), v.20, p.307 - 322, 2011.
FONTOURA, H. A.; CANEN, A.; MONTEIRO, FMA. Construindo pontes na formação docente: experiências que se articulam. Revista de Educação Pública (UFMT), v.19, p.397 - 421, 2010.
FONTOURA, H. A. Formando professores que aprendem a partir dos relatos: uma experiência na Faculdade de Formação de Professores (FFP) da UERJ. Revista FAEEBA, v.17, p.137 - 146, 2008.

inseguranças e não saberes, e que tinham dificuldades em avaliar seus conhecimentos e potências. Trabalhar com egressos possibilita avaliar o que fazemos, ampliar os espaços de possibilidades, onde não estamos indo tão bem e nossos pontos fortes. Outras publicações trabalham o tema de ângulos complementares, visando dar aos leitores a perspectiva da formação profissional docente como vejo e como prático.[18]

Sou UERJ de coração, trabalhei nos anos 80 como contratada e dizia que caso houvesse oportunidade faria concurso e como houve um concurso para outra instituição pública, a Universidade Federal Fluminense (UFF), e fui aprovada, para lá fui 'atravessando a poça d'água' como eu digo sempre. Na UFF trabalhei com o curso de Pedagogia e com outras licenciaturas, aulas de Didática, Pesquisa, orientações, Estágio, enfim, sementes plantadas do que sou hoje na docência universitária. Gostei de atravessar a poça d'água e fiz concurso para a Faculdade de Formação de Professores (FFP/UERJ) em 2001, senti e sinto que há muito a fazer por formação de professores em um espaço destinado a tal.

No sentido de pensar junto e contribuir para o estudo da Didática, publicamos, junto a companheiras queridas, um livro para os que trabalham na docência, lecionam para e com docentes em formação, disponibilizado impresso e em CD para livre compartilhares. (Fontoura, Pierro, Chaves, 2011)[19].

A Faculdade de Formação de Professores, meu local de inserção na UERJ, teve sua origem na década de setenta com o objetivo de atualizar

---

18 FONTOURA, H. A. Percursos de formação e experiências docentes: um estudo com egressos do curso de Pedagogia da Faculdade de Formação de Professores da UERJ In: Residência Pedagógica: percursos de formação e experiências docentes na Faculdade de Formação de Professores da UERJ. Niterói: Intertexto, 2011, p. 11-23.

FONTOURA, H. A. Narrativas de um grupo em constante caminhar: quando contamos nossas histórias de aprendizagem In: Docência, pesquisa e aprendizagem: (auto)biografias como espaços de formação/investigação. São Paulo: Cultura Acadêmica, 2010, p. 89-109.

FONTOURA, H. A. Iniciação à Docência: espaço fecundo de formação de professores In: Diálogos em formação de professores: pesquisas e práticas. Niterói: Intertexto, 2007, p. 47-56.

FONTOURA, H. A. A Licenciatura na Faculdade de Formação de Professores da UERJ In: Espaços e tempos de Educação – ensaios. Niterói: CL Edições, 2004, p. 59-64.

19 FONTOURA, H. A.; PIERRO, Gianine Maria de Souza; CHAVES, Iduína Mont'Alverne B Didática: do ofício e da arte de ensinar. Niterói: Intertexto/FAPERJ, 2011.

e aperfeiçoar os professores estaduais, sob a denominação de Centro de Treinamento de Professores do Estado do Rio de Janeiro – CETRERJ. A urgência em cumprir as determinações do art. 30 da Lei 5692/71 quanto à qualificação de pessoal docente para o 1º. e 2º. graus, provocou a autorização do funcionamento da Faculdade de Formação de Professores da Fundação CETRERJ, (Decreto n. 75525, de 25/7/73) que oferecia cursos de Licenciatura Curta nas áreas de Ciências, Letras e Estudos Sociais. Os dois primeiros foram convertidos em Licenciatura Plena pelo Conselho Estadual de Educação a partir do Parecer n. 11, de 26/1/78, referendado pelo Decreto n. 81905, de 10/7/78. Com a fusão dos Estados do Rio de Janeiro e da Guanabara, o CRETERJ foi ampliado em seus objetivos em uma perspectiva de desenvolvimento de recursos humanos para uma clientela mais ampla, além da rede estadual de ensino, denominada Fundação Centro de Recursos Humanos – CDRH (Decreto Lei 202, de 15/7/75). Ao findar o governo Chagas Freitas, a Faculdade de Formação de Professores foi incorporada à UERJ (Decreto 6570 de 5/3/83), foi vinculada após dez dias à Secretaria Estadual de Educação (art 7º. do Decreto 6625, de 15/3) e, a seguir, reintegrada à FAPERJ (Decreto 6229/83). Em anos de políticas diferentes provocando conflitos e indefinições, a Faculdade fez parte do Complexo Educacional de São Gonçalo que integrava o Centro Interescolar Walter Orlandini e a Escola Estadual Tarcísio Bueno, oferecendo desde a educação infantil até o 3º. Grau, um dos sonhos do professor Darcy Ribeiro. Finalmente, através da Lei 175, de 21/7/87, a Faculdade de Formação de Professores foi vinculada, (mais uma vez), à UERJ, como permanece até os dias de hoje. (Fontoura e Pierro, 2007) [20]

> *Aprendi com a Primavera a me deixar*
> *cortar e voltar sempre inteira.*
> *(Cecília Meireles)*

Desde quando posso me lembrar, sempre quis ser professora. Tinha um quê de messiânico, de doação em minha ideia de ensinar. Menina, ensinava aos analfabetos da fazenda da família de meu pai, no interior de Minas Gerais. Menina-moça, de escola religiosa, fui catequista,

---

[20] FONTOURA, H. A.; PIERRO, G. M. S. Práticas de ensino e espaços educativos: formação docente na Faculdade de Formação de Professores da UERJ. Espaço (INES). v.28, p.88 - 97, 2007.

dava aulas de religião para crianças da favela. Moça, fui fazer o curso Normal e me lembro das palavras de minha avó: " *Tão inteligente e vai ser... professora?*"

Sou professora!

E

Mãe coruja de três filhos, avó super coruja de três netos, orientadora, cantora, espírita, escritora, ciclista, filha amorosa, divorciada, batuqueira, carnavalesca, pesquisadora, identidades plurais que me constituem hoje, que foram me construindo *pessoaprofissional* dedicada às artes de ensinar e aprender na vida e com a vida.

> *Para o desejo do meu coração, o mar é uma gota.*
>
> (Adélia Prado)

Começando com onde iniciei minha carreira de professora, no curso Normal, década de 60, no qual adquiri conhecimentos importantes. Havia uma enorme identificação com as professoras que viviam a experiência de ensinar como uma coisa boa. E prazerosa. Vivo essa realidade até hoje, trabalho com prazer, sou uma professora muito encontrada na profissão.

Meu primeiro emprego, anos 70, foi de alfabetizadora, em uma escola pequena na zona sul do Rio de Janeiro, classe média, turma grande, onde aprendi por intuição e com uma professora antiga. Como ela sabia! Hoje em dia penso nela com carinho e lembro sua disponibilidade e sua abertura. Associando a leituras feitas, pontuo que Vygotsky teria alguma coisa a dizer sobre mediação, imitação. Freud, por sua vez, pensaria nos aspectos inconscientes que transversalizam a relação pedagógica. Piaget sempre me fazendo refletir sobre modelos de aprendizagem e situações desestabilizadoras e suas potências.

Na década de 70 trabalhei com terceira série por três anos, e a lembrança que tenho dos passeios supera a das atividades pedagógicas formais. Acho que a lembrança maior é a do prazer de estar com as crianças... Criar situações lúdicas, ir a museus, sair dos muros da escola, e quando nos intramuros brincar e rir, aprender e ensinar junto. Estudar para dar aula, planejar e avaliar buscando outras formas de relação pedagógica. Também tive uma rápida passagem por uma quinta série dando aula de Português. Digo sempre que lecionei desde os pequenininhos até os grandinhos, sempre com o mesmo envolvimento profissional e afetivo. Na Didática em que acredito, a dimensão pessoal está imbricada na dimensão profissional, somos docentes porque fazemos laços que passam por afetos e saberes, sem rompimentos entre as dimensões pedagógicas e políticas do fazer docente.

Trabalhava à época e fazia a Faculdade de Educação na PUC do Rio de Janeiro. Não me lembro de uma coisa ter tido ligação com a outra. A faculdade era o estudo, o diploma de nível superior, o trabalho era a realidade que eu achava que a maioria de meus professores da Faculdade desconhecia. Algum tempo depois dei nome a isto: dicotomia teoria-prática. As professoras das redes com as quais lidamos falam como se fosse naturalizada a questão de na universidade se produzir saber e na escola básica se evidenciar um fazer descolado do conhecimento. Essa é uma perspectiva a ser encarada sempre por nós formadores de professores.

Autoras como Pimenta e Lima (2005/2006)[21] nos alertam para questões de dicotomia quando discutem que valorizar a perspectiva técnica no ensino gera um distanciamento da vida e do trabalho concreto que ocorre nas escolas, uma vez que algumas disciplinas que compõem os cursos de formação não estabelecem os nexos entre os conteúdos que desenvolvem e a realidade nas quais o ensino ocorre.

Como não podemos pensar em apenas uma dimensão individual na relação pedagógica, a ampliação da concepção de educação na sociedade traz para a formação docente uma concepção também ampliada. Assim, nossa intenção ao trabalhar na formação docente é buscar traduzir processos pedagógicos em curso, elucidar a quem serve, explicitar suas contradições e com base nas condições concretas dadas, promover as necessárias articulações para construir coletivamente alternativas colocando a educação a serviço do desenvolvimento de relações democráticas e solidárias.

Algumas andanças pelo mundo, na década de 70, me levaram a morar no Canadá, onde tive algumas experiências interessantes durante os 5 anos de terras geladas; ser mãe de primeira viagem, estudar e trabalhar e dar conta de tarefas diárias. Em Edmonton, cidade onde morava, conheci

---

[21] PIMENTA, Selma Garrido, LIMA, Maria Socorro Lucena. Estágio e docência: diferentes concepções. Revista Poíesis -Volume 3, Números 3 e 4, pp.5-24, 2005/2006.

Dr. John Paterson, que me ajudou a conseguir um emprego na Clínica da Universidade de Alberta, onde trabalhei com ludoterapia para crianças com problemas de aprendizagem. Trabalhei em um projeto de inserção de uma aluna cega de origem portuguesa em uma escola regular, embora só tenha me dado conta da relevância dessa experiência anos depois.

Grávida de minha segunda filha, voltei para o Brasil em 1980, e comecei a trabalhar no Departamento de Educação da PUC/RJ, em um projeto ligado à Licenciatura, lecionando Psicologia da Educação, e no Colégio de Aplicação da PUC/RJ como orientadora pedagógica do então 2ºGrau. Cursei o Mestrado na PUC/RJ, completei os créditos, mas produzi um terceiro filho ao invés de uma dissertação. Escolhas sempre presentes nas vidas de nós mulheres, que às vezes nos aprisionam e às vezes nos libertam, ter a consciência dessas ambivalências é parte importante de minha formação pessoal e profissional.

Alguns anos depois, obtive o título de Mestre na UERJ, uma vitória muito grande. Meu trabalho dissertativo intitulado "Ouvindo professoras de alunos com dificuldades de aprendizagem" foi orientado pela Drª Rosana Glat, amiga e parceira nas questões de como lidar com crianças consideradas deficientes de aprendizagem.

Ao longo do percurso na docência universitária, em faculdades particulares inicialmente, desde os anos 80, foi preciso ter coragem e determinação, atributos que aprendi a valorizar. Acho que com a conclusão do Mestrado realmente fortaleci meu ideal de vida acadêmica: batalhar para conseguir as coisas, enfrentar desafios, reconhecer e valorizar as oportunidades.

Ao optar na atualidade por trabalhar em um Programa de Pós graduação situado na periferia, sinto que ocupamos um espaço de possibilidades para alunas e alunos que provavelmente não achariam que merecem estar na Universidade e se tornarem mestres ou doutores. Este desafio me encanta, me anima a seguir com a proposta de trabalhar no sentido de democratizar o acesso à Pós graduação stricto sensu, tão falada mas pouco implementada, em minha percepção.

Trabalhei, também, em consultório, atendendo crianças e adolescentes com dificuldades de aprendizagem, numa abordagem psicopedagógica. Desta experiência tirei a importância de pensar sobre o que pode causar o chamado problema de aprendizagem nos alunos e como um professor consciente de sua importância é fundamental na superação das dificuldades escolares.

De volta ao Canadá, em 1988, para um ano sabático na Universidade de Toronto, pude trabalhar no Ontario Institute for Studies in Education (OISE) com a Dra. Linda Siegel em uma pesquisa sobre aquisição da linguagem em crianças bilíngues. Foi o meu primeiro contato formal com pesquisa quantitativa, importante para conhecer, mas muito importante para me dar a sensação de que ainda faltava algo a ser feito. A pesquisa foi apresentada em congressos nos Estados Unidos e no Canadá, possibilitou uma publicação em periódico internacional bastante conceituado na área[22], um aprendizado significativo e uma certeza de que conhecer a pesquisa quantitativa foi importante para minha formação, mas minha escolha de pesquisadora seria mesmo pela pesquisa qualitativa que respondia mais ao meu modo de ser e é mais adequada ao meu foco de investigação: formação docente.

No retorno ao Brasil tive um encontro marcante com a psicopedagoga argentina Alícia Fernández, com quem muito aprendi a escutar. Autora de livros como "A mulher escondida na professora", "A Inteligência Aprisionada", "O saber em jogo", "A Atenção Aprisionada" e "Os Idiomas do Aprendente", Alicia Fernández (2001)[23] entende que a psicopedagogia vem para explicar também que na fabricação do problema de aprendizagem como sintoma intervém questões que dizem respeito à significação inconsciente do conhecer e do aprender e ao posicionamento diante do escondido. Segundo ela, para que ocorra a aprendizagem, é preciso que quem aprende possa conectar-se mais com seu sujeito ensinante do que com seu sujeito aprendente, e quem ensina possa conectar-se mais com seu sujeito aprendente do que com seu sujeito ensinante. Ela nos fala dos silêncios dos que são silenciados por uma educação que não atende a todos e nos fala da mulher escondida na professora, uma senhorita, solteira e dedicada aos filhos de outros. Sou mulher professora sem avental que me esconda, dedicada aos meus filhos e aos filhos de outros, na batalha diária das sobrevivências, conectada como meu ser *ensinanteaprendente*.

---

[22] FONTOURA, H. A.; SIEGEL, L. Reading, syntactic and working memory skills of bilingual Portuguese-Canadian children. READING AND WRITING, v.7, p.139 - 153, 1995.

[23] FERNÁNDEZ, A. Os idiomas do aprendente. Porto Alegre: Artes Médicas, 2001.

Em 1989 fiz concurso para a Universidade Federal Fluminense, na área de Didática. Aprovada, comecei a trabalhar na Faculdade de Educação, com a Licenciatura em Psicologia. Fui responsável pela Didática e pelas Práticas de Ensino I e II, o que me possibilitou um trabalho de acompanhamento dos alunos e alunas, experiência muito interessante, principalmente na tarefa de mudar um pouco a percepção que a maioria dos alunos tinham da Licenciatura, não muito bem vista, talvez por ser considerada fora da realidade.

Um providencial encontro com o Dr. Frederick Erickson[24], ainda nos anos 80, me deu a dimensão da importância da pesquisa etnográfica na escola, o que foi fundamental na pesquisa que fiz para a minha dissertação de Mestrado, concluída em 1994[25], e tem sido muito importante em minha constituição como pesquisadora. Trabalhei com etnografia e vídeo em minhas aulas como mecanismos auxiliares na formação de professores em treinamento: quando se veem, analisam sua atuação, se auto avaliam, são capazes de identificar procedimentos didáticos e o mais importante para mim é que acredito no fato de que não esquecerão seus pontos fortes e suas áreas de aprimoramento.

Erickson (1988)[26] afirma que, na pesquisa etnográfica, a coleta de dados e a análise dos mesmos são mutuamente constitutivas; por isso, as diferentes perspectivas que alimentam a análise etnográfica necessitam ser discutidas, bem como os processos de observação e a criação de registros de dados sobre os quais o relato se baseia. Em outro trabalho, Erickson (1986)[27] ressalta que a pesquisa etnográfica, por sua natureza interpretativa, é

---

[24] ERICKSON, F. Audiovisual records as a primary data source. In: Grimshaw, A. (ed.) Sociological Methods and Research 11 (2): 213-232(Special issue on sound-image records in social interaction research), 1981.

[25] FONTOURA, HA. Ouvindo professoras de alunos com dificuldades de aprendizagem, Dissertação deMestrado. Universidade do Estado do Rio de Janeiro, 1994.

[26] ERICKSON, F. Ethnographic microanalysis of interaction in M.D. LeCompte, W.L.Millroy & J. Preissle (eds.) The Handbook of Qualitative Research in Education New York : Academic Press,Inc, 1992.

ERICKSON, F. Ethnographic description. Sociolinguistics Norbert, H.V. Dittmar, N. Mattheir, K.J.(Eds.) Berlin New York: Walter de Gruyter.(:1081-1095), 1988.

[27] ERICKSON, F. Qualitative methods in research on teaching in M.C.Wittrock (Ed.), Handbook of Research on Teaching. New York: Macmillan, 1986.

intrinsecamente democrática e constitui-se num deliberado envolvimento do pesquisador no local da pesquisa, o qual observa com especial atenção as questões que os atores formulam em sua rotina.

Em 2007 escrevi um artigo sobre a articulação entre etnografia e saúde[28]. Em 2009 participei da organização de um livro sobre etnografia e educação[29], produto das reflexões desenvolvidas a partir do aporte de Frederick Erickson, que me levou a escrever um capítulo[30] no qual articulo uso de vídeo na etnografia, trazendo exemplos das aulas de Didática em que filmávamos os licenciandos. Vemos em Fontoura (2001)[31], que a preservação do registro em vídeo permite a análise de situações de observação, dando a este recurso tecnológico destaque de importância para se pensar as interações sociais humanas, a sistematização das observações através da repetição do fenômeno focalizado, a possibilidade de retornar ao mesmo de forma a repensá-lo, elaborar e reelaborar categorias. O uso de vídeo (FONTOURA, 2000)[32] também permite a análise de questões novas, algumas até não previstas no planejamento original da pesquisa, assim como diferentes leituras por pesquisadores de outras orientações teóricas, podendo-se, ainda, trabalhar com micro categorias, auxiliar na formação de profissionais, que os mesmos se vejam, se revejam e analisem suas práticas, podendo trazer uma otimização no uso do tempo na coleta de dados e uma ampliação do tempo de reflexão.

> *Não procure entender. Viver ultrapassa qualquer*
> *entendimento. (Cecília Meireles)*

---

[28] FONTOURA, H. A. A etnografia na saúde: tecendo perspectivas interdisciplinares. Revista da SOCERJ. v.20, p.309 - 312, 2007.

[29] MATTOS, Carmen Lúcia Guimarães de; FONTOURA, H. A. Etnografia e Educação: relatos de pesquisa. Rio de Janeiro: EDUERJ/Faperj, 2009.

[30] FONTOURA, H. A. Revisitando dados e refletindo sobre o uso de vídeo em etnografia In: Etnografia e educação: relatos de pesquisa. Rio de Janeiro: EDUERJ / Faperj, 2009, p. 31-46.

[31] FONTOURA, HA. Can Ethnography Improve Medical Practice? The Second International Interdisciplinary Conference in Qualitative Methods. Edmonton, Canada, 2001.

[32] FONTOURA, HA. O vídeo como instrumento de pesquisa. Caderno de ensaios e pesquisas do Curso de Pedagogia da UFF, Niterói, Caderno 3, 2000.

A vontade de me aprimorar e o fato de estar na carreira acadêmica levaram a uma busca pelo Doutorado em 1994. Foi uma escolha interessante, na medida em que tinha duas possibilidades distintas, a USP, um Doutorado em Educação e a Fiocruz, com um trabalho na interface educação e saúde, um Doutorado em Ciência. Nesta decisão muito pesou minha curiosidade pelo novo e o aval da Drª Cecília Minayo[33] ao meu projeto. Optei pela Escola Nacional de Saúde Pública e um novo mundo descortinou-se ao mesmo tempo que o 'velho' mundo ressignificou-se: pude constatar saberes em Educação e o quanto estes saberes podem subsidiar outras áreas.

> ...o que um dia eu vou saber, não sabendo
> eu já sabia. (Guimarães Rosa)

A pesquisa de Doutorado, concluído em 1997, foi com médicos e médicas atuando em hospital público. "Entre falas e encontros: tecendo fios sobre a prática médica", assim chamei meu trabalho[34]. Fiandeira, busquei os aspectos pedagógicos da prática em saúde, nas falas e nas atuações em serviço. Utilizei filmagens das consultas em aproximação às filmagens das salas de aula de estágio em licenciatura. (Fontoura, 1999)[35]. A pesquisa qualitativa fazia sentido para mim, respondia ao que e como eu ansiava pensar. Muitas semelhanças entre a relação médico-paciente e a relação professor-aluno. Consegui fazer relações interessantes com a necessária atuação de quem se propõe a atender ao outro, perspectiva de uma Didática em ação, reforçando a importância de se formar profissionais, sejam pedagogos/as, psicólogos/as, médicos/as, odontólogos/as, enfermeiros/as, nutricionistas (tenho trabalhado em todas estas áreas) conscientes de seus espaços de possibilidades. Assim, por conta de minha área no Doutorado, atuei em Pós-Graduações da área da Saúde, com disciplinas como Didática e Pedagogia Médica. Desafio constante. Gosto de estar em áreas afins e me oxigenar das

---

[33] MINAYO, MCS. O desafio do conhecimento: pesquisa qualitativa em saúde. São Paulo: Hucitec, 1993.

[34] FONTOURA, HA Entre falas e encontros: tecendo fios sobre a prática médica. Tese de Doutorado, Fiocruz, 1997.

[35] FONTOURA, HA. Video as a tool for evaluating and improving medical education. Annual Meeting of The American Evaluation Association. Orlando, USA, 1999.

diferenças. Escrevo e leio publicações interdisciplinares. Frequento espaços plurais. Acredito ser este um bom caminho para encontrar formas de aumentar as possibilidades de elaboração das dúvidas e questionamentos de todos os que nos debruçamos, corajosamente, sobre nossas práticas e escolhas. Gostar de desafios me fez aceitar um convite para exercer a Vice Direção da Faculdade de Educação da UFF, em 1999, um mandato eletivo. Nunca havia pensado antes em passar pela experiência administrativa, mas tive mais alegrias do que dissabores e descobri uma nova faceta em mim que desconhecia. Também na UFF foi a minha primeira inserção em um Programa de Pós graduação stricto sensu, mundo descortinado com algumas apreensões, mas com construções importantes.

Em 2004 me inseri no Programa de Pós Graduação em Ensino em Biociências e Saúde, na Fundação Oswaldo Cruz, FIOCRUZ, e venho atuando na docência, orientando dissertações e teses nos diálogos entre educação e saúde, contribuindo para o que considero importante para o país: comprometimento em consolidar pesquisas que acrescentem ao conhecimento produzido e divulgado nas áreas em que escolhemos atuar.

> *... recria tua vida, sempre. Sempre. Remove pedras e*
> *planta roseiras e faz doces. Recomeça.*
> *(Cora Coralina)*

Quando fiz o concurso em 2001 para professora da FFP, na área de Didática, apostei nos anos que tinha de vida profissional para dedicar à UERJ. Estava na área em que sentia poder ajudar professores em formação, em um espaço dedicado a esta tarefa, com muito gás para construir caminhos, escrever e exercer a docência comprometida e contextualizada. Gosto de trabalhar com licenciandas e licenciandos das classes populares, que valorizam as possibilidades de crescimento na universidade pública.

Já se vão anos, de trabalho em um espaço com muitas realizações por serem empreendidas, e isto me dá energia para continuar atravessando a poça d'água. Água, fonte de vida, fundamental para a existência humana, precisa ser atravessada, nutrir literalmente nosso corpo, afetivamente nosso eu, aventureiramente 13 km de Ponte Rio Niterói hoje travessia tão parte de mim.

Trabalho com Formação de Professores, narrativas, estágio supervisionado e pesquisa em educação, fios que se entrelaçam em meus escritos e em meus fazeres, tecidos em que não vemos as origens dos fios mas vemos as tramas que se desenham nos pensares e fazeres. Pesquisas sobre os saberes mobilizados por professores em sala de aula apontam a existência de uma epistemologia característica do trabalho docente. Outra contribuição teórica relevante é a da epistemologia da prática profissional, como a chama Tardif (2003)[36], caracterizada por uma lógica própria, que não se restringe a uma mera aplicação dos conhecimentos universitários. Na verdade, ela seria a síntese, sempre dinâmica, de um modelo de racionalidade onde os saberes universitários dividem espaço com a intuição, a criatividade, a sensibilidade, a improvisação e a rotina profissional. Deste modo, os saberes mobilizados pelos professores em seu trabalho cotidiano advêm de várias fontes: de sua história de vida, de sua memória escolar, dos conhecimentos adquiridos em sua formação profissional, nos programas curriculares e de sua experiência de trabalho (Tardif e colaboradores, 1991)[37].

De acordo com Nóvoa (1992[38], 1995[39], 2003[40]), outro autor de peso na área de formação, com quem venho dialogando bastante, os problemas dos docentes não são apenas instrumentais, trazem incertezas, conflitos de valores, mas principalmente são únicos e exigem respostas únicas, de profissionais competentes e que demonstrem capacidade reflexiva. Este autor comenta, ainda, que quando visamos a qualidade do ensino, é fundamental que abordemos qualquer proposta de formação continuada a partir de três eixos estratégicos: a pessoa do professor e sua experiência, a profissão e seus saberes e a escola e seus projetos.

Assim, aprender a ensinar e a se tornar professor são processos e não eventos, pautados em diversas experiências e modos de conhecimento, que incluem a preparação formal, a prática profissional vivenciada, e que, sendo um processo de contínuo crescimento, pode durar, talvez, toda a vida.

---

[36] TARDIF, M. *Saberes docentes e formação profissional*. Petrópolis, RJ: Vozes, 2003.
[37] TARDIF, M., LESSARD, C. & LAHAYE, L. Os professores face ao saber: esboço de uma problemática do saber docente. *Teoria e Educação*, Porto Alegre, n.4, 1991.
[38] NÓVOA, A. (Org.) *Vidas de Professores*. Lisboa: Porto Editora, 1992.
[39] NÓVOA, A. *Profissão professor*. Lisboa: Porto, 1995.
[40] NÓVOA, A. Diz-me como ensinas, dir-te-ei quem és e vice – versa. In: FAZENDA, I. (org.). *A pesquisa em educação e as transformações do conhecimento*. São Paulo: Papirus, 2003.

Com Paulo Freire (1996)[41], companheiro de muitas construções teóricas e metodológicas, aprendemos que a pesquisa é constitutiva da ação docente, e que *"não há ensino sem pesquisa e pesquisa sem ensino. Confirmando que faz parte da natureza da prática docente a indagação, a busca, a pesquisa. O que se precisa é que, em sua formação permanente, o professor se perceba e se assuma, porque professor como pesquisador".* (p.45) A prática de ensino exige dos educadores uma constante reflexão do seu trabalho, buscando seu constante aperfeiçoamento. Estamos com Freire (1987)[42] quando diz que *"A reflexão crítica sobre a prática se torna uma exigência da relação teoria/prática sem a qual a teoria pode ir virando bláblá e a prática ativismo".* (p. 24)

Então, quando investigamos os processos de aprendizagem e de construção do conhecimento e do desempenho profissional dos professores em formação, nas pesquisas que realizamos, articulando saber e fazer, escola e espaços educadores, a discussão sobre educação formal vai muito além da temática da metodologia didática ou do conhecimento desenvolvido e sistematizado oficialmente na instituição escolar. Esses modelos do sistema educativo, escola e espaços educadores, estão comprometidos com uma dimensão da complexidade onde os saberes tanto vividos como aprendidos referenciam-se na sociedade. Esta é a dimensão reveladora de uma Didática ancorada nos temas coletivos e em uma visão de educação emancipadora e fortalecedora de cidadania plena e de construção coletiva de conhecimentos potentes e consistentes.

Gosto de escrever junto com alunos de graduação, mestrandos, doutorandos[43], trabalhar (com)partilhando pensares e fazeres. Muitos

---

[41] FREIRE, P. *Pedagogia da Autonomia*. São Paulo: Paz e Terra, 1996.

[42] FREIRE, P. *Pedagogia do Oprimido*. São Paulo: Paz e Terra, 1987.

[43] MEDEIROS, LM; FONTOURA, H. A. O desafio de ensinar língua inglesa na Educação de Jovens e Adultos. REVISTA DE EDUCAÇÃO POPULAR, v.16, p.82 - 91, 2017.

SIQUEIRA, GC; FONTOURA, H. A. A invasão das Tecnologias de Informação e Comunicação nas escolas e o diálogo necessário. ETD: Educação Temática Digital, v.18, p.122 - 135, 2016.

LEITE, C. A.; FONTOURA, H. A. Diálogos formativos entre pedagogia da cooperação e desenvolvimento profissional docente. Práxis Educacional (Online), v.12, p.75 - 102, 2016.

LEITE, C. A.; FONTOURA, H. A. Diálogos formativos: desenvolvimento profissional docente, pedagogia da cooperação e ensino de Ciências In: Processos formativos e desigualdades sociais: a educação entre políticas e práticas. Curitiba: CRV, 2016, p. 33-45.

LEITE, C. A.; FONTOURA, H. A. Narrativas docentes: diálogos formativos entre desenvolvimento profissional docente e as metodologias colaborativas In: Legitimidade e direitos: o que é ser professor?. Duque de Caxias: UNIGRANRIO, 2016, v.1, p. 63-82.

LEITE, C. A.; FONTOURA, H. A. O ensino de Ciências e a Pedagogia da Cooperação. Revista de Educação, Ciências e Matemática. v.6, p.1 - 12, 2016.

FIGUEIRA, ST; FONTOURA, H. A. O ensino de Ciências na Educação de Jovens e Adultos: reflexões sobre uma proposta pedagógica. REVISTA ACTA SCIENTIAE, v.18, p.840 - 852, 2016.

PEREIRA, EGC; FONTOURA, H. A. Percepções da dimensão ambiental em um contexto lúdico: docentes enquanto sujeitos. Revista Ciências & Idéias. v.7, p.51 - 72, 2016.

MARIA, L. S. S.; FONTOURA, H. A. A potência das narrativas de formação para o processo de tessituras identitárias docentes. Temas em Educacao (UFPB). v.24, p.106 - 121, 2015.

PEREIRA, EGC; FONTOURA, H. A. Oficinas de histórias em quadrinhos como recurso de avaliação. Latin American Journal of Science Education, v.2, p.1 - 14, 2015.

PEREIRA, EGC; FONTOURA, H. A. Educação Ambiental (EA) na perspectiva do ensino de Ciências. Interacções (Coimbra), v.11, p.564 - 576, 2015.

PEREIRA, EGC; FONTOURA, H. A. Ensinando Ciências com um enfoque interdisciplinar: o uso de textos e atividades de produção textual. Revista Práxis (Volta Redonda. Impresso). v.l, p.310 - 317, 2015.

PEREIRA, EGC; FONTOURA, H. A. Inserção da Educação Ambiental no ensino púbico - visão de suas equipes pedagógicas. In: Presente e futuro do Ensino de Ciências. Vigo: Educacion Editora, 2015, v.1, p. 65-69.

ALMEIDA, RC; FONTOURA, H. A.; OLIVEIRA, CE. Docência: uma missão transdisciplinar. Revista Triângulo, v.8, p.1 - 18, 2015.

FONTOURA, H. A.; FERNANDES, NSM. Quem quer ser professor/a? Contribuições de um estudo com licenciandos da Faculdade de Formação de Professores da Universidade do Estado do Rio de Janeiro. Revista SOLETRAS, v.0, p.342 - 359, 2014.

PEREIRA, EGC; FONTOURA, H. A. Dinâmicas de grupo como recurso pedagógico no ensino de Ciências. Enseñanza de las Ciencias, v. Especial, p.2741 - 2741, 2013.

PEREIRA, EGC; FONTOURA, H. A.; LA ROQUE, LR. Educação Ambiental e os documentos oficiais de ensino: encontros e desencontros. Revista de Educação, Ciências e Matemática, v.3, p.177 - 195, 2013.

LEITE, C. A.; FONTOURA, H. A. O desenvolvimento profissional dos professores e o uso de jogos cooperativos na prática docente nas escolas. Colabor@ (Curitiba), v.8, p.1 - 12, 2013.

BORGES, LPC; FERREIRA, Y. S.; FONTOURA, H. A. A circularidade de saberes na formação docente: para quem e por que pesquisamos? Revista Teias (UERJ. Online), v.14, p.211 - 221, 2012.

FIGUEIRA, ST; FONTOURA, H. A. Itinerâncias de formação docente: tecendo os tempos, os silêncios e produzindo interrogações. Cadernos de Educação (Duque de Caxias), v.8, p.197 - 209, 2011.

ROIFFE, F.I.L.S; FONTOURA, H. A. Educação inclusiva: entre a legislação e as práticas pedagógicas - um estudo etnográfico na rede municipal de educação de Cachoeiras de Macacu In: Residência pedagógica: percursos de formação e experiências docentes na Faculdade de Formação de Professores da UERJ. Niterói: Intertexto, 2011, p. 173-183.

SOARES, L.; FONTOURA, H. A. Formação docente: os caminhos percorridos de uma professora In: Residência pedagógica: percursos de formação e experiências docentes na Faculdade de Formação de Professores da UERJ. Niterói: Intertexto, 2011, p. 97-106.

PAIVA, J.; FONTOURA, H. A. Políticas públicas, movimentos sociais: múltiplas dimensões da Educação desafiando a pesquisa In: Políticas Públicas, Movimentos Sociais: desafios à Pós-graduação em Educação em suas múltiplas dimensões. Rio de Janeiro: ANPED, 2011, p. 14-26.

BORGES, LPC; FONTOURA, H. A. Diálogos entre a escola de educação básica e a

são os exemplos de trabalhos conjuntos publicados em periódicos, livros e eventos. Somos o conjunto do que produzimos e produzir em conjunto fortalece nossos saberes e nossas práticas.

> *Os cientistas dizem que somos feitos de átomos, mas um passarinho me diz que somos feitos de histórias.*
> *(Eduardo Galeano)*

Na linha do trabalho com narrativas, Clandinin & Connelly (1995, p.11)[44] argumentam que "*a razão principal do uso das narrativas na pesquisa em educação é que os seres humanos são organismos contadores de histórias, organismos que individual e socialmente, vivem vidas contadas*", sendo que "*o estudo das narrativas são estudos da forma como os sujeitos experimentam o mundo*". Assim, as pesquisas narrativas e (auto)biográficas permitem uma compreensão mais global das intricadas relações dialógico/dialéticas dos contextos que envolvem conhecimentos, crenças e valores que se vão construindo/reconstruindo e mobilizando os percursos pessoais e profissionais dos sujeitos.

Em um livro organizado por mim em 2011[45], trago um capítulo sobre a metodologia da tematização[46], que desenvolvi para analisar narrativas coletadas em pesquisas qualitativas, tanto orais quanto escritas, e que

---

universidade: a circularidade de saberes na formação docente. Intermeio (UFMS), v.16, p.143 - 156, 2010.

NOGUEIRA, Ana Paula Carvalho; FONTOURA, H. A. Formação de professores para a cidadania: processos de produção de sentidos e elaboração de valores e ideais norteadores da prática docente. Revista teias (UERJ. Online), v.11, p.131 - 148, 2010.

FONTOURA, H. A.; CORDEIRO, AC; CAMPINA, B; FIGUEIRA, ST; SANTOS, VBG; CASTILHO, VAC; SARAIVA, VS. Aprimorando nossa prática docente: um projeto de capacitação de professores em São Gonçalo In: Articulando a universidade e a escola básica no leste fluminense. Rio de Janeiro: HP Comunicação Editora, 2010, p. 69-79.

NOGUEIRA, Ana Paula Carvalho; FONTOURA, H. A. Práticas de ensino e formação de professores na FFP/UERJ - percepções da prática docente. In: Etnografia e educação: relatos de pesquisa. Rio de Janeiro: EDUERJ /Faperj, 2009, p. 133-145.

[44] CLANDININ, D.J.; CONNELLY, M.F. Relatos de experiência e investigacion narrativa. In: LARROSA, Jorge. Déjame que te cuente. Barcelona: Editorial Laertes, 1995.

[45] FONTOURA, H. A. (Org.) Formação de professores e diversidades culturais: múltiplos olhares em pesquisa. Niterói: Intertexto, 2011.

[46] FONTOURA, H. A. Tematização como proposta de análise de dados na pesquisa qualitativa. In: Formação de professores e diversidades culturais: múltiplos olhares em pesquisa. Niterói: Intertexto, 2011, v.1, p. 61-82.

tem se mostrado usável por muitos mestrandos e colegas que dela vem se utilizando. Escrevi a partir de várias leituras que fui fazendo, trabalhando em mim o que espero que orientandos façam: criar algo seu a partir do que metaboliza e constrói. Foram muitos os livros organizados ao longo de minha carreira[47], ensinando como trabalhar em parceria, respeitar os escritos de colegas, preservar a qualidade dos textos sem ferir e sem rodeios, enfim, exercício de construção pessoal e profissional constante.

Sobre formação de professores e o espaço formativo do estágio, uma de minhas inserções atuais, reflito com Marcelo (1998)[48] que discute os processos de ensinar e aprender na formação de professores. Segundo o autor, as contribuições de Schön (1993)[49] apresentam uma relação intrínseca entre conhecimento-na-ação e a reflexão-na-ação. Para ele, o conhecimento dinâmico e espontâneo que se revela por meio de atuação direta nos campos de estágio é um conhecimento sobre como fazer as

---

[47]FONTOURA, H. A.; MONTEIRO, FMA. Pesquisa, formação e docência: processos de aprendizagem e desenvolvimento profissional docente. Cuiabá, MT : Sustentável, CNPq, 2017.

FONTOURA, H. A. Formação de professores, processos e práticas pedagógicas. Niterói: Intertexto, 2016.

FONTOURA, H. A.; MONTEIRO, FMA; NACARATO, AM. Narrativas docentes, memórias e formação. Curitiba: CRV, 2016.

SANTOS, CV; FONTOURA, H. A. Processos formativos e desigualdades sociais: a educação entre políticas e práticas. Curitiba: CRV, 2016.

FONTOURA, H. A. Residência Pedagógica: espaço de formação docente. Niterói: Intertexto, 2016.

FONTOURA, H. A.; LELIS, IAM; CHAVES, Iduína Mont'Alverne B. Espaços formativos, Memórias e Narrativas. Curitiba: CRV, 2014.

FONTOURA, H. A.; TAVARES, Maria Tereza Goudard. Trabalho docente: experiências formativas e inserção profissional. Niterói: Intertexto/FAPERJ, 2013.

FONTOURA, H. A.; SILVA, M. Formação de Professores, Culturas - desafios à Pós-graduação em Educação em suas múltiplas dimensões. Rio de Janeiro: ANPED, 2011.

FONTOURA, H. A. Políticas Públicas, Movimentos Sociais: desafios à Pós-graduação em Educação em suas múltiplas dimensões. Rio de Janeiro: ANPED, 2011.

FONTOURA, H. A.; SILVA, M. Práticas Pedagógicas, Linguagens e Mídias: desafios à Pós-graduação em Educação em suas múltiplas dimensões. Rio de Janeiro: ANPED, 2011.

FONTOURA, H. A. Residência pedagógica: percursos de formação e experiências docentes na Faculdade de Formação de Professores da UERJ. Niterói: Intertexto, 2011.

FONTOURA, H. A.; AYRES, A. C.; ROCHA Helenice B; FORTUNA, Maria Lucia Abrantes; MATTOS, Carmen Lúcia Guimarães de; GUIMARÃES, Glaucia; SANTORI Ricardo T; LOZANO, AG; FRIEDMAN, CV; NHARY, TMC; RIBAS MC; NOBRE, Domingos B; CHAVES, Iduína Mont'Alverne B; BEZERRA, ICM. Diálogos em formação de professores: pesquisas e práticas. Niterói: Intertexto, 2007.

[48] MARCELO, Carlos. Pesquisa sobre a formação de professores: o conhecimento sobre aprender a ensinar. Revista Brasileira de Educação, set / out / nov / dez, n° 9. 1998.

[49] SCHON, D. Formar professores como profissionais reflexivos. In. NÓVOA, A. (org). Os professores e a sua formação. Lisboa, Don Quixote, 1993.

coisas, denominado conhecimento-na-ação, caracterizado pelo aspecto dinâmico e espontâneo que se revela nesta atuação, mas que traz, em especial, a dificuldade do sujeito em verbalizar, explicitar este saber. Para tanto, o conhecimento precisa ser consolidado articulado em outro momento, a reflexão-na-ação, que supõe uma atividade cognitiva consciente deste sujeito, enquanto se está atuando. Assinala ainda o autor que através da reflexão-na-ação o prático, nas profissões em geral, o professor, na educação, reage a uma situação de projeto, de indeterminação da prática, com um diálogo reflexivo mediante o qual resolve problemas e, portanto, gera ou constrói conhecimentos novos.

Como minhas experiências vão sendo relatas associadas a autores que me ajudaram na caminhada até aqui, trago um momento de minha carreira, em 2007, quando fui para a Universidade de Barcelona trabalhar em um pós doutorado com Juana Sancho, período de grandes transformações pessoais e profissionais, e uma certeza de que havia muito a fazer no Brasil em prol de processos formativos referidos em espaços púbicos e de qualidade. Dei aulas na pós graduação, li e refleti muito, participei do grupo de trabalho de minha supervisora de pós doutorado, e de uma parceria acontecida em um evento na Espanha, publiquei um capítulo em um livro organizado por docentes de várias instituições brasileiras que desenvolviam estudos em diferentes partes da Europa[50]. Cresci como profissional e como pessoa, estar fora do Brasil, como tudo na vida, tem prós e contras, e podemos nos fortalecer com os enfrentamentos de situações vividas.

Fazer carreira acadêmica implica em possibilidades amplas de crescimento se sabemos e podemos fazer isso. E tal oportunidade também pode ser oferecida a docentes da educação básica quando se aventuram na pós-graduação stricto sensu e são acolhidos em nosso Programa de Mestrado em Educação – processos formativos e desigualdades sociais. Ter acesso a formação continuada nos termos de desenvolvimento profissional docente deve ser incorporado a todos os planos de carreira em todos os níveis, como política educacional de governos municipais, estaduais e federal, trazendo em seu bojo o fortalecimento pedagógico e político de todos os docentes em todas as esferas.

---

[50] FONTOURA, H. A. Iniciação à docência na Faculdade de Formação de Professores/UERJ: uma experiência em ensino de Geografia In: TERRITÓRIO, CIDADE E EDUCAÇÃO. Barcelona: Apec - Asociación de investigadores y estudiantes brasileños en Cataluña, 2007, p. 215-227.

Tenho por opção trabalhar em instituições públicas, por absoluta convicção de que este é o meu espaço de atuação, sem sacerdócio, não sou missionária, nem ingênua de achar que mudamos o mundo todo através de nossas ações. Mas certamente mudamos a nós mesmas e assim tocamos os que nos atravessam com suas vontades de saber e de serem professores e professoras. Lembro de alunos a quem toquei e que me tocaram, nossas vidas mudaram após nossos encontros, sou grata a elas e eles por terem compartilhado suas vidas comigo.

Nesses anos de atuação tive a grata experiência de com um grupo batalhador de colegas constituir o Mestrado em Educação – processos formativos e desigualdades sociais, aprovado pela CAPES em 2009, e que vem formando mestres pesquisadores de muitas origens e formações, comprometidos com a Educação de qualidade para todos. Fui Coordenadora desse Programa por dois mandatos e isso me traz sensação de realização de um sonho -realidade, que é abrir portas da instituição pública em níveis de pós-graduação para quem antes nem a graduação pensava poder fazer. Uma publicação retrata o processo de criação desse Programa[51], que floresceu e vem dando importantes contribuições para pensarmos processos de formação à luz das imensas desigualdades em nosso país. E um desdobramento dessa iniciativa é o Doutorado em processo de tramitação nos canais institucionais, espero que concluamos positivamente esse pleito, e em 2018 possamos fazer a primeira seleção.

Durante o ano de 2016 tive a oportunidade de trabalhar com Filomena Monteiro, na Universidade Federal de Mato Grosso (UFMT) em um pós doutorado, feito de aprendizagens e ensinagens, aulas, artigos, livros, encontros, afetos, formação mútua em processo de (co)construção. Mais um caminho trilhado na formação de professores no país... Muitas parcerias frutíferas com essa companheira de jornada[52]. Aliás,

---

[51] FONTOURA, H. A. Mestrado em Educação: a proposta da Faculdade de Formação de Professores da UERN em São Gonçalo, Rio de Janeiro In: Interiorizando a pós-graduação stricto sensu em Educação no Rio Grande do Norte: Desafios e Perspectivas. Mossoró RN: UERN, 2011, p. 85-102.

[52] MONTEIRO, FMA; FONTOURA, H. A. Narrativas de professores e processos de formação: Cuiabá (MT) e São Gonçalo (RJ) em diálogo. Revista Brasileira de Pesquisa (Auto)Biográfica, v.1, p.535 - 551, 2016.
FONTOURA, H. A.; MONTEIRO, FMA. Professional insertion as a reflexive process. Search and research: teacher education for contemporary contexts. Salamanca: Ediciones Universidad Salamanca, 2017, v.1, p. 855-882.
MONTEIRO, FMA; NACARATO, AM; FONTOURA, H. A. Diálogos sobre narrativas docentes e

aposto em parcerias com colegas[53], às vezes a academia é muito solitária e egocêntrica e isso me aflige e me incomoda; uma maneira de superar esse isolamento é escrever em conjunto com os que dialogam nos grupos de pesquisa, nos diversos espaços em que transitamos, nas vibrações semelhantes pelos assuntos e pelas coisas do mundo.

Em síntese, tive ao longo do período 2002 a 2017 muitos projetos de pesquisa aprovados e realizados, ações docentes com dedicação e

---

experiências de formação In: Narrativas docentes, memórias e formação.1 ed. Curitiba: CRV, 2016, p. 17-28.

[53] LEITE, VF; FONTOURA, H. A. Parceria entre Universidade e Escola Básica: a experiência da Faculdade de Formação de Professores da UERJ In: Ensino de Didática: entre ressignificações e possibilidades. Curitiba: CRV, 2017, v.1, p. 103-120.

GARCIA, A.; FONTOURA, H. A. 'Guarda isso porque não cai na provinha': pensando processos de centralização curricular, sentidos de comum e formação docente. Revista e-Curriculum (PUCSP), v.13, p.733 - 750, 2015.

FONTOURA, H. A.; PIERRO, Gianine Maria de Souza. Universidade e escola: compartilhando percursos formativos. In: Formação e trabalho docente: projetos, políticas e práticas.1 ed. Santo Tirso / Portugal: De Facto Editora, 2015, v.1, p. 143-161.

FONTOURA, H. A.; VERÍSSIMO, Maria Luiza S. Formação docente: memórias, narrativas e cotidianos. Teias (Rio de Janeiro. Impresso), v.14, p.4 - 12, 2014.

PIERRO, Gianine Maria de Souza; FONTOURA, H. A. Formação de professores e justiça social: desafios para a educação In: Mediação e direitos sociais indisponíveis: trabalho, saúde, educação e meio ambiente.1 ed. São Luís: DGP/UFMA, 2014, v.9, p. 207-219.

FONTOURA, H. A.; LELIS, IAM; CHAVES, Iduína Mont'Alverne B. Narrativas entrelaçadas em espaços-tempos plurais In: Espaços formativos, Memórias e Narrativas.1 ed. Curitiba: CRV, 2014, v.1, p. 15-23.

HENRIQUES, Eda Maria de Oliveira; FONTOURA, H. A. Leitura como formação, formação como leitura: processos narrativos/formativos em questão. Linhas Críticas (UnB), v.20, p.345 - 361, 2014.

FONTOURA, H. A.; BRAGANÇA, IFS; GASPARELLO, VM. Residência Pedagógica: experiências em formação com egressos da Faculdade de Formação de Professores da UERJ In: Trabalho docente: experiências formativas e inserção profissional.1 ed. Niterói: Intertexto, 2013, v.8, p. 1-16.

FONTOURA, H. A.; PIERRO, Gianine Maria de Souza; FERNANDES, GBL; GUIMARÃES, Glaucia; SILVA, MM; RIBAS MC; NHARY, TMC; GASPARELLO, VM. A Arte como Imagem que Evoca a Memória de Formação -histórias em um grupo de pesquisa In: Territorialidades: imaginário, cultura e invenção de si.1 ed. Porto Alegre: EDIPUCRS, 2012, v.7, p. 45-67.

FORTUNA, Maria Lucia Abrantes; FONTOURA, H. A. -O alienista- e a gestão escolar: pontes, semelhanças, caminhos.... Revista SOLETRAS, v.23, p.207 - 215, 2012.

PIERRO, Gianine Maria de Souza; FONTOURA, H. A.; RIBAS MC. Imagens, corpos, cantos: artes que nos (trans)formam. In: Práticas docentes e práticas de (auto)formação.1 ed. Porto Alegre: ediPUCRS, 2012, v.4, p. 147-164.

FONTOURA, H. A.; ANDRADE, M; FANTINATO, M. C.; FRANGELLA, RCP; VARGAS, SM. Formação de professores, Culturas: conhecimento em bordado In: Formação de Professores, Culturas - desafios à Pós-Graduação em Educação em suas múltiplas dimensões. Rio de Janeiro: UFRJ, 2011, p. 13-21.

compromisso, mas como sabemos no popular, a vida não cabe no lattes... O lattes entretanto me devolve alguns números, que qualificam meu desejo pessoal, profissional e institucional de fazer concurso para titular na área de Didática na Faculdade de Formação de Professores da Universidade do Estado do Rio de Janeiro, FFP/UERJ: no período em avaliação, de 2002 até agora, 50 artigos em periódicos, 1 livro na íntegra publicado, 41 capítulos de livros, 14 livros organizados, 181 trabalhos completos em eventos, inúmeras produções técnicas, entre relatórios, Comissões, aulas em cursos de extensão, produção de material didático, pareceres para agências de fomento e para periódicos qualificados, Comitês científicos em eventos, 23 dissertações de mestrado orientadas, 10 coorientações de mestrado, 4 teses orientadas e 5 coorientações de Doutorado, 8 monografias de especialização, 67 monografias de graduação, 23 alunos de iniciação científica, enfim, muitas orientações plenas de aprendizagens mútuas, muitas outras em andamento...

Hoje olho para o que produzi na área de Educação, o que produzi em mim de (trans)formações, e posso me autorizar a buscar ser Titular na área de Didática, um grande e amplo guarda-chuva para as áreas de formação de professores e de pesquisa com narrativas na qual atuo mais especificamente. Este percorrer através da minha história profissional desvela muitas outras produções individuais[54], escritas a partir de minhas

---

[54] FONTOURA, HELENA AMARAL DA. Formação de Professores para a Justiça Social: uma reflexão sobre a docência na Residência Pedagógica. REVISTA IBERO-AMERICANA DE ESTUDOS EM EDUCAÇÃO, v.12, p.120 - 133, 2017.

FONTOURA, H. A. Desafios da pesquisa (auto)biográfica na formação de professores In: Pesquisa, formação e docência: processos de aprendizagem e desenvolvimento profissional docente. Cuiabá: Sustentável / CNPq, 2017, v.1, p. 35-47.

FONTOURA, H. A. Narrativas de formação docente: tessituras em tempos de construção In: Pesquisas com formação de professores: rodas de conversas e narrativas de experiências. Petrópolis: DP et Alii, 2017, v.1, p. 185-196.

FONTOURA, H. A. Caminhos formativos de professores: a Residência Pedagógica na Faculdade de Formação de Professores da UERJ In: Formação de professores, processos e práticas pedagógicas.1 ed. Niterói: Intertexto, 2016, v.1, p. 101-114.

FONTOURA, H. A. Formação de Professores, Fazer docente, Desenvolvimento Profissional: tecendo considerações sobre ser professor In: Residência Pedagógica: espaço de formação docente.1 ed. Niterói: Intertexto, 2016, v.1, p. 11-19.

FONTOURA, H. A. Formação de professores, processos e práticas pedagógicas: um grupo de pesquisa que reflete e escreve. In: Formação de professores, processos e práticas pedagógicas.1 ed. Niterói: Intertexto, 2016, v.1, p. 7-11.

FONTOURA, H. A. Narrativas de professores: constituintes de docentes participantes da

inserções docentes e de pesquisadora, sempre didaticando os atravessamentos das diferentes vias de construção de conhecimentos. Diversas participações completam o retrato de dedicação institucional, inserção em comitês internos, com especial destaque para os do Programa Prociência, assim como outras instâncias avaliativas da Sub Reitoria de Pós Graduação da UERJ (SR2), da Sub Reitoria de Graduação (SR1), assim como outros espaços externos à UERJ, sempre levando comigo o nome da instituição que me acolheu e onde trabalho com afinco.

> *Bem sei que a aurora tem chave escondida em bosques raros, mas saberei encontrá-la.*
> *(Federico Garcia Lorca)*

Encontrei algumas chaves que me abriram caminhos raros e fecundos... É de posse dessas chaves que me provoco a procurar outras portas que abro na busca de novos desafios acadêmicos.

Residência Pedagógica da Faculdade de Formação de Professores da UERJ In: Experiências formativas e práticas de iniciação à docência.1 ed. Curitiba: CRV, 2016, v.2, p. 195-204.

FONTOURA, H. A. Sobre prefácios e desnecessidades de falar - dialogando com Manoel de Barros In: Processos formativos e desigualdades sociais: a educação entre políticas e práticas.1 ed. Curitiba: CRV, 2016, v.1, p. 7-16.

FONTOURA, H. A. Docência e diversidade na educação básica. In: Docência na Educação Básica.1 ed. Salvador: EDUNEB, 2015, v.1, p. 67-100.

FONTOURA, H. A. Conversas sobre formação de professores na Residência Pedagógica da Faculdade de Formação de Professores da UERJ: memórias e narrativas como construtores de espaços de possibilidades In: Vozes da Educação Formação Docente - experiências, políticas e memórias polifônicas. Rio de Janeiro: Ed UERJ, 2014, p. 47-61.

FONTOURA, H. A. De Maktub a serendipidade na formação de professores In: Espaços formativos, Memórias e Narrativas.1 ed. Curitiba: CRV, 2014, v.1, p. 65-77.

FONTOURA, H. A. Ensino Superior e Educação Básica: a construção de uma política de formação de professores In: Formação de Professores: políticas, saberes e práticas.1 ed. Feira de Santana BA: Shekinah/ FAPESB, 2013, v.1, p. 17-34.

FONTOURA, H. A. Colcha de retalhos: exercício de desenvolvimento profissional em uma residência pedagógica. In: Políticas de formação inicial e continuada de professores.1 ed. Araraquara SP: Junqueira e Marin, 2012, v.2, p. 668-679.

FONTOURA, H. A. Building belonging and discussing inclusion in a process of teacher training In: Education and Belonging. New York: Nova Science, 2011, p. 52-63.

FONTOURA, H. A. Construindo pontes entre a universidade e a escola básica: relato de uma parceria em construção In: Universidade-escola: diálogo e formação de professores. Petrópolis: DP et Alii, 2011, p. 155-170.

Nem caçador, nem pescador, caminhante...
Talvez um guia,
Que conhece um certo trecho da estrada.
Talvez um tocador de flauta.
Buscando um ritmo para o caminho. (Fernando Pessoa)

Em tempos idos pleitear uma vaga de Titular exigia uma Tese. Como sou de tempos idos, postulo uma Tese: formar professores é tarefa de responsabilidade, exige estudos, pesquisas, experiências, leituras e escritos. Venho desenvolvendo essa Tese ao longo dos meus muitos anos de docência, formando e me formando em processos (com)partilhados, em diálogos e encontros, dividindo saberes para somar fazeres. Nesta Tese, a Didática revigorada e vivida se revela um caminho fértil para aventuras formativas em que aposto, acredito, e que me possibilitam teorizar e fazer, saber e operacionalizar, viver e formar.

Para isso trabalho e trabalhei muitos e floridos anos. Sou como o girassol, que busca o sol para viver e que sem sol olha as companheiras de florada para se alimentar e para alimentá-las. Mutualidade, troca, nutrição, fruição. E a vida segue como o rio que nunca é o mesmo, mas que se conduz com águas misturadas e fluidas.

São Gonçalo, 31 de outubro de 2017

JOSÉ ABDALLA HELAYËL-NETO

Centro Brasileiro de Pesquisas Físicas

"UM PESQUISADOR NA PERIFERIA DO ENSINO DE FÍSICA"

A ideia central desta contribuição é colocar uma proposta de como o conhecimento e a familiaridade com as Ciências Naturais – em particular a Física – associadas à Filosofia e às Humanidades, podem contribuir para a reconstituição da motivação, do crescimento, da autoestima e até mesmo da consciência de dignidade do público de jovens e adultos que frequentam as classes dos cursos comunitários de pré-ENEM e pré-vestibular. Compreender os fenômenos naturais e sociais, modelá-los através de princípios e conceitos, e descrevê-los por meio de teorias coloca estes indivíduos diante da grandeza e majestade de nosso Universo, os faz compreender a arquitetura da matéria e dos fatos e, assim, redimensiona a sua concepção de vida e participação na sociedade. Esta tem sido, sobretudo, a filosofia de trabalho frente ao Ensino de Física, Matemática e Ciência-Cidadania que venho desenvolvendo desde o mês de agosto de 1994 em núcleos de cursos pré-universitários e movimentos sociais pela Educação. O conhecimento científico e a sensibilização para o processo cumulativo e para os momentos disruptivos que levam à formulação das teorias científicas são fundamentais para motivar e fortalecer jovens e adultos que buscam inserção pelo conhecimento. A compreensão dos processos da Natureza em suas escalas micro-, meso- e macroscópicas e as analogias e transposições que os fenômenos naturais permitem estabelecer com as Humanidades têm-se mostrado uma espécie de alavanca para a inserção e para a redescoberta da grandeza do ser-humano, catalisada pelo conhecimento naquela situação-limite em que se considera estar diante de um quadro de total marginalização dos processos e do progresso da sociedade da informação e da sociedade do conhecimento.

O conceito da Física contemporânea que mais estimula esta busca e que mais motiva este processo é o conceito de Simetria; esta ideia passa pela Geometria, pela Álgebra e pela Análise Matemática, é instrumento indispensável de investigação teórica em todos os campos da Física; parte da Metafísica e chega à Filosofia e às Artes; pode ser convenientemente elaborada para tratar de situações e sistemas nas Ciências Humanas e Sociais.

A física contemporânea descreve os fenômenos naturais em termos de quatro interações fundamentais – para nossos propósitos aqui, podemos pensar nessas interações como sendo forças. A força gravitacional e a eletromagnética são as interações fundamentais que se fazem sentir no mundo macroscópico, em escala humana. As outras duas, a força nuclear forte e a força nuclear fraca, não se revelam em escala macroscópica. Aparecem apenas em escala subatômica – na verdade, como o nome indica, em escala subnuclear, portanto a distâncias tão pequenas como o milionésimo do trilionésimo do centímetro (10^{-18} cm), o que corresponde ao décimo de bilionésimo da escala atômica.

A força gravitacional é a responsável pelos movimentos planetários, pelos aglomerados de galáxias e pela organização da estrutura em larga escala de nosso Universo. A força eletromagnética é a interação que responde pela formação dos átomos, pelas ligações moleculares e pelos processos biológicos fundamentais, por exemplo. Já a força nuclear forte responde pela coesão dos prótons e dos nêutrons no interior dos núcleos atômicos e pela coesão dos quarks e glúons no interior dos prótons e nêutrons; a interação nuclear fraca responde pelos processos radioativos, em que núcleos atômicos instáveis expelem partículas e radiação. Esta última é a única das interações que não promove coesão, que não gera estruturas compostas.

Cada uma dessas forças é descrita por uma teoria. A gravitacional é explicada pela Teoria da Relatividade Geral publicada pelo físico alemão Albert Einstein (1879-1955) em 1915. Já a Eletrodinâmica Quântica descreve os fenômenos que envolvem a força eletromagnética. Foi desenvolvida a partir do trabalho em que o físico britânico Paul Dirac formulou a versão quântica da Teoria Eletromagnética, e ajudou a entender o mundo das chamadas partículas elementares – ou seja, partículas indivisíveis. Trabalhos publicados entre 1961 e 1968 ajudaram a formular a teoria que unificou tanto os fenômenos eletromagnéticos quanto aqueles regidos pela força nuclear fraca. A Teoria Eletrofraca – como ficou conhecida – mostrou, portanto, que essas duas forças têm uma origem comum.

Todos estes desenvolvimentos foram estruturados em cima do conceito de simetria. É oportuno, então, estabelecermos o entendimento desta ideia. Diz-se que um sistema qualquer é simétrico sob uma certa operação quando este resulta inalterado, isto é, apresenta-se o mesmo, após ser realizada sobre ele uma dada operação ou intervenção. Isto ocorrendo, dizemos ter um sistema simétrico sob a operação considerada. O exemplo mais primário desta ideia é a simetria apresentada por um círculo sob a operação de rotação: qualquer intervenção que faça uma rotação no círculo o deixará inalterado, imutável. Gira-se o círculo, mas, após tal operação, ninguém diria que este sofreu o efeito de uma rotação.

Tal ideia nos remete imediatamente à relação entre simetria e harmonia de formas: um sistema simétrico é um sistema que apresenta partes muito semelhantes e que reflete naturalmente uma beleza, por não ter descontinuidades e dissonâncias aparentes.

A Física, a partir da formulação da Teoria da Relatividade Restrita, no início do Século XX, institucionalizou a simetria como uma forma de pensamento que responde a muitos aparentes questionamentos sobre a organização e constituição da matéria. A simetria entre espaço e tempo da Relatividade Restrita é a base para esta proposta. A descrição da microestrutura da matéria através das chamadas teorias quânticas é também formalizada em termos das simetrias e suas consequências. À medida que o íntimo da matéria é perscrutado mais e mais a fundo, novos regimes de comportamento vão-se revelando através do aparecimento de novas simetrias. Entretanto, o vasto e variado mundo subnuclear apresenta uma grande diversidade de partículas, além de elétrons, pósitrons, prótons e nêutrons. O aparente impasse é conciliar um regime com tantas simetrias e, ao mesmo tempo, com tantas diversidades.

O mais interessante da forma de se trabalhar as simetrias é que, justamente, estas não só explicitam as harmonias, mas organizam a aparente arbitrariedade das diferenças. A base de partida são as igualdades: um regime simétrico impõe uma conjuntura onde as partes aparecem como indistinguíveis e participam dos processos todas da mesma forma. Porém, uma vez que a situação simétrica tenha sido estabelecida, a própria noção de simetria e seus possíveis mecanismos de violação – na linguagem formal também conhecidos como mecanismos de quebra de simetria - nos permitem compreender as diferenças, nos ensinam a organizá-las e nos fazem compreender que, no aparente caos dos objetos que se nos apresentam tão distintos, existe uma ordem comum, uma origem única, e as diferenças que se veem no regime de simetria perdida passam a ser compreendidas, e podem ser sistematicamente previstas, pelos princípios contidos na própria simetria. Neste sentido, é legítimo afirmar que certas simetrias, ainda que não diretamente percebidas e reveladas, asseguram a harmonização e a organização das diferenças. Este pode ser considerado como um dos legados mais consequentes da noção de simetria: compreender a origem das diferenças a partir de um regime de plena igualdade. As desigualdades e a diversidade observadas na Natureza são regidas e espontaneamente harmonizadas pela simetria que pode não ser mais observada. É neste sentido que percebo o sentido metafísico das simetrias: a diversidade harmonizada é fonte da segurança que busca o ser-humano e da segurança que buscam os sistemas físicos ao atingirem as suas configurações de mínima energia e a flutuarem com estabilidade em torno das mesmas.

O grande projeto de unificar os campos de força da Natureza, que é um dos grandes eixos de investigação da Física Teórica contemporânea, parte e se fundamenta essencialmente no conceito de simetria: busca-se qual seria a simetria organizadora do Universo primordial.

Com esta motivação em mente, trabalhamos com os nossos jovens e adultos, em geral oriundos das classes populares, nos núcleos onde os preparamos para a vida universitária. Matemática, Física e Filosofia estão integradas em uma disciplina única, a que nos referimos como Filosofia Natural. O ensino da Matemática e da Física é integrado, com a ideia de não levarmos os problemas da Física para a Matemática, mas trazendo a Matemática para a Física, no mais puro sentido Diraqueano. O grande esforço tem sido mostrar que as diferentes disciplinas se complementam, como estados pertencentes a um mesmo multiplete estabelecido por uma grande simetria unificadora. Buscamos elaborar as ideias de simetrias, igualdades, harmonias e diferenças para o contexto da Educação e das Humanidades, mostrando-lhes como o conhecimento é unificado, buscando um princípio mais fundamental por trás de ciências e saberes aparentemente tão diversificados.

Quebrar preconceitos ligados à aprendizagem da Física e da Matemática, motivar tais ciências para uma melhor compreensão e avaliação mais precisa da própria sociedade e, sobretudo, retornar às origens e descobrir que a essência de nosso Cosmo está na busca da Simetria Primordial, desencadeia nos estudantes o sentido de que todos podemos compartilhar a compreensão do mundo, restaurando, mesmo naqueles mais à margem do processo do conhecimento, a dignidade de poder decifrar a Natureza. A percepção é de que, uma vez percebendo o quanto de humano e social a Física e a Matemática carregam – e o conceito de simetria é o elemento-chave neste processo – as diferenças se atenuam, se harmonizam, e todos se "simetrizam" na busca do conhecimento como o único dispositivo para a inserção e para a mobilidade social.

Estas ideias devem ser constantemente construídas durante os cursos de Física e Matemática, exemplificando-se e ilustrando-se conceitos e discussões formais com questões sociais e humanísticas. Como é interessante descobrir as leis matemáticas e os conceitos físicos que estão por trás de sistemas econômicos, biológicos, ecológicos ou atômicos! Ao perceber a grande simetria que há no conhecimento humano, o público-alvo se dá conta e se autoconvence de que a compartimentação em tantas diversas disciplinas é apenas uma forma de organizar a nossa marcha para a compreensão do mundo que nós mesmos construímos.

Este é, talvez, um dos grandes benefícios e dos mais eficazes dispositivos para a integração dos saberes: em todos os campos do conhecimento, estabelecemos regras e exceções, igualdades e diferenças; a grande questão, todavia, é a universalização. Esta última é o legado máximo de um dado princípio de simetria: encontrar padrões de comportamento compartilhados por uma multiplicidade de objetos distintos. Estabelecer as igualdades e mostrar que as próprias diferenças constatadas podem ser compreendidas a partir destas igualdades é tarefa da simetria, que se cristaliza, deste modo, como uma primeira forma de tratar todos os saberes de forma harmoniosa. Criar esta atitude em nosso público e fazê-los participar deste debate faz das aulas de Física e Matemática o laboratório para a construção de uma nova postura frente ao conhecimento transmitido e compartilhado nas aulas de Ciências da Natureza. A partir destas, transladamos a discussão para o campo da Língua – a importância da palavra e da argumentação – e, em seguida, para os campos humanísticos, procurando colocar em evidência e promover o debate em torno da simetria e mostrando, finalmente, a universalidade deste conceito.

Concluindo esta argumentação, seria oportuno manifestar que os níveis de motivação para o estudo da Física e da Matemática crescem manifestamente dentro deste quadro integrador, quando a questão da simetria é enquadrada num contexto de Cultura e Cidadania e as diferenças culturais e sociais podem ser discutidas e modeladas sob a ótica deste conceito. A longa experiência nos espaços informais de educação que são os núcleos dos chamados pré-universitários sociais (ou comunitários) tem mostrado que a abordagem da Matemática e da Física – disciplinas que aparecem como barreiras para os estudantes dos núcleos e que, por essa razão, adquirem a fama de excludentes – em integração com a Filosofia, as Ciências Humanas e Sociais e as Letras/Literatura, de uma certa forma suavizam o impacto de disciplinas que são comumente percebidas como manipulação de fórmulas matemáticas. Tópicos da Física, como, por exemplo, espaço, tempo, massa, energia, campos de interação, luz, transições de fase, incerteza, dualidade pode ser abordados em aulas-conjuntas com as demais áreas. Esta experiência ajuda o nosso estudante a perceber o quanto estes conceitos são interdisciplinares e, já se constatou que a visão de um conceito mais abstrato da Física se torna mais claramente compreendido quando tratado com a abordagem de uma outra disciplina.

Abrir espaço para a possibilidade de colocar os temas acima das disciplinas é também um desafio para os professores, que têm que trazer para a sua específica disciplina temas que, muitas vezes, não são por ela abordados. Como professor de Física, já fui provocado – e tive que me preparar bastante – para discutir questões como estética, mais-valia, evolução, símbolos e mitos, democracia, e tantas outras, dentro da Física. Identificar situações em sistemas físicos e trabalhar estes pontos sob a ótica da Física foi uma experiência muito enriquecedora compartilhada com os estudantes e todo o quadro de professores. Nestas experiências, todos somos aprendizes e se estabelece uma situação de grande horizontalidade, o que estimula os estudantes a um debate onde eles assumem notável protagonismo.

Cada um de nós seres-humanos somos bombardeados por cerca de 340 milhões de neutrinos por dia. Não os vemos, não os sentimos e mesmo a sua detecção por instrumentos muito sensíveis só foi possível 26 anos após o seu lançamento como partículas hipotéticas por Wolfgang Pauli em 1930. A primeira família de neutrino, o neutrino do elétron, só foi detectado em 1956. A terceira família, o neutrino do lépton tau, só teve a sua descoberta anunciada no ano 2000. Por estes motivos, adoto a metáfora de que o nosso estudante, oriundo da classe popular, trabalhador, morador de periferias urbanas e em muitos aspectos opaco para a sociedade, é um neutrino social, muitas vezes invisível para o Estado. O esforço do trabalho de ensino integrado, desinteressado de adestramento para o ENEM e para eventuais vestibulares, que vimos realizando é transformar os neutrinos sociais em brilhantes fótons, mobilizando-nos para oferecer a esses cidadãos a percepção de que é a simetria promovida pelo Conhecimento que os inclui nos multipletes sociais, dos quais nascem, muitas vezes, excluídos.

MARCIA SERRA FERREIRA

Universidade Federal do Rio de Janeiro

Sobre os meus vinte e cinco anos de docência na UFRJ
Memorial para a Promoção à Classe E (Professor Titular)
Marcia Serra Ferreira[55]

Esse memorial é dedicado ao meu pai Darcy Ferreira (in memoriam) que, ao lado de minha mãe, Maria Elisa, não mediu esforços para que eu gostasse de estudar.

Um passado que não passa, que é sempre presente.
Henry Rousso[56]

O ano dessa escrita é dois mil e vinte e dois. Tenho cinquenta e seis anos, trinta e oito deles vividos intensamente na Universidade Federal do Rio de Janeiro (UFRJ). Desde o meu ingresso em 1984 na Graduação em Ciências Biológicas, onde cursei a Licenciatura e o Bacharelado em Ecologia, minha trajetória profissional veio sendo delineada em uma relação estreita com essa instituição de ensino superior. Sem tal relação, eu certamente seria outra pessoa e veria o mundo de outro modo. Produzir esse memorial é, portanto, falar de quem eu sou, de como eu me constitui nesse mundo a partir de uma experiência formativa e profissional tão visceralmente vinculada a esta universidade.

Narro essa experiência do presente. Essa afirmação pode parecer óbvia – afinal, eu não poderia fazê-lo de outro modo –, mas ela traduz mais do que uma simples obviedade; ela é uma opção teórico-metodológica. Afinal, assumo que é dele (do presente) que acesso tanto o passado quanto o futuro, em um movimento teórico que tenho feito junto ao

[55] Professora Associada IV, Departamento de Didática da Faculdade de Educação da UFRJ. Bolsista de Produtividade do CNPq (PQ 1D) e Cientista do Nosso Estado (CNE/Faperj).

[56] AREND, S. M. F. & MACEDO, F. Sobre a história do tempo presente: entrevista com o historiador Henry Rousso. *Tempo e Argumento*, v. 1, n. 1, p. 201-216, 2009.

Grupo de Estudos em História do Currículo, no diálogo com autores como Jacques Rancière, Michel Foucault, Reinhart Koselleck e Thomas Popkewitz, entre outros. Em tal movimento, que tem me constituído como docente, pesquisadora e extensionista na universidade, percebo a história como relação de poder, assumindo que "a história é sempre analisada no (e do) presente em meio a uma grade de inteligibilidade no âmbito da qual se dão as lutas por significar o real" (Ferreira & Marsico, 2020[57], p. 168).

Mas essa nem sempre foi a minha perspectiva ao olhar para o passado. Vale ressaltar que sempre tive interesse pelos antigos objetos e suas histórias, um interesse que se intensificou em meu estágio de Iniciação Científica com a professora Maria Lucia Cardoso Vasconcellos, diretora do Instituto de Biologia e coordenadora do Setor Biologia do projeto de extensão então intitulado *Projeto Fundão: Desafio para a Universidade*. Foi, no entanto, a partir do meu encontro, no Departamento de Didática, com Antonio Flavio Moreira e Alice Casimiro Lopes, que o campo do Currículo emergiu como uma lente teórica capaz de transformar o meu interesse e curiosidade pela história do ensino de Ciências e Biologia em um instigante objeto de estudo. Afinal, após ingressar em 15 de outubro de 1997 como Professora Assistente no Departamento de Didática da Faculdade de Educação (FE/UFRJ), pude me vincular ao *Núcleo de Estudos de Currículo* (NEC/UFRJ), me formando como pesquisadora ao lado de ambos (Antonio Flavio e Alice) e de colegas como Elizabeth Macedo (UERJ), Maria de Lourdes Rangel Tura (UERJ) e Maria Inês Marcondes (PUC-Rio). Foi também nesse grupo que fortaleci a minha amizade e parceria acadêmica com Maria Margarida Gomes, então professora do Colégio de Aplicação da universidade, uma de minhas principais parceiras nessa trajetória.

Desde então, vejo a escola, a universidade, a sociedade e o mundo com as lentes de uma curriculista centralmente interessada nas relações entre conhecimento e poder. Ainda que ambas as noções (conhecimento e poder) tenham sido preenchidas de diferentes significados ao longo

---

[57] FERREIRA, M. S.; MARSICO, J. Historicizar os currículos em tempos recentes: regulações e efeitos no ensino e na formação de professores em Ciências e Biologia. In: Marcia Serra Ferreira; Silvia Nogueira Chaves; Antonio Carlos Rodrigues de Amorim; Maria Luiza de Araújo Gastal; Sandra Nazaré Dias Bastos. (Org.). *Vidas que Ensinam o Ensino da Vida*. São Paulo: Ed. Livraria da Física, 2020, p. 165-179.

desses vinte e cinco anos de carreira universitária, com efeitos nas manei-
ras com as quais percebo a *alquimia* curricular, é nas relações entre elas
que venho tecendo as minhas aulas na graduação e na pós-graduação, os
meus objetos de pesquisa e as minhas ações na extensão e na gestão. É
também em meio a elas que venho orientando estudantes de graduação,
mestrado e doutorado, produzindo professores/pesquisadores e sendo
produzida por elas e eles. Na próxima seção, explicito o modo como vim
me tornando pesquisadora em todo esse processo.

TORNANDO-ME PESQUISADORA NO CAMPO DO CURRÍCULO E NA EDUCAÇÃO EM CIÊNCIAS

Desde 2005, o *Grupo de Estudos em História do Currículo* foi se
constituindo abrigando os meus interesses de pesquisa nessa área, um
efeito de meu doutoramento com o professor Antonio Flavio Barbosa
Moreira e posterior ingresso como docente na pós-graduação. Fazendo
parte, inicialmente, do NEC/UFRJ – onde atuei como vice-líder ao lado
professor Antonio Flavio entre 2005 e 2017 –, o meu próprio grupo foi
sendo gestado desde 2006 e, institucionalizado em 2020, passou a integrar
o Diretório dos Grupos de Pesquisa do CNPq (*dgp.cnpq.br/dgp/espelho-
grupo/2530746767504756*). Ele hoje conta com 8 pesquisadores, de instituições diversas (UFRJ, UERJ, UnB e Colégio Pedro II), e 14 estudantes
(7 de doutorado, 4 de mestrado e 3 de iniciação científica), liderados por
mim e pela professora Juliana Marsico (UFRJ), vice-líder do grupo.

Já com uma longa história, uma vez que reúne um conjunto significativo de produções acadêmicas em História do Currículo, esse grupo
tem sido um espaço de produção coletiva do que vimos nomeando de
uma *abordagem discursiva* para os estudos históricos no campo, além de
participar da formação de uma geração de professores/pesquisadores que
hoje habitam variadas instituições de pesquisa e ensino[58]. No diálogo com

---

[58] São elos: Alessandro Wanderley Guanabara (Colégio Pedro II); Andre Vitor Fernandes dos
Santos (UnB); Carolina Lima Vilela (Colégio Pedro II); Cecília Santos de Oliveira (FFP/UERJ);
Cristiane Nunes Cordeiro (SEEDUC/RJ); Daniela Fabrini Valla (FFP/UERJ); Diego Amoroso
Gonzalez Roquette (SME/RJ); Edmilsa Santana de Araújo (UFPI); Gabriel Menezes Viana
(UFSJ); Heloize da Cunha Charret (UNESA); Juliana Marsico Correia da Silva (UFRJ); Karine

Michel Foucault, essa *abordagem discursiva* tem sido produzida coletivamente, em meio ao desenvolvimento das pesquisas do grupo (ver, por exemplo, Brasil & Ferreira, 2020[59]; Fonseca & Ferreira, 2017[60]; Lucas & Ferreira, 2017[61]; Marsico & Ferreira, 2018[62] E 2020[63]; Moreira & Ferreira, 2021[64]; Toledo-Quiroga & Ferreira, 2022[65]), no âmbito de um deslocamento da abordagem sócio-histórica de Ivor Goodson para a perspectiva sociocultural proposta por Thomas Popkewitz. Em tal deslocamento, pude revisitar os meus escritos sobre a história das disciplinas escolares Ciências e Biologia, produzindo um importante capítulo (FERREIRA, 2014[66]) em livro organizado por Antonio Flavio Barbosa Moreira e Vera Maria Candau (PUC-Rio).

Nesse mesmo movimento, vimos nos aproximando também de historiadores e historiadores da Educação, refletindo acerca das especificidades da História do Currículo que tem sido produzida por um grupo

de Oliveira Bloomfield Fernandes (COLUNI/UFF); Letícia Terreri Serra Lima (Inep); Lisete Jaehn (UFF); Marcelo da Cunha Matos (CAp/UERJ); Maria Cézar de Sousa (UFPI); Mariana da Costa Lucas (SME/RJ); Patrícia Santana Reis (UNEB); Rejane Bianquini Greco Alves (SEEDUC/RJ); Silvia Sobreira (UNIRIO); Vidal Assis Ferreira Filho (Colégio Pedro II).

[59] BRASIL, G.; FERREIRA, M. S. Historicizando as verdades curriculares em tempos de democracia: a alquimia dos conhecimentos geográficos e a fabricação de professores e estudantes no Brasil. *Currículo sem Fronteiras*, v. 20, p. 684-710, 2020.

[60] FONSECA, M. V. R.; FERREIRA, M. S. História da disciplina Didática Geral na Universidade do Brasil (1939-1968): condições de emergência e objetivação de conhecimentos para a formação de professores. *Currículo sem Fronteiras*, v. 17, p. 718-740, 2017.

[61] LUCAS, M. C.; FERREIRA, M. S. História do currículo da formação de professores de Ciências e Biologia (1960/70). *Educação em Foco*, v. 22, p. 145-166, 2017.

[62] MARSICO, J.; FERREIRA, M. S. Produzindo currículos e professores de Ciências na EJA: entre normalizações e deslocamentos. *Teias*, v. 19, p. 161-175, 2018.

[63] MARSICO, J.; FERREIRA, M. S. História do Currículo do Presente: investigando processos alquímicos no ensino de Ciências para a Educação de Jovens e Adultos no Brasil. *ETD. Educação Temática Digital*, v. 22, p. 837-855, 2020.

[64] MOREIRA, C. C.; FERREIRA, M. S. O tornar-se sujeito nos currículos de Ciências e Biologia. *REnBio*, v. 14, p. 370-389, 2021.

[65] TOLEDO-QUIROGA, K.; FERREIRA, M. S. Os conhecimentos e sujeitos da Educação Ambiental: historicizando experiências formativas no Parque Nacional de Itatiaia (1937-2020). *Educar em Revista*, v. 38, p. e85991, 2022.

[66] FERREIRA, M. S. Currículo e cultura: diálogos com as disciplinas escolares Ciências e Biologia. In: Antonio Flavio Moreira; Vera Maria Candau. (Org.). *Currículos, disciplinas escolares e culturas*. Petrópolis: Vozes, 2014, p. 185-213.

pequeno de curriculistas no país, com destaque para o *Grupo de Estudos em História do Currículo*. No caso da História da Educação, essa reflexão gerou a produção de um artigo (Fonseca *et al.*, 2013[67]) e a organização de um livro com Libania Nacif Xavier (UFRJ) e Fabio Garcez de Carvalho (UFRJ) intitulado *História do Currículo e História da Educação: interfaces e diálogos*, com financiamento da Faperj (APQ3 – Auxilio à Editoração 2012.2. Processo E-26/112.735/2012) (Ferreira, Xavier & Carvalho, 2013[68]).

Foi também no *Grupo de Estudos em História do Currículo* que viemos nos tornando centralmente interessados em *desnaturalizar* certas noções que, no Ensino de Ciências e Biologia, têm sido tratadas como fixas e anistóricas, concentrando-nos em ressignificá-las em variadas produções acadêmicas (Etter *Et Al.*, 2014[69]; Ferreira & Gomes, 2011[70]; Fonseca *Et Al.*, 2014[71]; Oliveira, Santos & Ferreira, 2014[72]; Souza, Santos & Ferreira, 2016[73]; Vidal & Ferreira, 2016[74]).

O adensamento da relação com Thomas Popkewitz, com efeitos em nossa *abordagem discursiva* para a História do Currículo, se deu por

[67] FONSECA, M. V. R.; TORRES, M. X.; VILELA, C. L.; FERREIRA, M. S. Panorama da produção brasileira em história do currículo e das disciplinas acadêmicas e escolares (2000-2010): entre a História da Educação e a Sociologia do Currículo. *Revista Brasileira de História da Educação*, v. 13, p. 193-225, 2013.

[68] FERREIRA, M. S.; XAVIER, L. N.; CARVALHO, F. G. (Org.). *História do Currículo e História da Educação:* interfaces e diálogos. Rio de Janeiro: Quartet e FAPERJ, 2013. 380p.

[69] ETTER, F.; ALVES, L. L.; FERREIRA, M. S.; GOMES, M. M. Sentidos de sexualidade em produções acadêmicas: investigando os anais dos Encontros Nacionais de Ensino de Biologia (2005-2012). *REnBio*, v. 7, p. 2085-2096, 2014.

[70] FERREIRA, M. S.; GOMES, M. M. Sentidos de conhecimento em disciplinas escolares e acadêmicas: diálogos do ensino de Biologia com o campo do Currículo. *REnBio*, v. 4, p. 5-9, 2011.

[71] FONSECA, L. R.; SOUZA, P. F.; ETTER, F.; FERREIRA, M. S. Investigando sentidos de prática nos Encontros Nacionais de Ensino de Biologia (2005-2012): contribuições para o debate na formação de professores. *REnBio*, v. 7, p. 2097-2109, 2014.

[72] OLIVEIRA, C. S.; SANTOS, A. V. F.; FERREIRA, M. S. Currículo de Ciências: investigando sentidos de Educação Ambiental produzidos no espaço escolar. *REnBio*, v. 7, p. 1264-1275, 2014.

[73] SOUZA, P. F.; SANTOS, A. V. F.; FERREIRA, M. S. Sentidos de currículo na área de Ensino de Biologia: um olhar para as produções acadêmicas do V ENEBIO (2014). *REnBio*, v. 9, 2016.

[74] ASSIS, V.; FERREIRA, M. S. Currículo de Biologia e distribuição social do conhecimento: investigando um pré-vestibular social no RJ entre o currículo mínimo da SEEDUC/RJ e o ENEM. *REnBio*, v. 9, p. 7586-7596, 2016.

meio do envio de dois orientandos[75] para a realização de doutorado sanduiche com ele na University of Wisconsin-Madison (UW-Madison, USA), além do meu próprio estágio de pós-doutoramento, realizado entre setembro e dezembro de 2017, como *Fulbright Visiting Scholar* (Fulbright Scholarship Program). Todo esse processo tem sido historicizado em produções acadêmicas (Ferreira, 2013a[76] e 2015a[77]; Ferreira & Santos, 2017[78]; Ferreira & Marsico, 2020[79]; Jaehn & Ferreira, 2012[80]), o que inclui um capítulo em livro organizado por Thomas Popkewitz, em parceria com os curriculistas Weili Zhao e Tero Autio, e editado pela Routledge (Ferreira, 2022[81]).

Meu interesse pelo campo do Currículo e, em especial, pela História do Currículo, tem direta relação com o meu ingresso no Depto. de Didática, por concurso público, em 1997, para atuar na Didática Especial e Prática de Ensino das Ciências Biológicas. Vinda de experiências em

---

[75] Refiro-me à André Vitor Fernandes dos Santos e Gabriel Brasil de Carvalho Pedro, que realizaram seus estágios de seis meses de doutorado sanduíche na UW-Madison, ambos com bolsa da Capes.

[76] FERREIRA, M. S. História do Currículo e das Disciplinas: apontamentos de pesquisa. In: André Márcio Picanço Favacho; José Augusto Pacheco; Shirlei Rezende Sales. (Org.). *Currículo, Conhecimento e Avaliação:* divergências e tensões. Curitiba: CRV, 2013a, p. 75-88.

[77] FERREIRA, M. S. História do Currículo e das Disciplinas: produzindo uma abordagem discursiva para investigar a formação inicial de professores nas Ciências Biológicas. In: Miriam Soares Leite; Carmen Teresa Gabriel. (Org.). *Linguagem, Discurso, Pesquisa e Educação.* RJ: DePetrus/FAPERJ, 2015a, p. 265-284.

[78] FERREIRA, M. S.; SANTOS, A. V. F. Discursos curriculares no/do tempo presente: subsídios para uma articulação entre a História e as Políticas de Currículo. In: Alice Casimiro Lopes; Marcia Betania Oliveira. (Org.). *Políticas de Currículo:* pesquisas e articulações discursivas. Curitiba: CRV, 2017, p. 55-78.

[79] FERREIRA, M. S.; MARSICO, J. Historicizar os currículos em tempos recentes: regulações e efeitos no ensino e na formação de professores em Ciências e Biologia. In: Marcia Serra Ferreira; Silvia Nogueira Chaves; Antonio Carlos Rodrigues de Amorim; Maria Luiza de Araújo Gastal; Sandra Nazaré Dias Bastos. (Org.). *Vidas que Ensinam o Ensino da Vida.* São Paulo: Ed. Livraria da Física, 2020, p. 165-179.

[80] JAEHN, L.; FERREIRA, M. S. Perspectivas para uma História do Currículo: as contribuições de Ivor Goodson e Thomas Popkewitz. *Currículo sem Fronteiras*, v. 12, p. 256-272, 2012.

[81] FERREIRA, M. S. Curriculum History as History of the Present: between the alchemy of knowledge and the fabrication of subjects. In: Weili Zhao; Thomas S. Popkewitz; Tero Autio. (Org.). *Epistemic Colonialism and the Transfer of Curriculum Knowledge across Borders:* applying a historical lens to contest unilateral logics. New York: Routledge, 2022, p. 1-13.

formação continuada no *Projeto Fundão Biologia* e na própria Secretaria Municipal de Educação do Rio de Janeiro (SME/RJ), onde atuei como professora de Ciências por quase dez anos, não conhecia a literatura desse campo. Também o Mestrado em Educação, realizado na Pontifícia Universidade Católica do Rio de Janeiro (PUC-Rio), sob a orientação do professor Pedro Benjamim Garcia[82], uma experiência ímpar em minha formação acadêmica, não havia sido nessa direção.

Assim, ao ser apresentada aos professores Antonio Flavio Barbosa Moreira e Alice Casimiro Lopes, pude ressignificar o meu interesse pelos antigos objetos e materiais do ensino de Ciências e Biologia, assumindo uma lente teórica capaz de me deslocar tanto das explicações macroestruturais para as dificuldades da docência quanto das perspectivas instrumentais que ainda insistem em apostar no 'como fazer' sem problematizar os processos de produção e distribuição dos conhecimentos escolares. Participando de um projeto de pesquisa em História do Currículo coordenado pelo professor Antonio Flavio[83] e com a participação de outras curriculistas[84], fui definitivamente *contagiada* por um modo de pensar as decisões curriculares em meio às relações de poder. Foi nesse contexto que produzi, então, a minha Tese de Doutorado[85], com desdobramentos em produções acadêmicas importantes (Ferreira, 2007a[86], 2007b[87] e 2013[88]); foi nele também que emergiram os meus primeiros artigos em

---

[82] FERREIRA, M. S. *As Relações de Crianças e Adolescentes com os Animais da Rocinha.* Contribuições para o Ensino de Ciências. Dissertação de Mestrado (Educação). PUC-Rio, 1995.

[83] Refiro-me ao projeto de pesquisa *Currículo de Ciências: um estudo sócio-histórico*, desenvolvido entre 1998 e 2000 com recursos do CNPq.

[84] Refiro-me às pesquisadoras Alice Casimiro Lopes, Elizabeth Macedo, Maria de Lourdes Rangel Tura e Maria Inês Marcondes, além de colegas que, como eu, ainda se encontravam em formação, como Maria Margarida Gomes e Rita de Cássia Prazeres Frangella.

[85] FERREIRA, M. S. *A História da Disciplina Escolar Ciências no Colégio Pedro II (1960-1980).* Tese de Doutorado (Educação). PPGE/UFRJ. 2005.

[86] FERREIRA, M. S. Investigando os rumos da disciplina escolar Ciências no Colégio Pedro II: 1960-1970. *Educação em Revista*, n. 45, p. 127-144, 2007a.

[87] FERREIRA, M. S. Como investigar a história da pesquisa em ensino de Ciências no Brasil? Reflexões teórico-metodológicas. In: Roberto Nardi. (Org.). *A Pesquisa em Ensino de Ciências no Brasil:* alguns recortes. São Paulo: Escrituras, 2007b, p. 451-464.

[88] FERREIRA, M. S. Currículo e docência no Colégio Pedro II: analisando as influências institucionais na definição dos rumos da disciplina escolar Ciências. In: Marcia Serra Ferreira; Libania Xavier; Fábio Garcez de Carvalho. (Org.). *História do Currículo e História da Educação:* interfaces e diálogos. Rio de Janeiro: Quartet/FAPERJ, 2013, p. 161-183.

periódicos da Educação (Ferreira, Gomes & Lopes, 2001[89]) e da Educação em Ciências (Ferreira & Moreira, 2001[90]), em um contexto de muito aprendizado sobre ser pesquisadora no campo e sobre como orientar na graduação e na pós-graduação.

Foi também no NEC/UFRJ que estabeleci os melhores laços acadêmicos e afetivos, compartilhando projetos acadêmicos e agendas de pesquisa na interface entre o campo do Currículo e as áreas de *Ensino de*, em particular as de Ciências/Biologia e História. Com Ana Maria Monteiro e Carmen Teresa Gabriel, amigas/curriculistas interessadas no Ensino de História, produzi reflexões que ressignificam e articulam as noções de conhecimento escolar e de disciplina escolar (Ferreira & Gabriel, 2009[91]; Ferreira, Abriel Monteiro, 2014[92]; Gabriel & Ferreira, 2012[93], 2016[94] e 2019[95]), entendendo-as como incontornáveis no cenário educacional contemporâneo.

Também com elas e ao lado de Maria Margarida Gomes e Thiago Ranniery, tenho estabelecido parcerias interinstitucionais com Alice Casimiro Lopes (UERJ) e Elizabeth Macedo (UERJ), participando de projetos de pesquisa centralmente focados nas políticas de currículo[96], os quais resultaram em

---

[89] FERREIRA, M. S.; GOMES, M. M.; LOPES, A. C. Trajetória Histórica da Disciplina Escolar Ciências no Colégio de Aplicação da UFRJ (1949-1968). *Pro-Posições*, 34(12), n. 1, p. 9-26, 2001.

[90] FERREIRA, M. S.; MOREIRA, A. F. B. A História da Disciplina Escolar Ciências nas Dissertações e Teses Brasileiras no período 1981-1995. *Ensaio: Pesquisa em Educação em Ciências*, 3(2), p. 154-166, 2001.

[91] FERREIRA, M. S.; GABRIEL, C. T. Currículos acadêmicos e extensão universitária: sentidos em disputa. *ETD. Educação Temática Digital*, v. 9, p. 185, 2009.

[92] FERREIRA, M. S.; GABRIEL, C. T.; MONTEIRO, A. M. Sentidos de currículo e "ensino de" Biologia e História: deslocando fronteiras. In: Carmen Teresa Gabriel; Luciene Maciel Stumbo Moraes. (Org.). *Currículo e conhecimento:* diferentes perspectivas teóricas e abordagens metodológicas. Petrópolis: DePetrus/FAPERJ, 2014, p. 81-98.

[93] GABRIEL, C. T.; FERREIRA, M. S. Disciplina escolar e conhecimento escolar: conceitos 'sob rasura' no debate curricular contemporâneo. In: José Carlos Libâneo; Nilda Alves. (Org.). *Temas de Pedagogia:* diálogos entre Didática e Currículo. São Paulo: Cortez, 2012, p. 227-241.

[94] GABRIEL, C. T.; FERREIRA, M. S. 'Disciplinarized knowledge': theoretical articulations in the field of the Curriculum. *European Journal of Curriculum Studies*, v. 3, p. 492-504, 2016.

[95] GABRIEL, C. T.; FERREIRA, M. S. 'Conhecimento disciplinarizado': articulações teóricas no campo do Currículo. In: Ana Angelita da Rocha; Ana Maria Monteiro; Rafael Straforini. (Org.). *Conversas na escada:* currículo, docência e disciplina escolar. Rio de Janeiro: Consequência, 2019, p. 121-139.

[96] Refiro-me aos projetos de pesquisa *Propostas Curriculares e escolas no Brasil e em Portugal: relações global-local (2005-2010)* e *Uma Alternativa às Políticas Centralizadas: formar professores e produzir currículo nas escolas* (desde 2018).

importantes produções acadêmicas (Ferreira & Gomes, 2020[97]; Ferreira, Martins & Abelha, 2010[98]; Gabriel, Ferreira & Monteiro, 2008a[99] e 2008b[100]). Aliás, as políticas de currículo permanecem um alvo importante em meus estudos e de meus orientandes, alguns dos quais assumiram, de forma explícita, uma articulação dessa temática com a História do Currículo. Como exemplo de produções derivadas dessa articulação, tenho publicado artigos voltados para a análise, em perspectiva histórica, das políticas de currículo do presente para a educação básica Charret & Ferreira, 2019[101] e 2022[102]; Ferreira, 2010[103],

---

[97] FERREIRA, M. S.; GOMES, M. M. Currículo de Ciências: a alquimia das disciplinas escolares e a produção da autonomia docente. *Roteiro*, v. 46, p. e23827, 2020.

[98] FERREIRA, M. S.; MARTINS, I.; ABELHA, M. Políticas de currículo para o ensino da disciplina escolar Ciências: aproximações e distanciamentos entre Portugal e Brasil. In: Maria de Lourdes Tura; Carlinda Leite. (Org.). *Questões de Currículo e Trabalho Docente.* Rio de Janeiro: Quartet/FAPERJ, 2010, p. 213-229.

[99] GABRIEL, C. T.; FERREIRA, M. S.; MONTEIRO, A. M. Democratização da universidade pública no Brasil: circularidades e subversões nas políticas de currículo. In: Alice Casimiro Lopes; Amélia Lopes; Carlinda Leite; Elizabeth Macedo; Maria de Lourdes Tura. (Org.). *Políticas Educativas e Dinâmicas Curriculares no Brasil e em Portugal* (edição brasileira). Petrópolis e Rio de Janeiro: DP et Alii e FAPERJ, 2008a, p. 251-268.

[100] GABRIEL, C. T.; FERREIRA, M. S.; MONTEIRO, A. M. Democratização da universidade pública no Brasil: circularidades e subversões nas políticas de currículo. In: Alice Casimiro Lopes; Carlinda Leite. (Org.). *Políticas Educativas e Dinâmicas Curriculares em Portugal e no Brasil* (edição portuguesa). Porto: Livraria da Faculdade de Psicologia e de Ciências da Educação da Universidade do Porto, 2008b, p. 187-200.

[101] CHARRET, H. C.; FERREIRA, M. S. Sentidos de integração curricular nas reformas recentes do ensino médio: entre as áreas do conhecimento e a organização disciplinar. *e-Curriculum*, v. 17, p. 1587-1603, 2019.

[102] CHARRET, H. C.; FERREIRA, M. S. Deslocamento de sentidos no contexto da reforma do Ensino Médio: anotações sobre a flexibilidade curricular e o conhecimento no âmbito do currículo. *Educação e Cultura Contemporânea*, v. 19, p. 196-216, 2022.

[103] FERREIRA, M. S. Iniciação científica no Ensino Médio: reflexões a partir do campo do Currículo. In: Cristina Araripe Ferreira; Simone Ouvinha Peres; Cristiane Nogueira Braga; Maria Lúcia de Macedo Cardoso. (Org.). *Juventude e Iniciação Científica*: políticas públicas para o Ensino Médio. Rio de Janeiro: EPSJV/FIOCRUZ e UFRJ, 2010, p. 229-237.

2013b[104] e 2015b[105]; Lima & Ferreira, 2010[106]; Torres & Ferreira, 2014[107]) e a formação de professores (Ferreira, Santos & Terreri, 2016[108]; Moreira, Pereira & Ferreira, 2021[109]; Terreri & Ferreira, 2013[110] e 2014[111]).

Nessa mesma direção – isto é, de articulação da História do Currículo com as Políticas de Currículo –, coordenei o projeto de pesquisa *Sentidos das relações entre teoria e prática em cursos de formação de professores em Ciências Biológicas: entre histórias e políticas de currículo*, desenvolvido entre 2010 e 2016 com recursos do CNPq (Edital MCT/CNPq 14/2010. Faixa B. Universal 2010. Processo 477101/2010-0; Produtividade em Pesquisa 2011. PQ2. Processo 308278/2011-9) e da Faperj (E_23/2013 – Jovem Cientista do Nosso Estado. Processo E-26/102.231/2013). Nele, estabeleci uma importante parceria com a professora Danusa Munford (que atuava na UFMG, mas agora está na UFABC) e alguns de seus orientandes, o que resultou em publicações em

---

[104] FERREIRA, M. S. Disciplina escolar Ciências: entre histórias e sentidos de integração curricular nas políticas oficiais. In: Inep. (Org.). *Avaliações da Educação Básica em debate:* ensino e matrizes de referências das avaliações em larga escala. Brasília: Inep, 2013b, p. 57-74.

[105] FERREIRA, M. S. Reflexões sobre a produção da 'necessidade' de uma Base Nacional Comum Curricular: diálogos com a História e as Políticas de Currículo. *REnBio*, v. 8, p. 63-71, 2015b.

[106] LIMA, M. J. G. S.; FERREIRA, M. S. Educação Ambiental na escola: investigando sentidos sobre interdisciplinaridade e disciplinarização nas políticas de currículo. In: Reinaldo Luiz Bozelli; Laísa Maria Freire dos Santos; Alexandre Ferreira Lopes; Carlos Frederico Bernardo Loureiro. (Org.). *Curso de formação de educadores ambientais:* a experiência do Projeto Pólen. Macaé: NUPEM/UFRJ, 2010, p. 227-247.

[107] TORRES, M. X.; FERREIRA, M. S. Currículo de História: reflexões sobre a problemática da mudança a partir da Lei 10.639/2003. In: Ana Maria Monteiro; Carmen Teresa Gabriel; Cinthia Monteiro de Araujo; Warley da Costa. (Org.). *Pesquisa em Ensino de História:* entre desafios epistemológicos e apostas políticas. Rio de Janeiro: Mauad X/FAPERJ, 2014, p. 83-97.

[108] FERREIRA, M. S.; SANTOS, A. V. F.; TERRERI, L. Currículo da formação de professores nas Ciências Biológicas: por uma abordagem discursiva para investigar a relação entre teoria e prática. *ETD. Educação Temática Digital*, v. 18, p. 495-510, 2016.

[109] MOREIRA, C. C.; PEREIRA, B.; FERREIRA, M. S. O Tornar-se Professor(a) no Currículo se Ciências: tensionando as teses culturais da BNCC e da BNC-Formação. *Currículo sem Fronteiras*, p. 1208-1225, 2021.

[110] TERRERI, L.; FERREIRA, M. S. Políticas curriculares para a formação de professores: sentidos de teoria e prática nas Ciências Biológicas. *Revista de Educação Pública*, v. 22, p. 999-1020, 2013.

[111] TERRERI, L.; FERREIRA, M. S. Regularidades discursivas no ensino de Ciências: o que é/deve ser a formação de professores em Ciências Biológicas? *REnBio*, v. 7, p. 4769-4781, 2014.

importantes periódicos da área (Fernandes, Munford & Ferreira, 2014[112]; Viana *et al.*, 2012[113] e 2015[114]). Ao final de 2021, retomei essa parceria com a professora Danusa Munford coordenando o projeto de pesquisa *A relação teoria-prática nos currículos da formação de professores de Ciências e Biologia: investigando processos alquímicos no tempo presente*, com financiamento do CNPq (Chamada CNPq/MCTI/FNDCT Nº 18/2021. Faixa B – Grupos Consolidados. Universal 2021. Processo 407967/2021-4) e a participação de pesquisadores[115] e estudantes de diversas instituições de ensino superior do país (UERJ, UFABC, UFC, UFF, UFPA e UFRJ).

Em projeto subsequente ao desenvolvido entre 2010 e 2016, intitulado *Reformas em curso na formação de professores em Ciências Biológicas: significando a inovação curricular no tempo presente* – desenvolvido entre 2015 e 2020 também com recursos do CNPq (Produtividade em Pesquisa 2014. PQ 2. Processo 309838/2014-2) e da Faperj (E_09/2016 – Cientista do Nosso Estado. Processo E-26/203.038/2016) –, permaneci interessada nessa articulação entre a História e as Políticas de Currículo, agora focando em noções que me acompanham desde o doutoramento – a inovação e a reforma – e para as quais já vinha me dedicando (Costa, Marsico & Ferreira, 2016[116]; Ferreira *et al.*, 2017[117]; Ferreira, Oliveira &

---

[112] FERNANDES, P. C.; MUNFORD, D.; FERREIRA, M. S. Sentidos de prática pedagógica na produção brasileira sobre formação inicial de professores de ciências (2000-2010). *Educação e Pesquisa* 40, p. 415-434, 2014.

[113] VIANA, G. M.; MUNFORD, D.; FERREIRA, M. S.; MORO, L. Relações entre teoria e prática na formação de professores: investigando práticas sociais em disciplina acadêmica de um curso nas Ciências Biológicas. *Educação em Revista*, v. 28, p. 17-49, 2012.

[114] VIANA, G. M.; MUNFORD, D.; FERREIRA, M. S.; FERNANDES, P. C. Relações teoria-prática na formação de professores de Ciências: um estudo das interações discursivas no interior de uma disciplina acadêmica. *Archivos Analíticos de Políticas Educativas*, v. 23, p. 100, 2015.

[115] São elos: Cecilia Santos de Oliveira (UERJ); Danusa Munford (UFABC); Juliana Marsico Correia da Silva (UFRJ); Maria Margarida Gomes (UFRJ); Mariana Lima Vilela (UFF); Raquel Crosara Maia Leite (UFC); Renata de Paula Orofino Silva (UFABC); Ricardo Arturo Guerra Fuentes (UFPA).

[116] COSTA, I. M. S.; MARSICO, J.; FERREIRA, M. S. Significando a reforma curricular no Ensino de Biologia: análise de produções acadêmicas no ENPEC (2011-2015). *REnBio*, v. 9, p. 3626-3637, 2016.

[117] FERREIRA, M. S.; SOUZA, P. F.; FONSECA, L. R.; ETTER, F.; SANTOS, A. V. F. Reformas curriculares do/no tempo presente: investigando a Prática como Componente Curricular na

Fernandes, 2021[118]; Ferreira, Santos & Marsico, 2021[119]; Santos & Ferreira, 2015[120]; Valla *et al.*, 2014[121]). Afinal, meus primeiros projetos de pesquisa após o Doutorado[122], um deles com financiamento da Faperj (APQ1. Processo E-26/171.257/2005), permaneceram interessados nessas duas noções, com foco nas ações de ensino e formação de professores de uma instituição específica: o Centro de Ciências da Guanabara (CECIGUA), com a produção de artigos sobre o tema (Lucas, Valla & Ferreira, 2010[123] e 2014[124]; Sousa, Lucas & Ferreira, 2012[125]; Valla & Ferreira, 2012[126]).

Licenciatura em Ciências Biológicas. In: Adriana Mohr; Hamilton de Godoy Wielewicki. (Org.). *Prática como Componente Curricular:* que novidade é essa 15 anos depois? Florianópolis: NUP/CED/UFSC, 2017, p. 39-57.

[118] FERREIRA, M. S.; OLIVEIRA, C. S.; FERNANDES, K. O. B. Inovações curriculares e práticas de esperança: historicizando a formação de professores nas Ciências Biológicas na Universidade Federal de Rio de Janeiro. In: Maria Margarida Gomes; Cecília Santos de Oliveira; Karine de Oliveira Bloomfield Fernandes; Rodrigo Cerqueira do Nascimento Borba. (Org.). *Construindo práticas de esperança no ensino de Ciências e Biologia.* São Paulo: Livraria da Física, 2021, p. 57-72.

[119] FERREIRA, M. S.; SANTOS, A. V. F.; MARSICO, J. Historicizando as reformas curriculares para o ensino e a formação de professores: a inovação curricular em pauta. In: Sandro Prado Santos; Gustavo Lopes Ferreira; Ana Flávia Vigário. (Org.). *(Bio)grafias:* nós e entrenós na educação em Ciências e Biologia. Uberlândia: Culturatrix, 2021, p. 169-190.

[120] SANTOS, A. V. F.; FERREIRA, M. S. História da disciplina escolar Educação ambiental em Armação dos Búzios, RJ: entre necessidades e condições de emergência de uma inovação curricular. *Pedagogia y Saberes*, v. 1, p. 153-165, 2015.

[121] VALLA, D. F.; ROQUETTE, D. A. G.; GOMES, M. M.; FERREIRA, M. S. Disciplina escolar Ciências: inovações curriculares nos anos de 1950-1970. *Ciência & Educação*, v. 20, p. 377-391, 2014.

[122] Refiro-me aos projetos *Currículo de Ciências: iniciativas inovadoras nas décadas de 1950/60/70 (2005-2010)* e *Currículo de Ciências: entre histórias e políticas para a formação de professores (2010-2012)*.

[123] LUCAS, M. C.; VALLA, D. F.; FERREIRA, M. S. Investigando as ações curriculares em Ciências e Biologia do Centro de Ciências da Guanabara, RJ, nos anos de 1960/70. *REnBio*, v. 3, p. 1841-1848, 2010.

[124] LUCAS, M. C.; VALLA, D. F.; FERREIRA, M. S. Currículo de Ciências e Biologia: investigando a experimentação didática no CECIGUA (1960/70). In: Eduardo José Cezari; Gecilane Ferreira. (Org.). *Políticas curriculares, formação de professores e práticas pedagógicas em Ciências Naturais.* Palmas: EDUFT, 2014, p. 91-120.

[125] SOUSA, B. G.; LUCAS, M. C.; FERREIRA, M. S. Sentidos do bom ensino de Ciências em ações do CECIGUA: entre velhas e novas tradições curriculares. *REnBio*, v. 5, p. 1-7, 2012.

[126] VALLA, D. F.; FERREIRA, M. S. Currículo de Ciências: investigando ações e retóricas do CECIGUA nos anos de 1960/70. In: Regina Maria Rabello Borges; Ana Lúcia Imhoff; Guy Barros Barcellos. (Org.). *Educação e Cultura Científica e Tecnológica:* Centros e Museus de Ciências no Brasil. PoA: EDIPUCRS, 2012, p. 169-183.

Nesse contexto de articulação entre a História e as Políticas de Currículo, organizei com André Vitor Fernandes dos Santos – ex-orientando de Mestrado e Doutorado no PPGE/UFRJ, com atuação destacada no Inep e, desde 2019, professor na Universidade de Brasília (UnB) – o volume 33, n. 107 (2020) do periódico Em Aberto (Inep), intitulado *Base Nacional Comum Curricular, qualidade da educação e autonomia docente*. Nele, ao lado de autores com posições bastante variadas sobre o tema, tenho três produções: um texto que apresenta o número por nós organizado (Santos & Ferreira, 2020a[127]); um artigo que problematiza, em perspectiva histórica, a associação que tem sido discursivamente produzida entre o nacional, o comum e a qualidade da educação nas políticas de currículo do presente (Santos & Ferreira, 2020b[128]); uma entrevista com a professora Maria Manuela Garcia (UFPel), realizada em parceria com Juliana Marsico (Garcia, Ferreira & Marsico, 2020[129]).

Foi também nesse período que me afastei pela primeira e única vez para a realização de dois estágios de pós-doutoramento: o primeiro e mais extenso, foi realizado entre setembro de 2016 e agosto de 2017 na Universidade Estadual de Campinas (UNICAMP), sob a supervisão da professora Maria do Carmo Martins, e que resultou em importante publicação sobre inovação e reforma nos currículos da formação de professores no tempo presente (Ferreira & Martins, 2019[130]); o segundo, como já mencionado, foi realizado na UW-Madison com o professor Thomas Popkewitz. Em ambos os casos, o foco esteve no desenvolvimento de uma *abordagem discursiva* para a História do Currículo como História do Presente, adensando o movimento já iniciado no grupo[131].

---

[127] SANTOS, A. V. F.; FERREIRA, M. S. BNCC: múltiplas posições e olhares para pensar a qualidade da educação e a autonomia docente. *Em Aberto* (Inep), v. 33, p. 19-23, 2020a.

[128] SANTOS, A. V. F.; FERREIRA, M. S. Currículo Nacional Comum: uma questão de qualidade? *Em Aberto* (Inep), v. 33, p. 27-44, 2020b.

[129] GARCIA, M. M. A.; FERREIRA, M. S.; MARSICO, J. O comum e a qualidade nos currículos do ensino e da formação de professores. *Em Aberto* (Inep), v. 33, p. 203-214, 2020.

[130] FERREIRA, M. S.; MARTINS, M. C. Inovação e reforma nos currículos da formação de professores em tempos democráticos (1990/2000). *Archivos Analíticos de Políticas Educativas*, v. 27, p. 1-14, 2019.

[131] Refiro-me ao projeto de pesquisa *História do Currículo e das Disciplinas: produzindo uma abordagem discursiva para a investigação de reformas curriculares no/do tempo presente – Curriculum History: producing a discursive approach to researching curricular reforms in/of the present time.*

Ao retornar da UW-Madison, passei a desenvolver, em 2018, o projeto de pesquisa *História do Currículo e das Disciplinas: desenvolvimento e uso de uma abordagem discursiva para investigações no ensino e na formação de professores* (Chamada CNPq Nº 12/2017. Bolsa de Produtividade em Pesquisa. PQ 2. Processo 309860/2017-2) e Faperj (E_09/ 2019 – Cientista do Nosso Estado. Processo E-26/202.681/2019). Atuando como Bolsista de Produtividade (PQ 2) do CNPq desde 2012, em 2020, com o projeto de pesquisa *História do Currículo como História do Presente: problematizando as tradições curriculares em diferentes áreas disciplinares* (Chamada CNPq Nº 09/2020. Bolsa de Produtividade em Pesquisa. PQ 1D. Processo 313483/2020-5), passei a PQ 1D, um reconhecimento a todo o investimento que vim fazendo na carreira acadêmica.

Além do NEC/UFRJ – coletivo de pesquisa de onde emerge o *Grupo de Estudos em História do Currículo* –, outro espaço de grande importância em minha formação profissional, com efeitos em minha produção acadêmica, é a Associação Brasileira de Ensino de Biologia (SBEnBio). Afinal, tenho participado ativamente dos vinte e cinco anos de existência dessa associação – tempo que coincide com a minha atuação como docente na UFRJ –, atuando em prol da sua criação, em diretorias regionais e nacionais, organizando eventos (também regionais e nacionais), discutindo políticas para a área e ajudando a construir um coletivo de pesquisadores, professores da educação básica e estudantes de licenciatura centralmente interessados no Ensino de Ciências e Biologia. Parte dessa história foi inclusive narrada em edição comemorativa do periódico da SBEnBio, na qual os vinte e cinco anos da entidade foram percebidos a partir das experiências de suas antigas e atuais lideranças (Ferreira, 2022[132]).

Atuando como Secretária (2000-2002) e Vice-Diretora (2002-2004) da Diretoria Executiva da Regional 2 (Rio de Janeiro/Espírito Santo), como Secretária (2004-2006) e Vice-Presidenta (2006-2009) da Diretoria Executiva Nacional e, finalmente, como Presidenta da entidade (2018-2019)[133] e Sócia Emérita, fui estabelecendo importantes parcerias acadêmicas, que me auxiliaram na promoção de articulações entre as investigações que vinha fazendo e orientando na História do Currículo e na

---

[132] FERREIRA, M. S. Sobre a experiência de me constituir na SBEnBio e na UFRJ: memórias de uma professora-pesquisadora. *REnBio*, v. 15, p. 462-469, 2022.
[133] Um balanço desse primeiro ano de gestão está publicado em: FERREIRA, M. S.; CHAVES, S.; GASTAL, M. L. A.; AMORIM, A. C. 2018, um ano que clamou por resistência, perseverança e luta - Balanço de nosso primeiro ano à frente da SBEnBio. *REnBio*, v. 11, p. 94-95, 2018.

Educação em Ciências como área de conhecimento. Dessas parcerias tenho importantes produções acadêmicas em periódicos (Andrade *et al.*, 2004[134]; Ayres *et al.*, 2012[135]; Ferreira & Selles, 2004[136] e 2009[137]; Selles & Ferreira, 2004[138] e 2010[139]; Vasconcellos *et al.*, 2005[140] e 2006[141]) e capítulos (Amorim & Ferreira, 2013[142]; Ferreira *et al.*, 2014[143]; Ferreira & Selles,

---

[134] ANDRADE, E. P.; FERREIRA, M. S.; VILELA, M. L.; AYRES, A. C. M.; SELLES, S. E. A dimensão prática na formação inicial docente em Ciências Biológicas e em História: modelos formativos em disputa. *Ensino em Revista*, v. 12, n. 1, p. 7-19, 2004.

[135] AYRES, A. C. M.; TAVARES, D. L.; FERREIRA, M. S.; SELLES, S. E. Licenciaturas de Curta Duração (1965 e 1974) e disciplina escolar Ciências: aproximações sócio-históricas. In: Sandra Escovedo Selles; Mariana Cassab. (Org.). *Currículo, Docência e Cultura*. Niterói: EDUFF, 2012, p. 53-74.

[136] FERREIRA, M. S.; SELLES, S. E. Análise de Livros Didáticos em Ciências: entre as Ciências de Referência e as Finalidades Sociais da Escolarização. *Educação em Foco*, v. 8, n. I e II, p. 63-78, 2004.

[137] FERREIRA, M. S.; SELLES, S. E. Visões sócio-históricas do professor de Ciências no movimento renovador brasileiro (1950/70). *Enseñanza de las Ciencias*, v. Extra, p. 1680-1683, 2009.

[138] SELLES, S. E.; FERREIRA, M. S. Influências histórico-culturais nas representações sobre as estações do ano em livros didáticos de ciências. *Ciência e Educação*, v. 10, n.1, p. 101-110, 2004.

[139] SELLES, S. E.; FERREIRA, M. S. Analyzing experimentation in Brazilian science textbooks from a socio-historical approach. *Revista de Educacion de las Ciencias*, v. 11(1), p. 44-47, 2010.

[140] VASCONCELLOS, D. V.; GOMES, M. M.; FERREIRA, M. S.; SELLES, S. E. La fotosíntesis en libros didácticos de Ciencias: contribuciones para la formación docente. *Revista de la Facultad de Ciencia y Tecnologia*, v. extra, n. extra, p. 87-89, 2005.

[141] VASCONCELLOS, D. V.; GOMES, M. M.; FERREIRA, M. S.; SELLES, S. E. Libros didácticos en la formación de profesores de ciencias: comprendiendo las relaciones entre los saberes académicos y los saberes escolares. *Revista de la Facultad de Ciencia y Tecnologia*, v. 19, p. 32-43, 2006.

[142] AMORIM, A. C.; FERREIRA, M. S. Educação, estética e experiência: entre imagens, objetos e artefatos no ensino de Ciências. In: Carlos Vogt; Susana Dias; Simone Pallone; Germana Barata; Marta Kanashiro. (Org.). *Comunicação, Divulgação e Percepção de Ciência e Tecnologia (C&T)*. RJ: DePetrus, 2013, p. 129-140.

[143] FERREIRA, M. S.; VILELA, M. L.; CASSAB, M.; GOMES, M. M.; ABREU, T. B. Oficinas de formação inicial docente em Ciências Biológicas: uma experiência no Prodocência - UFRJ. In: Mariana Lima Vilela; Graça Regina Franco da Silva Reis; Carla Mendes Maciel. (Org.). *Formação docente, pesquisa e extensão no CAp UFRJ: entre tradições e invenções*. Rio de Janeiro: FGV e FAPERJ, 2014, p. 183-192.

2008[144]; Ferreira, Vilela & Selles, 2003[145]; Levy, Selles & Ferreira, 2008[146]; Selles & Ferreira, 2005[147] e 2009[148]), todas voltadas para a análise dos currículos de Ciências e Biologia.

Com essas parceiras e parceiros, que estão em diferentes universidades públicas do país, pude atuar em políticas voltadas para a melhoria do ensino de Ciências e Biologia, dentre as quais destaco a minha participação em três momentos no Programa Nacional do Livro Didático (PNLD 2014, 2016 e 2017): nos dois primeiros como avaliadora das coleções didáticas de Biologia e Ciências; no último integrando a equipe coordenada pela Profa. Denise de Freitas (UFSCar) como Assessora Pedagógica na avaliação das coleções didáticas de Biologia. Em tais parcerias, pude também organizar obras importantes e que se tornaram referência para a formação de professores das disciplinas escolares em ciências (Selles & Ferreira, 2003[149]) e, em particular, para o Ensino de Biologia (Selles *et al.*, 2005[150] e 2009[151]; Ferreira *et al.*, 2020[152]), uma área do conhecimento relativamente recente e que não possuía muitas publicações específicas no formato livro.

---

[144] FERREIRA, M. S.; SELLES, S. E. Entrelaçamentos históricos das Ciências Biológicas com a disciplina escolar Biologia: investigando a versão azul do BSCS. In: Marsílvio Gonçalves Pereira; Antonio Carlos Rodrigues de Amorim. (Org.). *Ensino de Biologia:* fios e desafios na construção de saberes. João Pessoa: Editora Universitária da UFPB, 2008, p. 37-61.

[145] FERREIRA, M. S.; VILELA, M. L.; SELLES, S. E. Formação docente em Ciências Biológicas: estabelecendo relações entre a prática de ensino e o contexto escolar. In: Sandra Escovedo Selles; Marcia Serra Ferreira. (Org.). *Formação Docente em Ciências:* memórias e práticas. Niterói: EDUFF, 2003, p. 29-46.

[146] LEVY, R. S.; SELLES, S. E.; FERREIRA, M. S. Examining the ambiguities of the human race concept in biology textbooks: tensions between knowledge and values expressed in school knowledge. In: Marcus Hamman; Michael Reiss; Carolyn Boulter; Sue Dale Tunnicliffe. (Org.). *Biology in Context:* Learning and teaching for the twenty-first century. Londres: Editora da Universidade de Londres, 2008, p. 338-346.

[147] SELLES, S. E.; FERREIRA, M. S. Disciplina escolar Biologia: entre a retórica unificadora e as questões sociais. In: Martha Marandino; Sandra Escovedo Selles; Marcia Serra Ferreira; Antonio Carlos Rodrigues de Amorim. (Org.). *Ensino de Biologia:* conhecimentos e valores em disputa. Niterói: EDUFF, 2005, p. 50-62.

[148] SELLES, S. E.; FERREIRA, M. S. Saberes docentes e disciplinas escolares na formação de professores em Ciências e Biologia. In: Sandra Escovedo Selles; Marcia Serra Ferreira; Marco Antonio Leandro Barzano; Elenita Pinheiro de Queiroz e Silva. (Org.). *Ensino de Biologia:* histórias, saberes e práticas formativas. Uberlândia: EDUFU, 2009, p. 49-69.

[149] SELLES, S. E.; FERREIRA, M. S. (Org.). *Formação Docente em Ciências:* memórias e práticas. Niterói: EDUFF, 2003. 176p.

[150] MARANDINO, M.; SELLES, S. E.; FERREIRA, M. S.; AMORIM, A. C. R. (Org.). *Ensino de Biologia:* conhecimentos e valores em disputa. Niterói: EDUFF, 2005. 208p.

[151] SELLES, S. E.; FERREIRA, M. S.; BARZANO, M. A. L.; SILVA, E. P. Q. (Org.). *Ensino de Biologia:* histórias, saberes e práticas formativas. Uberlândia: EDUFU, 2009. 308p.

[152] FERREIRA, M. S.; CHAVES, S.; AMORIM, A. C. R.; GASTAL, M. L. A.; BASTOS, S. N. D. (Org.). *Vidas que Ensinam o Ensino da Vida.* São Paulo: Editora Livraria da Física, 2020. 292p.

Ao participar ativamente da produção dessa *comunidade discipli-nar*, no sentido proposto por Ivor Goodson, fui convidada por Martha Marandino (USP), ao lado de Sandra Escovedo Selles (UFF), para a escrita da obra *Ensino de Biologia: histórias e práticas em diferentes espaços educativos*, livro que compõe a Coleção Docência em Formação, Série Ensino Médio (Editora Cortez)[153], coordenada por Antonio Joaquim Severino (USP) e Selma Garrido Pimenta (USP). Desde a sua publicação em 2009, essa obra constitui importante referência para a área, circulando ativamente tanto na formação de professores quanto na pós-graduação. Em 2011, ela foi selecionada, inclusive, para a distribuição em todo o país pelo Programa Nacional Biblioteca da Escola (PNBE) – Acervo do Professor.

Toda essa rica (e árdua) experiência até aqui narrada – a de me tornar pesquisadora no campo do Currículo na interface com a Educação em Ciências –, materializada nos projetos de pesquisa, financiamentos e produções em periódicos e livros, dá visibilidade ao modo como vim me constituindo uma professora universitária efetivamente *contagiada* pela pesquisa. É em meio a esse *contágio*, portanto, que na próxima seção apresento as minhas atividades de ensino e extensão, assumindo-as como indissociáveis entre si e profundamente associadas a esse meu encontro com a pesquisa.

ENTRELAÇANDO A PESQUISA COM O ENSINO E A EXTENSÃO UNIVERSITÁRIA

Como explicitado, minha relação com o ensino de Ciências e Biologia como área do conhecimento, assim como com a formação continuada de professores, teve início ainda na graduação como bolsista de Iniciação Científica do Setor Biologia do projeto de extensão então intitulado *Projeto Fundão: Desafio para a Universidade*. Nele, uma iniciativa pioneira na UFRJ – uma vez que foi o primeiro projeto de extensão cadastrado na instituição –, pude me constituir como professora de Ciências e Biologia e, simultaneamente, como formadora de professores na área. Afinal, depois de formada, permaneci atuando como *professora multiplicadora* desse mesmo projeto, que foi se tornando autônomo em

---

[153] MARANDINO, M.; SELLES, S. E.; FERREIRA, M. S. *Ensino de Biologia:* histórias e práticas em diferentes espaços educativos. São Paulo: Cortez, 2009. 215p.

relação aos demais setores e, a partir de meados dos anos de 1990, passou a ser conhecido como *Projeto Fundão Biologia*.

Em todo esse processo, tive a parceria da minha querida amiga e orientadora Maria Lucia Cardoso Vasconcellos, professora do Instituto de Biologia da UFRJ, além de poder conhecer inestimáveis profissionais que coordenavam os outros setores do *Projeto Fundão*, entre as quais destaco as professoras Deise Miranda Vianna (Física), Lucia Arruda de Albuquerque Tinoco (Matemática), Maria Laura Mouzinho Leite Lopes (Matemática) e Susana Lehrer de Souza Barros (Física). Com elas conheci antigos e preciosos materiais de ensino produzidos nos Estados Unidos no pós Segunda Guerra – tais como o *Physical Science Study Committee* (PSSC), o *Chemical Bond Approach* (CBA), o *Science Mathematics Study Group* (SMSG) e as três versões do *Biological Sciences Curriculum Studies* (BSCS) –, além de materiais brasileiros produzidos e disseminados pelos Centros de Ciências, que começaram a me inspirar nas reflexões acerca das histórias desses *ensinos de*. Naquele momento, em meu estágio com a professora Maria Lucia, pude participar da montagem da nossa sala ambiente sediada no Instituto de Biologia e, para realizar essa tarefa, percorria os sebos do Rio de Janeiro em busca desses antigos materiais.

Com essas mesmas professoras, participei de importantes eventos da área, assim como comemorei e atuei na organização de inúmeros aniversários do *Projeto Fundão*. Em um desses momentos, produzi um livro comemorativo dos nossos trinta anos de existência, um trabalho que realizei com seis bolsistas de extensão a partir de intensa pesquisa no acervo documental do *Projeto Fundão Biologia* (Ferreira *et al.*, 2013[154]). Com elas vivenciei as disputas pela criação de espaços institucionalizados para a Educação em Ciências e Matemática como áreas do conhecimento, o que me possibilitou vislumbrar uma carreira de professora da educação básica *contagiada* pela pesquisa e, praticamente uma década depois, migrar para a carreira universitária na FE/UFRJ.

Foi somente em 2006, no entanto, após a finalização de meu Doutorado, que passei a assumir formalmente a coordenação do *Projeto Fundão Biologia*, substituindo a professora Maria Lucia que, apesar de já

---

[154] FERREIRA, M. S.; SILVA, C. S. M.; SILVA, C. F. C.; SOUZA, M. L.; BEDA, M. A.; ALBUQUERQUE, V. M. L.; ALBUQUERQUE, V. M. L. *Projeto Fundão 30 anos. Biologia.* (Livro Comemorativo). Rio de Janeiro: Pró-Reitoria de Extensão da UFRJ, 2013.

aposentada há muitos anos, permanecia à frente dessa importante iniciativa. Foi nesse momento que criei, então, o subprojeto *Memória do ensino de Ciências na UFRJ: revitalização do acervo histórico do Projeto Fundão Biologia*, por meio do qual iniciei as minhas primeiras orientações de bolsistas de Iniciação Artística e Cultural (PIBIAC) e de extensão universitária (PIBEX), tendo orientado até agora 31 estudantes de graduação no *Projeto Fundão Biologia*. Desde então, venho dividindo essa coordenação com a professora Maria Margarida Gomes, que coordena desde 2007 o subprojeto *Materiais didáticos do Projeto Fundão Biologia – UFRJ: organização do acervo e de novas produções para o ensino de Ciências e Biologia*, do qual participo da equipe. Nesse movimento de coordenação e trabalho coletivo, também participo da equipe do subprojeto *As plantas e o ensino de Ciências e Biologia: uma experiência sensível na formação docente*, coordenado desde 2019 pela professora Juliana Marsico. Com elas e o professor Thiago Ranniery, vimos realizando ações coletivas na extensão universitária a partir das nossas experiências de pesquisa.

Nossas articulações entre a pesquisa e a extensão universitária vêm se materializando, desde 2008, em projetos de extensão e pesquisa financiados pela FAPERJ, alguns deles em parceria com o Colégio de Aplicação da UFRJ (CAp/UFRJ). São eles: *Integrando a Formação Inicial e Continuada de Professores de Ciências e Biologia na UFRJ*, coordenado pela Profa. Dra. Carla Mendes Maciel (CAp/UFRJ), entre 2008 e 2009 (Edital FAPERJ 10/2007. Programa Apoio à Melhoria do Ensino em Escolas da Rede Pública Sediadas no Estado do Rio de Janeiro – 2007); *Diversificando estratégias de Ensino de Ciências e Biologia no diálogo universidade-escola*, coordenado pela Profa. Dra. Mariana Lima Vilela (na ocasião professora do CAp/UFRJ), entre 2010 e 2012 (Edital FAPERJ 21/2010. Programa Apoio à Melhoria do Ensino em Escolas da Rede Pública Sediadas no Estado do Rio de Janeiro – 2010); *Dinamizando saberes na formação de professores de Ciências: materiais didáticos e atividades de ensino produzidos em encontros entre a Universidade e a Escola*, coordenado pela Profa. Dra. Maria Margarida Gomes (FE/UFRJ), entre 2013 e 2015 (Edital FAPERJ 34/2013. Programa Apoio à Melhoria do Ensino em Escolas da Rede Pública Sediadas no Estado do Rio de Janeiro – 2013); *Projeto Fundão Biologia - UFRJ: integrando escolas e universidade na dinamização dos currículos de Ciências no Rio de Janeiro*, coordenado por mim mesma a partir de 2022 (Edital FAPERJ E-45/2021. Programa Apoio à Melhoria do Ensino em Escolas da Rede Pública Sediadas no Estado do Rio de Janeiro – 2021. Processo E-26/201.711/2021). Em todos esses projetos, fomos produzindo ações extensionistas com professores e escolas das redes públicas de ensino *contagiadas* pelas nossas experiências de pesquisa no campo do Currículo.

No subprojeto *Memória do ensino de Ciências na UFRJ: revitalização do acervo histórico do Projeto Fundão Biologia*, como o próprio título indica, tenho me dedicado à duas frentes de trabalho: a organização e preservação do acervo histórico do Projeto Fundão Biologia, constituído por arquivos documental, iconográfico e de oficinas pedagógicas; a elaboração e realização de atividades de ensino e de materiais didáticos voltados para o ensino de Ciências e Biologia. Articulando essas duas frentes, a intenção tem sido a de utilizar os nossos acervos para refletir acerca da produção dessas atividades de ensino e materiais didáticos no tempo presente. No primeiro caso, tenho produzido artigos em coautoria (Albuquerque *et al.*, 2015[155]; Casariego, Silva & Ferreira, 2012[156], 2013[157] e 2014[158]; Fernandes & Ferreira, 2010[159]; Fernandes, Dantas & Ferreira, 2009[160]; Pereira, Gomes & Ferreira, 2010[161]; Silva *et al.*, 2012[162]) com

---

[155] ALBUQUERQUE, V. M. L.; ROSSETTO, A. P.; SAMPAIO, V. L. G.; ALBUQUERQUE, V. M. L.; FERREIRA, M. S. História do Currículo: investigando ações de formação continuada no âmbito do Projeto Fundão Biologia – UFRJ. In: *Atas do X ENPEC*. Belo Horizonte: ABRAPEC, 2015, p. 1-7.

[156] CASARIEGO, F. M.; SILVA, C. F. C.; FERREIRA, M. S. Investigando a influência do movimento renovador em oficinas pedagógicas do Projeto Fundão Biologia UFRJ. *REnBio*, v. 5, p. 1-8, 2012.

[157] CASARIEGO, F. M.; SILVA, C. F. C.; FERREIRA, M. S. Investigando decisões curriculares no âmbito do Projeto Fundão Biologia - UFRJ (1989-2012). In: *Atas do IX ENPEC*. BH: ABRAPEC, 2013, p. 1-8.

[158] CASARIEGO, F. M.; SILVA, C. F. C.; FERREIRA, M. S. Investigando decisões curriculares no âmbito do Projeto Fundão Biologia - UFRJ (1989-2012). In: Marco Antonio Leandro Barzano: José Artur Barroso Fernandes; Lana Cláudia de Souza Fonseca; Marilda Shuvartz. (Org.). *Ensino de Biologia*: experiências e contextos formativos. Goiânia: Índice Editora, 2014, p. 145-155.

[159] FERNANDES, K. O. B.; FERREIRA, M. S. Oficinas pedagógicas do Projeto Fundão Biologia - UFRJ: entre tradições curriculares no ensino de Ciências e Biologia. *REnBio*, v. 3, p. 3368-3375, 2010.

[160] FERNANDES, K. O. B.; DANTAS, B. S.; FERREIRA, M. S. Formação continuada de professores de Ciências e Biologia: investigando opções e tradições curriculares nas oficinas pedagógicas do Projeto Fundão Biologia – UFRJ (1989-2000). In: *Atas do VII ENPEC*. Florianópolis: ABRAPEC, 2009, p. 1-10.

[161] PEREIRA, M. C.; GOMES, M. M.; FERREIRA, M. S. Livros didáticos como fontes em estudos curriculares no ensino de Ciências e Biologia. *REnBio*, v. 3, p. 3037-3045, 2010.

[162] SILVA, C. F. C.; ALBUQUERQUE, V. M. L.; SILVA, C. S. M.; BEDA, M. A.; FERREIRA, M. S. Projeto Fundão Biologia (1983-2012): revitalização do acervo histórico e produção de estudos no campo do Currículo. *REnBio*, v. 5, p. 1-8, 2012.

orientandes interessados em historicizar a trajetória do *Projeto Fundão Biologia* em meio à constituição do Ensino de Ciências e Matemática como áreas do conhecimento e à emergência da extensão universitária na própria UFRJ. No segundo caso, temos produzido atividades de ensino e materiais didáticos sobre conhecimentos escolares variados, cujas escolhas têm levado em conta tanto os levantamentos e interesses dos bolsistas quanto as demandas de professores e escolas parceiras (Albuquerque *et al.*, 2014[163] e 2018[164]; Arnaud *et al.*, 2010[165]; SOUTO *et al.*, 2010[166]; SOUZA et al., 2014[167]; TELES *et al.*, 2018[168]). Em especial, temos utilizado a História do Currículo para produzir materiais didáticos que abordem a questão ambiental a partir do uso de mapas de regiões da cidade (Ferreira, Teles & Albuquerque, 2019[169]; Rossetto *et al.*, 2016[170]; Teles *et al.*, 2021[171]).

---

[163] ALBUQUERQUE, V. M. L.; ALBUQUERQUE, V. M. L.; SOUZA, M. L.; SILVA, C. S. M.; FERREIRA, M. S. Projeto Fundão Biologia UFRJ: produção de material didático para a abordagem da Ecologia no Ensino Fundamental. *REnBio*, v. 7, p. 5380-5387, 2014.

[164] ALBUQUERQUE, V. M. L.; TELES, E. A. P.; ROSSETTO, A. P.; MURRAY, M. C.; FERREIRA, M. S. Atividades de extensão no ensino de Ciências: relato de uma parceria entre escola e universidade. In: *Anais do VII ENEBIO & I EREBIO da Regional 6*. Belém: UFPA e SBEnBio, 2018, p. 1-7.

[165] ARNAUD, M. F. L.; CASTANHEIRA, P. S.; SOARES, P. S. P.; MACIEL, C. M.; FERREIRA, M. S. Currículo de Ciências e Biologia: disponibilizando materiais didáticos no sítio eletrônico do 'Projeto Fundão Biologia' – UFRJ, In: *Anais do V EREBIO da Regional 2 (RJ/ES)*. Vitória: UFES e SBEnBio, 2010, p. 1-7.

[166] SOUTO, C. S.; ALVARENGA, F. M.; ROQUETTE, D. A. G.; GOMES, M. M.; FERREIRA, M. S. Currículo de Ciências: apresentando a coleção didática de Zoologia do Projeto Fundão Biologia - UFRJ. *REnBio*, v. 3, p. 1235-1242, 2010.

[167] SOUZA, M. L.; ALBUQUERQUE, V. M. L.; ALBUQUERQUE, V. M. L.; SILVA, C. S. M.; WESSMAN, K.; FERREIRA, M. S. Currículo de Biologia: produção de material didático sobre o tema Cladograma no Projeto Fundão Biologia UFRJ. *REnBio*, v. 7, p. 5371-5379, 2014.

[168] TELES, E. A. P.; ALBUQUERQUE, V. M. L.; ROSSETTO, A. P.; MURRAY, M. C.; FERREIRA, M. S. Projeto Fundão Biologia: contribuições da extensão universitária para o ensino e a formação de professores. In: *Anais do VII ENEBIO & I EREBIO da Regional 6*. Belém: UFPA e SBEnBio, 2018.

[169] FERREIRA, M. S.; TELES, E. A. P.; ALBUQUERQUE, V. M. L. Projeto Fundão Biologia - UFRJ: reflexões sobre a produção e uso do material didático 'Um vôo pela Ilha do Governador'. In: *Anais do IX EREBIO da Regional 2 (RJ/ES)*. Rio de Janeiro: SBEnBio e MGSC Editora, 2019, p. 955-965.

[170] ROSSETTO, A. P.; THEBERGE, R. D.; ALBUQUERQUE, V. M. L.; SAMPAIO, V. L. G.; ALBUQUERQUE, V. M. L.; FERREIRA, M. S. Ilha do Fundão e Maré entendendo o passado para pensar o futuro: reflexões sobre a produção e uso de materiais didáticos na extensão universitária. *REnBio*, v. 9, p. 3615-3625, 2016.

[171] TELES, E. A. P.; SILVA, S. A.; ALBUQUERQUE, V. M. L.; SOUZA, L. R. P.; FERREIRA, M. S. Produzindo materiais didáticos para a abordagem de temáticas ambientais com o uso de mapas no Projeto Fundão Biologia – UFRJ. In: *Anais do VIII ENEBIO*. Fortaleza: SBEnBio e UECE, 2021, p. 4110-4119.

Algumas dessas ações foram formalmente reconhecidas por meio de nove premiações: duas de Melhor Trabalho (2014[172] e 2021[173]), seis Menções Honrosas (2011[174], 2015[175], 2016[176], 2017[177], 2018[178] e 2022[179]) e um Prêmio Fundação Universitária José Bonifácio (FUJB) de Extensão Universitária (2008[180]).

---

[172] Melhor trabalho na categoria Produção de Material Didático do 2º Congresso da Licenciatura em Biologia (CLicBio), em 2014, organizado pelo Centro de Ciências Biológicas da UFPE.

[173] Melhor Trabalho em Sessão de Apresentação do CFCH na XLII JICTAC 2020 - Edição Especial (2021), intitulado *História do Currículo como História do Presente: efeitos na produção e uso de materiais didáticos para o ensino de Ciências e Biologia*, de autoria dos bolsistas PROFAEX Atílio de Paiva Teles, Sareh Almeida da Silva, Valmiria Moura Leoncio de Albuquerque Gomes e Luiz Rodrigo Pereira de Souza.

[174] Menção Honrosa no 8º Congresso de Extensão da UFRJ (2011) para o trabalho *Integrando ações de formação inicial e continuada de professores por meio do sítio eletrônico do Projeto Fundão Biologia – UFRJ*, de autoria dos bolsistas PIBEX/UFRJ Marcos Felipe L. Arnaud, Pedro de S. Castanheira e Marion de A. Beda.

[175] Menção Honrosa na 6ª SIAC da UFRJ (2015) para o trabalho *Projeto Fundão Biologia – UFRJ: articulando ensino e pesquisa na extensão universitária*, de autoria dos bolsistas PROFAEX/UFRJ Vander Luiz Guimarães Sampaio, Aline Pirola Rossetto e Valquíria Moura Leôncio de Albuquerque.

[176] Menção Honrosa na 7ª Semana de Integração Acadêmica (SIAC) da UFRJ (2016) para o trabalho *Ilha do Fundão e Maré: reflexões sobre a produção e uso de material didático na extensão universitária*, de autoria dos bolsistas PROFAEX/UFRJ Aline Pirola Rossetto, Valquíria Moura L. de Albuquerque, Vander Luiz Guimarães Sampaio, Valmíria Moura L. de Albuquerque e a voluntária Raissa Theberge.

[177] Menção Honrosa na 8ª SIAC da UFRJ (2017) para o trabalho *Desenvolvendo uma parceria entre universidade e escola por meio da produção de atividades de ensino e de materiais didáticos sobre alimentação e meio ambiente*, de autoria dos bolsistas PROFAEX/UFRJ Valmíria Moura L. de Albuquerque, Valquíria Moura L. de Albuquerque, Vander Luiz G. Sampaio, Érico Atílio de P. Teles e Aline P. Rossetto.

[178] Menção Honrosa na 9ª SIAC da UFRJ (2018) para o trabalho *Projeto Fundão Biologia: contribuições da extensão universitária para o ensino e a formação de professores*, de autoria dos bolsistas PROFAEX/UFRJ Érico Atílio de Paiva Teles, Valmíria Moura Leoncio de Albuquerque Gomes e Aline Pirola Rossetto.

[179] Menção Honrosa na 11ª SIAC da UFRJ, em 2022, com o trabalho *Projeto Fundão Biologia - UFRJ: produção de materiais didáticos com o uso de mapas para a abordagem de questões ambientais nos currículos de Ciências e Biologia*, de autoria dos bolsistas PROFAEX/UFRJ Sareh Almeida da Silva, Valmíria Moura Leoncio de Albuquerque Gomes, Erico Atílio de Paiva Teles e Luiz Rodrigo Pereira de Souza.

[180] Prêmio FUJB de Extensão Universitária, concedido no 5º Congresso de Extensão da UFRJ (2008) para o trabalho *Projeto Fundão Biologia – UFRJ: ampliando as relações entre universidade e escolas da educação básica*, de autoria dos bolsistas PIBEX/UFRJ Marcos Felipe Loureiro Arnaud, Thaís Chaves Leiras dos Santos e Itajaci Rogério Araújo Amaral.

Também nas atividades de ensino, na graduação e na pós-graduação, minhas ações tem sido profundamente *contagiadas* pela pesquisa. No caso da graduação, atuando no curso de Pedagogia em disciplinas relacionadas ao ensino de Ciências e Currículo e, majoritariamente, no curso de Licenciatura em Ciências Biológicas, tenho me dedicado a trazer as teorizações curriculares para pensar o ensino das disciplinas escolares Ciências e Biologia. Nesse processo, a pesquisa vem alimentando o ensino – com uma constante incorporação do debate teórico nos currículos da formação inicial de professores – e, simultaneamente, o ensino vem alimentando a pesquisa ao produzir efeitos na produção de *novos* objetos de pesquisa. O livro já mencionado (Marandino, Selles & Ferreira, 2009), que foi escrito em coautoria com Martha Marandino (USP) e Sandra Escovedo Selles (UFF), é um efeito de todo esse processo, um material acadêmico que vem sendo utilizado em diversos cursos de graduação no país.

Esse envolvimento majoritário com a Licenciatura em Ciências Biológicas me constituiu, também, como orientadora na Iniciação Científica. Afinal, desde 2006, venho orientando estudantes de graduação desse curso em investigações focadas nos currículos da área, no ensino e na formação de professores. De lá para cá, estive envolvida na orientação de 14 estudantes que, durante a graduação, foram bolsistas no âmbito do Programa Institucional de Bolsas de Iniciação Científica (PIBIC/UFRJ), muitas das quais seguiram os estudos em nível de pós-graduação[181]. Todo esse processo resultou em um conjunto significativo de produções em anais de importantes eventos de pesquisa e ensino (Azeredo *et al.*, 2021[182];

---

[181] São elas: Aline Pereira de Azeredo (Mestranda em Educação - PPGE/UFRJ); Bianca Gonçalves Sousa (Doutora em Educação - PPGE/UFRJ); Daniela Fabrini Valla (Mestre em Educação - PPGE/UFRJ); Fernanda Etter Mota de Aquino (Mestre em Educação - PPGE/UFRJ); Florence Mendez Casariego (Doutoranda no PPG-MA/UERJ); Isabella Monteiro Souza da Costa (Mestranda em Educação - PPGE/UFRJ); Liliane Ramos da Fonseca (Mestre em Educação - NUTES/UFRJ); Mariana da Costa Lucas (Mestre em Educação - PPGE/UFRJ); Priscila Feitosa de Souza (Especialização em Ensino de Ciências e Biologia – Colégio Pedro II); Viviane Campos da Silva Nunes (Mestranda em Biologia Evolutiva e do Desenvolvimento – UL/Portugal).
[182] AZEREDO, A. P.; COSTA, I.; ASSIS, V.; FERREIRA, M. S. Discursos sobre os currículos de ciências em cursos pré-vestibulares sociais: investigando produções acadêmicas no ENPEC (1997-2019). In: *Anais do VIII ENEBIO*. Fortaleza: UECE e SBEnBio, 2021, p. 4027-4036.

Azeredo, Marsico & Ferreira, 2021[183]; Casariego, Lucas & Ferreira, 2011[184]; Casariego, Silva & Ferreira, 2013[185]; Costa *et al.*, 2021[186]; Costa & Ferreira, 2022[187]; Costa, Marsico & Ferreira, 2017[188];, 2021[189]; Fernandes *et al.*, 2021[190]; Ferreira, Sousa & Casariego Costa, Pereira & Ferreira, 2013[191]; Lucas, Sousa & Ferreira, 2012[192]; Lucas, Valla & Ferreira, 2011[193];

---

[183] AZEREDO, A. P.; MARSICO, J.; FERREIRA, M. S. Relações com currículo e história na Educação em Ciências: investigando produções no ENPEC (2019). In: *Atas do XIII ENPEC*. Caldas Novas: ABRAPEC, 2021, p. 1-8.

[184] CASARIEGO, F. M.; LUCAS, M. C.; FERREIRA, M. S. Panorama da produção acadêmica sobre formação de professores de Ciências (2000-2010): uma análise em periódicos nacionais. In: *Atas do VIII ENPEC & I Cong. Iberoamericano de Investigación de Enzeñanza de las Ciencias*. Campinas: ABRAPEC, 2011, p. 1-12.

[185] CASARIEGO, F. M.; SILVA, C. F. C.; FERREIRA, M. S. Investigando decisões curriculares no âmbito do Projeto Fundão Biologia - UFRJ (1989-2012). In: *Atas do IX ENPEC*. BH: ABRAPEC, 2013. p. 1-8.

[186] COSTA, I.; PEREIRA, B.; MARSICO, J.; FERREIRA, M. S. O ensino de Biologia na Base Nacional Comum Curricular do ensino médio: a área de Ciências da Natureza e suas Tecnologias. In: *Anais do VIII ENEBIO*. Fortaleza: UECE e SBEnBio, 2021, p. 3681-3689.

[187] COSTA, I.; FERREIRA, M. S. Redenção no ensino de temática Drogas nos currículos de Ciências e Biologia: uma abordagem discursiva. In: *Anais do VII ENECiências*. RJ: MGSC, 2022, p. 1-10 (*no prelo*).

[188] COSTA, I.; MARSICO, J.; FERREIRA, M. S. Sentidos de currículo no Ensino de Ciências e Biologia: análise em periódicos qualificados (2011-2016). In: *Anais do VIII EREBIO RJ/ES*. RJ: SBEnBio, 2017, p. 1-11.

[189] COSTA, I.; PEREIRA, B.; FERREIRA, M. S. Significando a temática drogas nos currículos de Ciências e Biologia: análise no ENEBIO (2005-2018). In: *Atas do XIII ENPEC*. Caldas Novas: ABRAPEC, 2021, p. 1-8.

[190] FERNANDES, Y. V. X.; QUEIROZ, R. A.; MARSICO, J.; FERREIRA, M. S. Construção de subjetividades discentes na EJA: uma análise dos conteúdos de Ciências. In: *Atas do XIII ENPEC*. Caldas Novas: ABRAPEC, 2021, p. 1-8.

[191] FERREIRA, M. S.; SOUSA, B. G.; CASARIEGO, F. M. História do Currículo: investigando a formação inicial de professores nas Ciências Biológicas em instituições no estado do Rio de Janeiro. In: *Atas do IX ENPEC*. Belo Horizonte: ABRAPEC, 2013. p. 1-7.

[192] LUCAS, M. C.; SOUSA, B. G.; FERREIRA, M. S. Currículo e Formação Continuada de professores no CECIGUA: entre a História Natural e as Ciências Biológicas. In: *Anais do VI EREBIO RJ/ES*. Rio de Janeiro: SBEnBio RJ/ES, 2012. p. 1-8.

[193] LUCAS, M. C.; VALLA, D. F.; FERREIRA, M. S. Tradições curriculares na formação de professores em Ciências e Biologia: o caso do CECIGUA nos anos de 1960/70. In: *Atas do VIII*

Marsico et al., 2018[194]; Nunes et al., 2019[195]; Pereira, Fernandes & Ferreira, 2022[196]; Souza et al., 2015[197]; Valla et al., 2010[198]; Valla & Ferreira, 2007a[199], 2007b[200] e 2007c[201]; Valla, Lucas & Ferreira, 2009[202]). Ele resultou, também, em publicações em periódicos (Casariego, Silva & Ferreira,

ENPEC & I Congreso Iberoamericano de Investigación de Enzeñanza de las Ciencias. Campinas: ABRAPEC, 2011, p. 1-12.

[194] MARSICO, J.; COSTA, I.; NUNES, V.; FERREIRA, M. S. Sentidos de currículo e formação de professores no contexto da Educação de Jovens e Adultos: análise em produções acadêmicas do ENPEC (1997-2017). In: Anais do VII ENEBIO & I EREBIO da Regional 6 da SBEnBio. Belém: UFPA e SBEnBio, 2018. p. 1-8.

[195] NUNES, V.; COSTA, I.; MARSICO, J.; FERREIRA, M. S. A experimentação no currículo: relações entre teoria e prática nas produções acadêmicas do ENPEC (1997-2017). Anais do XII ENPEC. Natal: ABRAPEC, 2019.

[196] PEREIRA, T. A. F.; FERNANDES, Y. V. X.; FERREIRA, M. S. Currículo e Ensino de Ciências: quais diálogos em produções acadêmicas? In: Anais do ENECiências. Rio de Janeiro: MGSC, 2022. p. 1-7 (no prelo).

[197] SOUZA, P. F.; FONSECA, L. R.; ETTER, F.; SANTOS, A. V. F.; FERREIRA, M. S. Prática como Componente Curricular: entre tradições e novidades no currículo da formação de professores nas Ciências Biológicas. In: Atas do X ENPEC. Águas de Lindóia: ABRAPEC, 2015, p. 1-8.

[198] VALLA, D. F.; ROQUETTE, D. A. G.; GOMES, M. M.; FERREIRA, M. S. Inovações curriculares e o ensino da disciplina escolar Ciências nos anos de 1950/70. In: Anais do XV ENDIPE. BH: UFMG, 2010, p. 1-12.

[199] VALLA, D. F.; FERREIRA, M. S. Currículo de Ciências: investigando retóricas sobre a Ciência e seu ensino nos anos de 1960/70. In: Anais do IV EREBIO RJ/ES. RJ: UFRRJ e SBEnBio RJ/ES, 2007a, p. 1-8.

[200] VALLA, D. F.; FERREIRA, M. S. Investigando o Centro de Ciências do Estado da Guanabara e suas retóricas nos anos de 1960/70. In: Anais do VI ENPEC. Belo Horizonte: ABRAPEC, 2007b, p. 1-9.

[201] VALLA, D. F.; FERREIRA, M. S. O Centro de Ciências do Estado da Guanabara e as iniciativas curriculares inovadoras dos anos de 1960. In: Anais do II Encontro Nacional de Ensino de Biologia & I Encontro Regional de Ensino de Biologia da Regional 4 (MG/DF/GO/TO). São Paulo: SBEnBio, 2007c, p. 1-7.

[202] VALLA, D. F.; LUCAS, M. C.; FERREIRA, M. S. A experimentação didática nas ações dos Centros de Ciências brasileiros: investigando inovações curriculares nos anos de 1960/70. In: Anais do IX Congresso Iberoamericano de História da Educação Latino-americana. Rio de Janeiro: SBHE e UERJ, 2009. p. 1-10.

2012[203]; Costa, Marsico & Ferreira, 2016[204]; Etter *et al.*, 2014[205]; Fonseca *et al.*, 2014[206]; Lucas, Valla & Ferreira, 2010[207]; SOUSA, Lucas & Ferreira, 2012[208]; Souza, Santos & Ferreira, 2016[209]) e em capítulos (Casariego, Silva & Ferreira, 2014[210]; Ferreira et al., 2017[211]; Lucas, Valla & Ferreira, 2014[212]), o que pôde inserir as estudantes/autoras no campo do Currículo e do Ensino de Ciências/Biologia.

---

[203] CASARIEGO, F. M.; SILVA, C. F. C.; FERREIRA, M. S. Investigando a influência do movimento renovador em oficinas pedagógicas do Projeto Fundão Biologia UFRJ. *REnBio*, v. 5, p. 1-8, 2012.

[204] COSTA, I.; MARSICO, J.; FERREIRA, M. S. Significando a reforma curricular no Ensino de Biologia: análise de produções acadêmicas no ENPEC (2011-2015). *REnBio*, v. 9, p. 3626-3637, 2016.

[205] ETTER, F.; ALVES, L. L.; FERREIRA, M. S.; GOMES, M. M. Sentidos de sexualidade em produções acadêmicas: investigando os anais dos Encontros Nacionais de Ensino de Biologia (2005-2012). *REnBio*, v. 7, p. 2085-2096, 2014.

[206] FONSECA, L. R.; SOUZA, P. F.; ETTER, F.; FERREIRA, M. S. Investigando sentidos de prática nos Encontros Nacionais de Ensino de Biologia (2005-2012): contribuições para o debate na formação de professores. *REnBio*, v. 7, p. 2097-2109, 2014.

[207] LUCAS, M. C.; VALLA, D. F.; FERREIRA, M. S. Investigando as ações curriculares em Ciências e Biologiado Centro de Ciências da Guanabara, RJ, nos anos de 1960/70. *REnBio*, v. 3, p. 1841-1848, 2010.

[208] SOUSA, B. G.; LUCAS, M. C.; FERREIRA, M. S. Sentidos do bom ensino de Ciências em ações do CECIGUA: entre velhas e novas tradições curriculares. *REnBio*, v. 5, p. 1-7, 2012.

[209] SOUZA, P. F.; SANTOS, A. V. F.; FERREIRA, M. S. Sentidos de currículo na área de Ensino de Biologia: um olhar para as produções acadêmicas do V ENEBIO (2014). *REnBio*, v. 9, p. 4524-4533, 2016.

[210] CASARIEGO, F. M.; SILVA, C. F. C.; FERREIRA, M. S. Investigando decisões curriculares no âmbito do Projeto Fundão Biologia - UFRJ (1989-2012). In: Marco Antonio Leandro Barzano; José Artur Barroso Fernandes; Lana Cláudia de Souza Fonseca; Marilda Shuvartz. (Org.). *Ensino de Biologia*: experiências e contextos formativos. Goiânia: Índice Editora, 2014, p. 145-155.

[211] FERREIRA, M. S.; SOUZA, P. F.; FONSECA, L. R.; ETTER, F.; SANTOS, A. V. F. Reformas curriculares do/no tempo presente: investigando a Prática como Componente Curricular na Licenciatura em Ciências Biológicas. In: Adriana Mohr; Hamilton de Godoy Wielewicki. (Org.). *Prática como Componente Curricular*: que novidade é essa 15 anos depois? Florianópolis: NUP/CED/UFSC, 2017, p. 39-57.

[212] LUCAS, M. C.; VALLA, D. F.; FERREIRA, M. S. Currículo de Ciências e Biologia: investigando a experimentação didática no CECIGUA (1960/70). In: Eduardo José Cezari; Gecilane

Em tal movimento, assim como na extensão universitária, tenho colocado a escrita acadêmica como parte importante da formação inicial de professores. Sigo nesse movimento orientando, atualmente, 3 estudantes de graduação na Iniciação Científica: uma (1) no PIBIC/CNPq; dois (2) no já mencionado *Projeto Fundão Biologia - UFRJ: integrando escolas e universidade na dinamização dos currículos de Ciências no Rio de Janeiro* (Edital FAPERJ E-45/2021. Programa Apoio à Melhoria do Ensino em Escolas da Rede Pública Sediadas no Estado do Rio de Janeiro – 2021. Processo E-26/ 201. 711/2021). Além disso, tanto nesse projeto quanto no também já mencionado projeto de pesquisa *A relação teoria-prática nos currículos da formação de professores de Ciências e Biologia: investigando processos alquímicos no tempo presente* (Chamada CNPq/MCTI/FNDCT Nº 18/2021. Faixa B – Grupos Consolidados. Universal 2021. Processo 407967/2021-4), sou a coordenadora responsável por mais oito (8) bolsas de Iniciação Científica (6 da Faperj e 2 do CNPq) que estão sendo orientadas pelas professoras Maria Margarida Gomes (UFRJ) e Juliana Marsico (UFRJ), parceiras em ambos os projetos, e pelo professor Ricardo Arturo Guerra Fuentes (UFPA), parceiro no projeto financiado pelo CNPq.

Do ponto de vista da pós-graduação, minhas atividades de ensino têm ocorrido tanto no curso de Especialização Saberes e Práticas na Educação Básica (CESPEB), que é ofertado desde 2008 para professores da educação básica pela Faculdade de Educação em parceria com o Colégio de Aplicação da UFRJ, quanto em dois programas *stricto sensu*: desde 2006 no Programa de Pós-Graduação em Educação (PPGE), atuando nos cursos de Mestrado e Doutorado; desde 2017 no Mestrado Profissional em Ensino de Biologia em Rede Nacional (PROFBio), que é oferecido na UFRJ por docentes do Instituto de Biologia (IB) e outros institutos do Centro de Ciências da Saúde, da Faculdade de Educação e do Colégio de Aplicação. No primeiro caso, tenho ministrado nas diversas ênfases do curso a disciplina *Teorias de Currículo*, assim como disciplinas específicas da ênfase nomeada *Ensino de Ciências e Biologia*, além da orientação do trabalho final de curso de 8 estudantes/professores da educação básica (7 concluídos e 1 em andamento). No segundo caso, tenho também ofertado

Ferreira. (Org.). *Políticas curriculares, formação de professores e práticas pedagógicas em Ciências Naturais*. Palmas: EDUFT, 2014, p. 91-120.

disciplinas obrigatórias e eletivas em ambos os programas, tendo atuado, até o momento, na formação de 26 mestres (21 concluídos e 5 em andamento) e 21 doutores (13 concluídos e 8 em andamento).

Toda essa intensa experiência no ensino e na extensão universitária, *contagiadas* pela pesquisa nos planejamentos das aulas na graduação e na pós-graduação, nas atividades de orientação e no exercício coletivo da escrita acadêmica, torna visível (e produz) o modo como vim me constituindo nesses vinte e cinco anos de atuação profissional na UFRJ. Neles, pude vir conhecendo a instituição também por meio de uma série de posições que vim ocupando além das já explicitadas de professora, orientadora e pesquisadora. É sobre essas outras posições que passo a discorrer na próxima seção.

CONHECENDO A UFRJ EM OUTRAS POSIÇÕES DE SUJEITO: SOBRE A GESTÃO UNIVERSITÁRIA

O meu ingresso como docente na UFRJ, em 15 de outubro de 1997, após quase dez anos de atuação na educação básica, produziu um importante deslocamento da escola e do ensino para a universidade e a formação inicial de professores. Ainda que, como já anteriormente mencionado, eu tenha mantido vínculos com o *Projeto Fundão Biologia* e com a formação continuada desde a minha própria graduação, eu atuava da posição (e com a experiência) de professora de Ciências e Biologia, e não de uma professora universitária efetivamente *contagiada* pela pesquisa. A ocupação dessa nova posição de sujeito – a de professora universitária – me transformou completamente, abrindo caminhos antes impensáveis no ensino, pesquisa e extensão, mas também na gestão universitária.

Como ingressei na carreira como Professora Assistente, minha primeira experiência na gestão universitária ocorreu como representante eleita dessa categoria na Colenda Congregação. Esse foi um tempo de muito aprendizado sobre a Faculdade de Educação e a UFRJ, me possibilitando entender o papel e a importância dos Órgãos Colegiados na gestão do espaço público. Com tal entendimento, após o meu doutoramento fui eleita por duas vezes como conselheira do Conselho de Ensino de Graduação (CEG), nesse momento como representante titular dos Professores Adjuntos do Centro de Filosofia e Ciências Humanas, tenho atuado de outubro de 2005 a julho de 2011. Nesse período, fui indicada por este mesmo Conselho para a Presidência da Comissão Permanente de Licenciaturas (CPL) da instituição, tendo atuado nesse cargo entre setembro de 2006 e fevereiro de 2011. Foi nele também que atuei como Coordenadora Institucional do Programa de Consolidação das Licenciaturas (PRODOCÊNCIA) na UFRJ, tendo exercido essa função entre 2007 e 2010 com o Projeto *A formação docente na UFRJ: espaço de diálogo entre saberes*. Nesse período, além de atuar na Coordenação institucional, tive participação ativa nas atividades que envolveram a Licenciatura em Ciências Biológicas (FERREIRA *et al.*, 2010[213] e 2014[214]). Esse foi certamente um tempo de grande aprendizado sobre as especificidades de cada uma das unidades acadêmicas que oferta curso de Licenciatura na instituição, com foco nas histórias dos cursos e das relações que vieram se estabelecendo com a Faculdade de Educação, que oferta a formação pedagógica de todos eles. Tal experiência foi obviamente vivenciada com o *olhar* da História do Currículo, o que me permitiu atuar também na gestão universitária *contagiada* pela pesquisa.

Além de atuar nos órgãos colegiados da UFRJ já mencionados e em uma série de comissões de caráter temporário, na Faculdade de Educação, especificamente, pude atuar como substituta eventual da Chefia do Departamento de Didática, como Coordenadora da Central de Estágios (maio de 2005 a agosto de 2006)[215], como Coordenadora de Licenciaturas (janeiro a novembro de 2008)[216] e como Vice-Diretora eleita entre janeiro

---

[213] FERREIRA, M. S.; VILELA, M. L.; CASSAB, M.; GOMES, M. M.; ABREU, T. B. Oficinas de formação inicial docente em Ciências e Biologia: uma experiência no 'PRODOCÊNCIA' – UFRJ. In: *Anais do V EREBIO da Regional 2 (RJ/ES)*. Vitória: UFES e SBEnBio RJ/ES, 2010, p. 1-7.

[214] FERREIRA, M. S.; VILELA, M. L.; CASSAB, M.; GOMES, M. M.; ABREU, T. B. Oficinas de formação inicial docente em Ciências Biológicas: uma experiência no Prodocência - UFRJ. In: Mariana Lima Vilela; Graça Regina Franco da Silva Reis; Carla Mendes Maciel. (Org.). *Formação docente, pesquisa e extensão no CAp UFRJ: entre tradições e invenções*. Rio de Janeiro: FGV e FAPERJ, 2014, p. 183-192.

[215] Designada pela Portaria 06 de 20/05/2005 e dispensada, a pedido, pela Portaria 02 de 28/08/2006.

[216] Designada pela Portaria 145 de 21/01/2008 e dispensada, a pedido, pela Portaria 3428 de 17/11/2008.

de 2008 e julho de 2011[217]. Em particular, nesse período em que atuei, simultaneamente, na gestão da Faculdade de Educação e como Conselheira do CEG, tive papel ativo, ao lado da então Diretora Ana Maria Monteiro, na reconstrução do nosso quadro docente em meio ao Programa de Apoio a Planos de Reestruturação e Expansão das Universidades Federais (Reuni). Foram tempos de muito aprendizado sobre como negociar, interna e externamente, as vagas de que precisávamos tanto para recompor o insuficiente quadro docente então existente quanto para participar da ampliação dos cursos e vagas discentes nas diversas Licenciaturas da UFRJ.

Todas essas experiências foram adensando, portanto, o meu conhecimento sobre as articulações da Faculdade de Educação com a Reitoria e as demais unidades acadêmicas envolvidas na formação de professores, assim como com as escolas das redes públicas de ensino. Elas foram me constituindo como uma professora/ pesquisadora centralmente interessada em perceber tais articulações em meio às relações entre conhecimento e poder que vieram produzindo, historicamente, a formação de professores no país. Nesse processo, fui me distanciando das explicações que binarizam teoria e prática, Bacharelado e Licenciatura, Institutos de ingresso dos estudantes e Faculdade de Educação, apostando na construção de relações institucionais que permitissem a abertura de diálogos outros em meio às disputas e às assimetrias de poder.

Talvez por isso, ao final do nosso mandato na direção da Faculdade de Educação, tive o meu nome sugerido por Ana Maria Monteiro para ocupar a Superintendência Acadêmica de Pós-Graduação da Pró-Reitoria de Pós-Graduação e Pesquisa (PR2)[218]. O convite foi feito, então, pela Profa. Dra. Debora Foguel, que assumiu essa Pró-Reitoria entre julho de 2011 e julho de 2015 e com quem tive o enorme prazer de trabalhar, aprendendo com essa pesquisadora ainda mais sobre a instituição e sobre a centralidade do fazer pesquisa nas diversas áreas do conhecimento. Nesta Superintendência, pude ampliar enormemente o meu conhecimento sobre a UFRJ e sobre o Sistema Nacional de Pós-Graduação,

---

[217] Designada pela Portaria 3560, de 20 de dezembro de 2007 e exonerada, a pedido, pela Portaria n. 5966, de 29 de agosto de 2011.
[218] Designada pela Portaria 4886 de 19/07/2011 e exonerada pela Portaria 5846 de 11/08/2015.

o que certamente me qualificou ainda mais para a participação em avaliações trienais (2010 e 2013) na Coordenação de Aperfeiçoamento de Pessoal de Nível Superior (CAPES) e como Representante da Área de Educação na Fundação de Amparo à Pesquisa do Estado do Rio de Janeiro (FAPERJ), entre agosto de 2012 e julho de 2018, ao lado da Profa. Dra. Elizabeth Macedo (UERJ). Tal experiência também me foi de grande valia ao assumir, após o meu retorno do pós-doutoramento na UW-Madison, a Coordenação do Programa de Pós-Graduação em Educação (PPGE), o que ocorreu entre abril de 2018 e setembro de 2021[219].

Além dessa experiência ímpar na Superintendência Acadêmica de Pós-Graduação, minha gestão à frente do PPGE pode contar com todo o envolvimento que tive, em coordenações anteriores, em uma série de comissões acadêmicas[220] e na escrita dos relatórios de diversas avaliações trienais, participando ativamente da melhoria do desempenho do Programa nas mesmas. Em tal movimento, assumi a Coordenação de um Programa que tinha acabado de ser avaliado com nota seis, tendo que aprender a lidar com as novas demandas impostas por tal condição, inclusive com a gestão financeira dos recursos advindos do Programa de Excelência Acadêmica da Coordenação de Aperfeiçoamento de Pessoal de Nível Superior (PROEX/CAPES). Nessa posição, pude participar ativamente da ampliação de cotas no Programa, acompanhando os efeitos da mesma na democratização da pós-graduação em Educação. Além disso, tive que lidar com os efeitos da Pandemia da Covid-19 em todas as rotinas do Programa, o que produziu uma série de novos desafios nesse caminhar da gestão universitária.

---

[219] Designada pela Portaria 3.880 de 25/04/2018 e dispensada pela Portaria 7.614 de 28/09/2021.
[220] Refiro-me, principalmente, à Comissão de Credenciamento e Recredenciamento Docente, à Comissão de Ingresso Discente nos Cursos de Mestrado e Doutorado e à Comissão Deliberativa do Programa.

ENFIM, O QUE MAIS DIZER SOBRE ESSES VINTE E CINCO ANOS DE DOCÊNCIA NA UFRJ?

Chego aqui profundamente afetada pelo rememorar dos acontecimentos que deram forma a esse memorial. Coloco um ponto final nele de forma absolutamente arbitrária, pois cada acontecimento narrado pôde me remeter a vários outros, muitos dos quais só ganharam a devida importância na medida em que fui produzindo esse texto. Assim, sem qualquer expectativa de totalidade ou de correspondência direta com *uma* realidade, assumo o quanto fui me constituindo também na produção dessa narrativa.

Nesse ponto final, não poderia deixar de mais uma vez destacar o efeito da UFRJ em quem eu pude me tornar. Afinal, vinda de uma família na qual pai e mãe sonhavam com um ensino superior público para os filhos, apesar de ambos não terem tido tal experiência em suas vidas, não me imaginava professora universitária. Foram esses vinte e cinco anos, portanto, aqui brevemente narrados, que me aguçaram a imaginação, possibilitando a construção de um percurso profissional no qual, quanto mais eu vim aprendendo a fazer pesquisa, mais a pesquisa pôde fazer parte de quem eu sou, *contagiando* o meu modo de atuar no ensino, na extensão e na gestão universitária. Em todo esse processo, como aqui narrado, pude contar com a parceria, a experiência e o afeto de grandes profissionais, dentro e fora da UFRJ. No contato com cada uma dessas pessoas, pude produzir quem eu desejei (e desejo) ser pessoal e profissionalmente e que universidade eu desejei (e desejo) ajudar a construir nesse país tão desigual e excludente. Termino esse memorial feliz com o resultado, apostando ainda mais na potência da carreira universitária na produção de outros mundos possíveis.

MARCUS VINICIUS DA SILVA PEREIRA

Instituto Federal de Educação, Ciência e Tecnologia do Rio de Janeiro

**INSTITUTO
FEDERAL**
Rio de Janeiro

Instituto Federal de Educação, Ciência e Tecnologia do Rio de Janeiro

Memorial para Promoção à Classe de Professor Titular da Carreira de Magistério do Ensino Básico, Técnico e Tecnológico

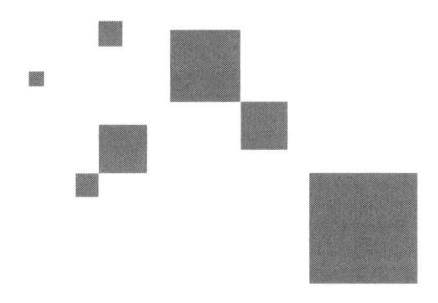

Novembro | 2021

O presente memorial visa atender às exigências legais para promoção ao cargo de Professor Titular conforme a Lei nº 12.772/2012 e a Resolução do Conselho Superior nº 11/2014 do Instituto Federal do Rio de Janeiro (IFRJ), e representa meu exercício profissional como Professor do Ensino Básico, Técnico e Tecnológico dessa instituição desde 2006. Antes disso, desde 1999, já ao me graduar na Licenciatura em Física pela Universidade Federal do Rio de Janeiro (UFRJ), ingressei como professor da rede estadual do Rio de Janeiro, fazendo com que meus primeiros sete anos de docência se dessem exclusivamente na educação básica na rede estadual, bem como na rede privada. Esse percurso faz com que eu tenha, hoje, 44 anos de idade e 22 anos de atuação como professor na educação pública, que se emaranha a minha carreira como pesquisador, constituída a partir do campo da prática, e que buscarei apresentar neste memorial, sem qualquer separação da minha vida pessoal.

Em qualquer contexto de apresentação, escrito ou oral, presencial ou virtual (cada vez mais virtual desde 2020 em decorrência das experiências remotas postas pelas limitações da pandemia de Covid-19), é preciso se posicionar, lamentar e não esquecer que, oficialmente, já são quase 600 mil vidas brasileiras perdidas (assumo a posição de utilizar sempre o gênero feminino ao me referir à terceira pessoa do singular ou plural, me referindo à pessoa, à vida humana). Trata-se de um ato de registro na tentativa de resgatarmos a essência da humanidade, de não nos embrutecermos, e de, mais do que nunca, maximizarmos a empatia. Em meus 44 anos de idade, não imaginava que viveria uma pandemia dessa magnitude, ainda que nunca tenha me furtado de vislumbrar essa possibilidade, seja pelo conhecimento científico adquirido ao longo de minhas formações, seja por ser casado há 17 anos com um biólogo, em uma trajetória, de alguma forma, sempre próxima da Educação Profissional e Tecnológica (EPT).

Na minha infância, pobre, estudante de escola municipal de um bairro do subúrbio carioca, localizada na subida de um morro, durante todo o ensino fundamental (antigo primeiro grau, composto por 8 anos divididos igualmente em primário e ginásio) e filho de mãe solo, ousava me sonhar projetando navios como um engenheiro naval, ainda que tivesse apenas 13 anos ao finalizar essa etapa de escolarização e nenhum navio ou mesmo mar existisse nas imediações do meu bairro. Nessa época, ao ingressar na escola pública como uma criança de 6 anos e já alfabetizada, foi sugerido que eu "pulasse" algumas séries por estar mais "adiantado" que as demais estudantes da mesma turma, com a vantagem de não ficar para trás, o que foi acatado pela minha mãe e avó (quem cuidava de mim enquanto mamãe trabalhava durante todo o dia). Foi também nessa época, no final da década de 1980, que me tornei fã da música pop norte-americana, em especial da Madonna, a quem brinco atribuir o papel de minha professora de inglês, já que aprendi a pronúncia dessa língua, ainda que sem entende a maior parte, através dos encartes de seus discos que continham as letras das músicas (a limitação financeira da família me permitia comprar alguns discos – Madonna e trilhas de novela, mas que não continham as letras, o que me fez em breve descobrir revistas de letras de música (original e tradução). Isso explica, um pouco, o porquê de um "jovem quarentão" já estar vivenciando a fase de promoção a professor titular.

Em outra fase, desenhava plantas baixas copiadas de revistas de arquitetura vendidas em bancas de jornal e me imaginava arquiteto ou engenheiro civil, o que me levou a ser, aos 13 anos de idade, imaturo, sem nunca sequer ter pego um ônibus sozinho, estudante da educação profissional técnica de nível médio em um curso de edificações na Escola Técnica Estadual Ferreira Viana, vinculada à Fundação de Apoio à Escola Técnica do Estado do Rio de Janeiro (Faetec). Paralelamente ao ensino médio técnico (antigo segundo grau), "trabalhei" como professor particular para vizinhos do bairro, ensinando matemática, português e ciências em nível fundamental. Importante destacar que essa "profissionalização" de professor particular, com direito a uma pequena placa no portão da casa do subúrbio carioca, teve origem na brincadeira de escola com minhas familiares de idade inferior à minha, e que se tornou uma experiência inesquecível quando alfabetizei duas primas-irmãs, e que, depois de mim, foram as primeiras pessoas a terem graduação – ambas enfermeiras.

Ainda na escola técnica, no final do terceiro ano, com recém completados 16 anos de idade, estagiei em uma construtora responsável por projetos estruturais, quando tive a oportunidade de vivenciar a física aplicada a situações reais por meio de cálculos de dimensionamento de materiais para a construção de pilares, vigas e lajes. Essa primeira experiência formal de trabalho (ainda que como estágio) definiu a escolha do curso de licenciatura no vestibular em vez de engenharia ou arquitetura

– queria trabalhar com a formação de pessoas e não enclausurado em um escritório.

A licenciatura estava definida, mas não a disciplina, que poderia ser Língua Portuguesa, Matemática ou Física. Ambas essas atuações "profissionais" precoces se configuraram como experiências que selaram minha decisão pela Física, escolhida em função de minha facilidade com cálculos e ela ser uma ciência da natureza com inúmeras aplicações na vida real - sempre rechaço as pessoas que insistem em colocar a Física no lugar das ciências exatas em vez de ciências da natureza. Prestei o vestibular para as três universidades públicas de renome no Rio de Janeiro – Universidade Federal do Rio de Janeiro (UFRJ), Universidade do Estado do Rio de Janeiro (UERJ) e Universidade Federal Fluminense (UFF) – e passei para todas (não é tão difícil ser aprovado no vestibular para a Física). Minha opção foi pela UFRJ por alguns motivos: era a universidade de maior renome, sendo uma das melhores do país, era a mais próxima da minha casa (ainda que nessa época não existisse a via expressa Linha Amarela, que não faria qualquer diferença pois não tinha carro e nem poderia ter aos meus 16 a 17 anos) e, principalmente, era a única em que o curso era ofertado no turno da noite. A UFRJ iniciou um movimento, no início da década de 1990, de migração dos cursos de licenciatura para o turno da noite, bem como de reforma curricular, se afastando dos tradicionais modelos de oferta 2+2 ou 3+1.

Iniciei a graduação em 1995 em um currículo com disciplinas da área de Física e da Educação ofertadas de forma "integrada" desde o início do curso. Também, neste currículo, a Física universitária envolvendo cálculo diferencial e integral iniciava apenas no segundo período, após a oferta de Cálculo I no primeiro período, quando a disciplina Introdução à Física, de abertura do curso, foi ministrada pela Professora Susana Lehrer de Souza Barros (*in memoriam*), uma senhora de pouco mais de 60 anos, dedicada à disciplina e a seus estudantes e que, claramente, não era nascida no Brasil por seu sotaque carregado da língua espanhola. Desde o início da minha graduação já me imaginava docente da EPT, por opção, reconhecendo a importância da formação técnica que tive no curso de edificações integrado ao ensino médio, e isso aconteceu seis anos depois de atuar como docente da rede pública e privada do Rio de Janeiro. Mas, antes, é importante trazer minha história universitária.

No segundo ano da licenciatura, me tornei monitor acadêmico da disciplina Introdução à Física, quando me aproximei da Professora Susana ao acompanhá-la nas aulas, colaborar na correção de tarefas das estudantes e trocar experiências e histórias de vida. Foi nessa época que iniciamos uma amizade que durou 15 anos até o seu falecimento em 2011. Mais do que a monitoria, frequentar a sala de Susana era uma experiência única, pois lá encontrava-se um laboratório de ensino, com kits e materiais elaborados lá, algo que não tinha ideia. Para mim, como egresso da rede pública municipal, os materiais didáticos eram algo que vinha pronto de editoras, e, às professoras, restava pouca autonomia sobre eles, sendo sua maestria o ato de ensinar em si. Que visão ingênua!

Em meio à minha relação com o Ensino de Física, durante a graduação, me inscrevi para atuar como bolsista de iniciação científica na área de Biofísica no Centro Brasileiro de Pesquisas Físicas (CBPF), órgão de pesquisa vinculado ao Ministério da Ciência e Tecnologia e Inovação (MCTI), e na área de Ensino de Ciências (por mais que na época nem soubesse que essa área existia) no Núcleo de Tecnologia Educacional para a Saúde (Nutes) da UFRJ (que mais tarde seria o local onde cursaria meu doutorado) em um projeto sobre Ensino de Biomecânica da Professora Flavia Rezende, também colaborada da Professora Susana. Escolhi a experiência no CBPF, e, durante um ano, fui orientado pela Professora Léa Jaccoud El-Jaick no projeto intitulado "Desenvolvimento de um programa em linguagem Fortran para simulação de espectros EPR", e pude vivenciar o ambiente acadêmico de pesquisa trabalhando com ressonância paramagnética eletrônica. Apesar de muito interessante, faltava algo, faltava exatamente o que me motivou a cursar a Licenciatura.

Retornei ao laboratório de ensino, e selei minha relação com a Professora Susana, que se tornou minha orientadora do Trabalho de Conclusão de Curso (TCC). O final da graduação no último ano da (maravilhosa) década de 1990 definiu não só a minha decisão por me profissionalizar professor de Física, como também a de trilhar a vida acadêmica com a pesquisa em Ensino de Física. Coincidentemente, foram também nestes momentos de decisão que a minha orientação sexual como homem gay, sabida desde a infância, foi revelada, fazendo com que eu me assumisse e "saísse do armário" para amigas e familiares. Os diálogos com Susana e a vivência em seu gabinete, preenchido por trabalhos de pesquisa em Ensino de Física de diversas linhas, apresentados na forma de painéis confeccionados, em sua grande parte, com impressões coladas em cartolina (em uma época que a impressão de pôsteres não era comum), me levaram a (sábia) decisão de um TCC sobre o estado da arte do que lá encontrei.

Também foi nessa mesma época, em janeiro de 1999, que participei do primeiro evento acadêmico, o XIII Simpósio Nacional de Ensino de Física (SNEF) que ocorreu na Universidade de Brasília (UnB), graças ao empenho da Professora Susana Barros em levar um grupo de estudantes quase graduados da Licenciatura. Nesse evento, ela proferiu a conferência de abertura intitulada "Ensino de Física, em busca da sua identidade" (Figura 1), e, lá, aconteceu algo inusitado: Susana sempre me falava de uma professora chamada Ana Filipecki, que atuava em uma unidade do Serviço Nacional de Aprendizagem Industrial (Senai) e que tinha feito investidas de produção de vídeos com estudantes. Em dois dos três anos de Escola Técnica em que tive a disciplina de Física, minha professora foi Ana Tereza, que no XIII SNEF, ao ser apresentando à Ana Filipecki, descobri que eram a mesma pessoa, o que me deixou surpreso e feliz. Mais tarde, lembrando das maravilhosas aulas de Ana Tereza Filipecki, encontrei um texto intitulado "O que é energia" escrito pelo Professor Fernando de Souza Barros, pernambucano, marido de Susana, e que veio a se tornar um grande amigo até a sua despedida do mundo físico em 2016.

Figura 1. Conferência de abertura do XIII SNEF proferida pela Professora Susana Barros.

Fonte: Anais do XIII SNEF (1999).

A participação no SNEF e a imersão nos pôsteres me levaram a desenvolver o TCC intitulado "A transferência da pesquisa em ensino de física para a sala de aula: alguns exemplos". Os exemplos não somente tinham origem no acervo, mas como também incluiu um exemplo próprio: apesar de ainda não ter colado grau, atuava como professor de Física em escolas da rede privada desde a metade do curso de licenciatura, já que elas não exigiam a sua conclusão. Encontrei nesses primeiros anos de atuação docente um hiato entre o que era discutido na formação de um professor de física e a real atuação em uma escola com carência de um espaço físico que pudesse ser chamado de laboratório e as difíceis condições de trabalho resultantes da retroalimentação entre baixa remuneração por hora-aula, falta de tempo devido ao excessivo número de aulas semanais nas escolas quando não há dedicação exclusiva com melhores condições de trabalho e salário digno. Foi nesse cenário que se configurou a produção de vídeos de atividades experimentais por meio de experiências caseiras de produção linear e edição *play-pause* com experimentos sobre circuitos elétricos sem série e em paralelo confeccionados com materiais de baixo custo, filmados diretamente com uma câmera analógica VHS-C, com texto em legendas feitas de cartolina.

Ainda no final de 1999, participei da II Escola do CBPF, em que eram ofertadas oficinais com temáticas sobre Física Moderna e Contemporânea para professores do ensino médio. Menciono essa experiência pois 10 anos depois, dentre os vídeos produzidos por estudantes e que foram objeto da minha pesquisa de doutorado, um foi filmado no CBPF, sobre o experimento de Millikan para determinação da relação carga/massa do elétron. Também foi nesse ano que realizei meu primeiro concurso público, para a Secretaria de Estado de Educação do Rio de Janeiro (Seeduc-RJ), em que fui aprovado e convocado mesmo antes de ter colado grau, o que me fez solicitar o adiamento de posse a fim de resolver as questões burocráticas junto à universidade, tendo em vista que já tinha concluídos todos os créditos exigidos.

A partir de minha atuação formal como professor de Física da rede estadual em 1999, me aproximei do Projeto Fundão de Física da UFRJ, ao mesmo tempo em que continuava interagindo com a Professora Susana, refletindo sobre minha experiência em sala de aula, e, com o passar do tempo, conhecendo cada vez mais pessoas relacionadas ao Ensino de Física. Foi nessa época que conheci, no Rio de Janeiro, Deise Vianna,

Dominique Colinvaux, Flávia Rezende, Glória Queiroz, Guaracira Gouvêa, Isabel Martins, Marcos Elia, Sônia Krapas, entre outras. Essa interação e reflexão resultaram no primeiro trabalho acadêmico que apresentei em um evento: "Desenvolvimento de um organizador prévio experimental em sala de aula para a construção dos conceitos de calor e temperatura partindo das concepções prévias dos alunos" foi apresentado no III Encontro Nacional de Pesquisa em Educação em Ciências, em Atibaia, em 2001. Antes, em 2000, fui coautor mas não participei do evento, do trabalho "Análise, uso e produção de vídeos educativos para o ensino de física no ensino médio: a tecnologia na reestruturação da sala de aula", apresentado no VII Encontro de Pesquisa em Ensino de Física (EPEF). Esses três eventos – SNEF, EPEF e ENPEC, seriam justamente os quais me dedicaria durante minha vida de pesquisador, antes de ser cooptado como professor formador atuante na pós-graduação com sua lógica de produção em que artigos em periódicos são mais valorizados do que trabalhos em eventos (encontros, congressos e seminários).

Assim, no início dos anos 2000, me dividia entre a atuação na educação básica na rede estadual e na rede privada e a vida acadêmica de pesquisa de minha sala de aula, resultando na apresentação de trabalhos e na oferta de minicursos em eventos. A busca pelo mestrado foi natural. Aguardava o início de um mestrado em Ensino de Física a ser ofertado pelo Instituto de Física da UFRJ que demorou a se concretizar em meio a um debate se a UFRJ deveria ou não abrir mestrados profissionais. Com isso, em 2002, ano em que fui aprovado no segundo concurso público da Seeduc-RJ que prestei, me inscrevi para a seleção do Mestrado em Educação da UFF e do Mestrado em Computação na UFRJ. Fui aprovado para ambos: no primeiro, na linha de Ciências, Sociedade e Educação, a ser orientado pela Professora Sônia Krapas (quem conheci no ENPEC de 2001 e, coincidentemente, era orientadora de meu colega de quarto, que mais tarde veio a se tornar meu colega de instituição), e, no segundo, na linha Informática Educativa a ser orientado pelo Professor Marcos Elia. Optei cursar o mestrado no Núcleo de Computação Eletrônica (NCE) da UFRJ, pois facilitava a manutenção de minha interação com Susana, pois bastava atravessar uma rua no Campus da Ilha do Fundão, e precisava otimizar meu tempo e ida à universidade, pois tinha uma elevada carga horária de aulas.

Infelizmente, em 2003, o primeiro ano do mestrado coincidiu com o fim de meu primeiro relacionamento que durou três anos, e a conturbada vida pessoal associada à agitada vida profissional me levaram a desistir do curso – hoje avalio que não estava maduro suficiente, em todos os aspectos. Não demorei para repensar a minha vida e alinhar os ponteiros para garantir tempo de dedicação a um mestrado, bem como aos concursos públicos para instituições federais de ensino que exigissem apenas a licenciatura. Assim, em 2004, muitos dos finais de semana eram dedicados à preparação para esses concursos junto a dois colegas da graduação, e, no final desse ano, prestei a seleção para o Mestrado Profissional em Ensino de Ciências e Matemática ofertado pelo Centro Federal de Educação Tecnológica Celso Suckow da Fonseca (CEFET-RJ), o qual iniciei em 2005, sob orientação da Professora Tereza Fachada Levy Cardoso, historiadora de formação, e coorientação de Susana. Foi em julho desse ano que conheci Claudio, com quem estou casado até hoje.

Foi nesse ano também que participei da comissão organizadora do XVI SNEF, realizado no Rio de Janeiro e em comemoração ao ano mundial da Física. Foi uma experiência única estar "por trás" da organização de um grande evento, pois, como participante, não fazia ideia da logística e da responsabilidade para fazer acontecer um evento com cerca de duas mil pessoas de todo o país, além de convidados internacionais para ministrar conferências estratégicas.

Antes, é importante destacar que o produto educacional associado a meu mestrado profissional tem relação íntima com minha prática profissional. Idealizei com Susana um conjunto de vídeos sobre fenômenos associados à Física Térmica, produzidos de forma "artesanal" para minha sala de aula do segundo ano do ensino médio, em que ensinava Termologia, em 2002 e 2003. A produção se deu de forma análoga àquela do meu TCC: experiências gravadas na mesa de jantar na casa de Susana, de forma linear, com recurso de rec-pause de uma câmera analógica VHS-C, com legendas feitas de cartolina amarela colocadas entre o início e o térmico da gravação de um plano (unidade significante mínima do filme, enquanto a cena é uma unidade de tempo e de espaço com significado completo e constituída por um ou mais planos). A filmagem dessas experiências foi materializada em forma de roteiro por *storyboard* que desenhei e que deu origem à capata do material textual de apoio (Figura 2).

Figura 2. Capa do produto educacional
"Demonstrações sobre conceitos de Física Térmica".

Fonte: Pereira (2007).

Uma experiência determinante para a aventura que eu começaria a trilhar no mundo do audiovisual se deu entre os anos de 2004 e 2005. Ainda como professor da rede pública estadual e da rede privada, participei como docente colaborador no curso de extensão denominado "Fazendo seu vídeo" oferecido pelo Laboratório Didático do Instituto de Física (Ladif) da UFRJ. Tratava-se de um curso voltado a docentes de física e química e chancelado pela Pró-reitoria de Extensão. Na primeira edição desse curso, tive a oportunidade de orientar um grupo de quatro professoras (uma delas minha amiga pessoal até hoje), além de colaborar na produção e edição do vídeo intitulado "O mundo que não vemos: como se comporta o ar?"[221].

---

[221] Disponível em: http://youtu.be/aqvXzpwV6OA.

Em meio ao mestrado, fruto dos concursos realizados, fui convocado para atuar como professor do então Centro Federal de Educação Tecnológica de Química de Nilópolis (CEFETQuímica), antiga Escola Técnica Federal de Química (ETFQ), iniciando minhas atividades em agosto de 2006, sem dedicação exclusiva, tendo apenas me exonerado de uma das minhas matrículas da rede estadual e me mantido na escola privada em que atuava e que ficava a um quarteirão da escola federal. Ainda que assoberbado de trabalho, meu constante interesse pela "sétima arte" associado às experiências descritas anteriormente levaram ao aprimoramento da produção audiovisual do conjunto de 11 vídeos, resultando em uma segunda-versão denominada "Demonstrações sobre Conceitos de Física Térmica"[222], quanto tive a oportunidade de atuar como câmera, editor e narrador. Esses vídeos foram realizados no Ladif/UFRJ, por meio de captação digital de imagens com uma câmera miniDV e edição não-linear em um computador com o programa Adobe Premiere e, desta vez, as legendas não eram mais cartazes de cartolina sobre a mesa e havia um fundo em tecido azul (Figura 3).

Figura 3. Captura de um vídeo de "Demonstrações sobre conceitos de Física Térmica".

Fonte: Pereira (2007).

---

[222] Disponível em: www.youtube.com/playlist?list=PLEC1930421F006E14.

Sua aplicação foi investigada na dissertação de mestrado intitulada "Do desenvolvimento à aplicação de um vídeo didático de física térmica para o ensino médio" em 2007, que originou meu primeiro artigo publicado em um periódico em 2008. Nesse mesmo ano, o título de mestre me levou, após a concessão da progressão em função da titulação, a solicitação da dedicação exclusiva ao CEFETQuímica, abdicando das demais escolas em que atuava, pois agora, somente com a titulação, isso compensava financeiramente. Foi nesse período também que, além de lecionar Física no ensino médio-técnico, comecei a lecionar na pós-graduação no curso de Especialização em Ensino de Ciências – ênfase em Biologia e Química, tendo minhas primeiras experiências de orientação nesse nível de ensino, bem como de bolsistas de iniciação científica.

Em 2008, a reflexão sobre a instituição em que atuava, que dispunha de um espaço físico privilegiado e exclusivo para o laboratório didático de física – apesar de escassos recursos materiais – e alunos habituados a frequentar laboratórios didáticos de ciências, principalmente os relacionados às diversas áreas da química e biologia, me levou à investigação sobre a produção e a recepção de vídeos por estudantes de ensino médio no contexto do ensino prático-experimental da Física. O CEFETQuímica mudou, mais uma vez, sua institucionalidade e se tornou Instituto Federal do Rio de Janeiro (IFRJ) no final desse ano por meio da Lei Federal nº 11.892 promulgada em dezembro de 2008, exatamente quando resolvi participar da seleção para o doutorado do Programa de Pós-graduação em Educação em Ciências e Saúde do Nutes/UFRJ. O projeto foi finalizado em Vitória (ES) e enviado, em janeiro de 2009, junto com os demais documentos, pelos correios quando participava do XVIII SNEF (único evento em que participei de todas as edições desde 1999). A escolha por esse programa não foi por acaso: Susana havia comentado comigo sobre o Professor Luiz Augusto Coimbra de Rezende Filho, graduado em Cinema com mestrado e doutorado em Comunicação, recém nomeado para o Nutes.

Em 2009 iniciei o curso de doutorado. A relação de orientação com Luiz logo se consolidou como uma frutífera relação acadêmica com várias produções em comum e também se tornou uma amizade pessoal que se mantém até hoje. Os acontecimentos no primeiro ano não me fizeram desfocar: a formalização da união estável homoafetiva com Claudio (que mais tarde seria convertida em casamento), a compra do primeiro apartamento no bairro do Méier (mantendo minha origem e proximidade com a família no subúrbio carioca) e a ida à Organização Europeia para a Pesquisa Nuclear (CERN), um dos maiores centros de pesquisa do mundo localizado em Genebra na Suíça junto a fronteira com a França, para participar de uma escola de uma semana de duração para professores da educação básica de países de língua portuguesa em sua primeira edição aberta a brasileiros (fruto de um acordo com Portugal, que é país membro).

O objeto de estudo da tese, mesmo em um doutorado acadêmico (à época, ainda não havia sido exarada a portaria que permitia os doutorados profissionais), residia em minha prática. Apesar de o laboratório didático de física ser objeto recorrente na pesquisa em ensino, pouco se tem questionado e investigado sobre as especificidades de recursos audiovisuais quando envolvidos em processos de ensino-aprendizagem, em particular o vídeo na área de ciências da natureza. Foi nesse cenário que busquei entender a relação entre a produção e a recepção de vídeos por estudantes de ensino médio no âmbito de uma atividade prática no laboratório didático de física e seus repertórios culturais. A pesquisa foi desenhada de forma a se investigar tanto a produção, por meio da análise do processo de elaboração-construção feito por estudantes, como a recepção, por meio da análise das leituras produzidas por outras pessoas na condição de espectadoras que não participaram da produção, quando assistiram a vídeos produzidos por outras estudantes (Figura 4).

Ao longo do curso de doutorado me aproximei cada vez mais da pesquisa, e atuei como Coordenador de Pesquisa e Inovação do Campus Rio de Janeiro, minha unidade de lotação no IFR, de 2011 até a defesa da tese, em fevereiro de 2013. Em março, já estava credenciado no Programa de Pós-graduação em Ensino em Ciências (Propec) ofertado no Campus Nilópolis do IFRJ, localizado na Baixada Fluminense, foi quando comecei a atuar na Coordenação-Geral de Pesquisa na Pró-reitoria de Pesquisa, Pós-graduação e Inovação (Proppi) em que estive até outubro de 2013. Já nesse ano, fui contemplado no Programa de Auxílio Instalação da Fundação Carlos Chagas Filho de Amparo à Pesquisa do Estado do Rio de Janeiro (FAPERJ) para recém-doutores, e, em 2015, pela primeira vez, no Programa Jovem Cientista do Nosso Estado (JCNE) da mesma agência de fomento, no qual me encontro finalizando a segunda vigência com possibilidade de uma última renovação (aguardando resultado). Os anos desde o início do doutorado foram de muita produtividade e oportunidade de participação em congressos nacionais e internacionais, por meio de financiamento do IFRJ, da FAPERJ e da Coordenação de Aperfeiçoamento de Pessoal de Nível Superior (CAPES).

Figura 4. Mosaico com capturas dos vídeos produzidos por estudantes.

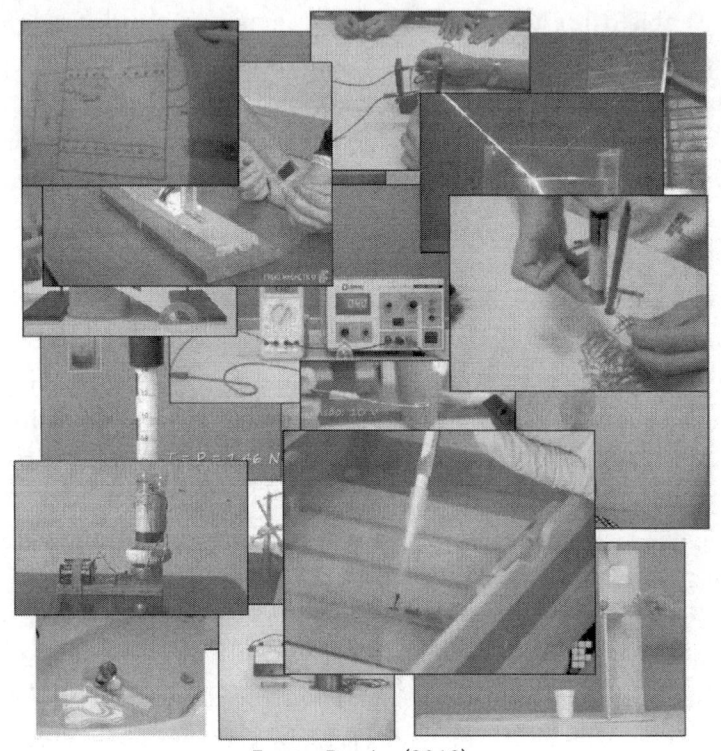

Fonte: Pereira (2013).

Os anos que se sucederam foram de muito envolvimento institucional, tendo me desligado da Reitoria no final de 2013 para apoiar uma candidata a reitora, que terminou em segundo lugar na eleição no segundo turno. Presidi o Grupo de Trabalho (GT) para a apresentação de um curso de doutorado do Propec. Assumi a coordenação do curso de Especialização em Ensino de Ciências entre 2015 e 2017, e a Diretoria de Ensino do Campus Rio de Janeiro (isso significa a gestão pedagógica de sete cursos técnicos e 3 graduações, que envolvem cerca de 200 professores) em 2018, após retornar de um afastamento de um ano para pós-doutorado na Faculdade de Educação da Universidade de São Paulo (USP) entre abril de 2017 e março de 2018. Foi nesse período que me credenciei como docente permanente do Programa de Pós-graduação em Educação em Ciências e Saúde (PPGECS) do (agora) Instituto Nutes de Educação em Ciências e Saúde da UFRJ (onde realizei meu doutorado). E, fruto do trabalho do GT, fizemos a submissão do doutorado profissional do Propec (a portaria dos mestrados profissionais que passou a incluir os doutorados profissionais data de 2017), que foi aprovado em dezembro de 2018 e iniciou sua primeira turma em março de 2019.

Nos 22 anos de atuação profissional, mesmo com os últimos oito anos mais dedicados à pesquisa e à pós-graduação, nunca deixei de atuar na educação básica. Tanto na Seeduc-RJ como no IFRJ, também já atuei na Educação de Jovens e Adultos (EJA). Desde abril de 2020, coincidentemente com o início da pandemia, não leciono na educação básica, única e exclusivamente, por estar a frente da Proppi do IFRJ como pró-reitor. Em relação à pesquisa e à extensão, lidero o Grupo de Pesquisa em Tecnologia, Educação & Cultura (GPTEC - www.gptec.org) do IFRJ, e atuo no Grupo de Estudos de Recepção Audiovisual em Educação em Ciências e Saúde (GERAES - www.nutes.ufrj.br/geraes/) da UFRJ, ainda que com dificuldades em função de minha dedicação quase que integral à gestão. Meus interesses de pesquisa sempre se concentram em investigar a produção e a recepção audiovisual, o papel de atividades prático-experimentais, das tecnologias e das metodologias ativas em contextos educativos do ensino de ciências, além do papel da formação em pós-graduação em ensino, em particular a modalidade profissional de mestrado e doutorado em ensino e seus produtos educacionais. Ao longo desse tempo, realizei orientações de alunos, foram desenvolvidos projetos de pesquisa, atividades de extensão, ações em comissões de atuação tanto pedagógicas como administrativas, resultando em captação de recursos de diversas agências de fomento (FAPERJ, CAPES e CNPq), com projeto atualmente desenvolvido por meio do Edital Universal do CNPq e do Programa Jovem Cientista do Nosso Estado da FAPERJ, em que sou bolsista pelo segundo período consecutivo.

Considero trazer esse breve histórico importante pois ele me formou na pessoa que sou hoje e em minha relação com a EPT. À época dos concursos para docente que realizei para instituições da Rede Federal de Educação Profissional, Científica e Tecnológica (RFEPT), não conhecia formações voltadas à EPT, tampouco as buscava já que a exigência para o concurso sempre recaía em apenas demonstrar conhecimento na área de referência da formação exigida (no meu caso, a Física). Não tenho vergonha alguma em admitir que, ao ingressar na RFEPT, (quase) nada sabia, portanto, sobre EPT. Essa formação se deu na e com a prática, ao mesmo tempo em que também entendia a importância da Rede para a formação de pessoas. Não demorou muito para que eu percebesse a existência de um curso, no IFRJ, de licenciatura em Física e que era mais de vanguarda do que o da universidade em que me graduei, mostrando a importância da RFEPT para a formação docente ao ofertarem cursos de formação inicial e continuada a partir da Lei nº 11.892 de criação dos Institutos Federais (IFs). Isso gerou cada vez mais uma sensação de pertencimento e missão.

Essa maturação obtida com a experiência e o tempo foi imprescindível para que, a partir de 2016, conjuntamente com algumas docentes do Propec, produções especificamente voltadas à EPT fossem realizadas, com destaque para a Série Reflexões na Educação, experiência exitosa de publicação de livro em parceria com o Instituto Federal da Paraíba (IFPB), que hoje conta com nove volumes publicados e se encontra disponível em https://abre.ai/iTCw. Assim, além de autoria de alguns capítulos, docentes do PROPEC organizaram integralmente o volume 1 – "As políticas públicas e o papel social dos Institutos Federais de Educação, Ciência e Tecnologia", o volume 2 – "Um convite para o CAFE: ciência, arte, formação e ensino", o volume 4 – "Rede Federal de Educação Profissional, Científica e Tecnológica e seu autorretrato: a reflexão de seus próprios pesquisadores", o volume 5 – "As nuances e o papel social dos Institutos Federais de Educação, Ciência e Tecnologia: lugares a ocupar" e o volume 9 – "O Ensino de Química na Rede Federal de Educação Profissional, Científica e Tecnológica: um espaço rico em possibilidades", e participaram da organização do volume 7 – "Educação de Jovens e Adultos (EJA) em diferentes contextos de ensino na Rede Federal de Educação Profissional, Científica e Tecnológica".

Mais especificamente relacionado à minha experiência de formação de professoras e à modalidade profissional da pós-graduação na área de Ensino da CAPES, o livro "Ensaio sobre a cegueira – Reflexões acerca de processos formativos na área de ensino e o lugar da escola", disponível em https://www.editorafi.org/002ensaio, publicado em 2020 com autoria de quatro docentes do Propec, traz 10 cenas-capítulos que reflexionam sobre a pesquisa em ensino e a modalidade profissional da pós-graduação em ensino e sua relação com espaços formais e não-formais e a produção de material didático-instrucional. Tratam-se de relevantes temáticas para a RFEPT que, além de cursos de mestrado e doutorado profissional da área de Ensino, oferta o Programa de Pós-Graduação em Educação Profissional e Tecnológica (ProfEPT) em nível de mestrado profissional em cerca de 40 instituições associadas que compõem a rede.

Em termos quantitativos, essa breve história resultou em atuações como consultor da FAPERJ e da CAPES, parecerista de 12 e membro de corpo editorial de 2 periódicos, 42 artigos, 5 livros, 12 capítulos de livros, 57 trabalhos completos, 11 resumos expandidos, 17 resumos, 56 trabalhos técnicos, 61 materiais didáticos ou cursos ministrados, 31 bancas de mestrado e 8 de doutorado, 39 qualificações de mestrado e 10 de doutorado, 20 bancas de especialização e 3 de graduação, 37 bancas de processos seletivos e concursos públicos, 56 participações e 22 organizações de eventos, 9 orientações de mestrado concluídas e 4 em andamento, 7 orientações de doutorado em andamento, 10 orientações de especialização, 1 de graduação e 7 de bolsistas de iniciação científica concluídas. Além disso, sou membro, desde 1999, da Sociedade Brasileira de Física (SBF) onde integrei a Comissão de Ensino como representante da Região Sudeste entre 2015 e 2017, e, desde 2001, da Sociedade Brasileira para o Progresso da Ciência (SBPC) e da Associação Brasileira de Pesquisa em Educação em Ciências (ABRAPEC).

Após esse breve relato, este memorial descritivo é complementado, nas páginas que se seguem, pelo meu histórico acadêmico e profissional, seguindo a ordem dos itens de acordo com a tabela de pontuação contida na Resolução do Conselho Superior do IFRJ nº 11/2014. Visando facilitar a leitura e análise deste documento, apresento o modelo da tabela de pontuação para promoção à classe Titular seguido das tabelas com a pontuação obtida em cada item, com descrição das informações e relacionando com o respectivo comprovante contido no arquivo intitulado "Documentos comprobatórios, ordenado de acordo com a tabela. Por fim, apresento o *link* de acesso ao meu currículo lattes – http://lattes.cnpq.br/6520678154679758, também apensado ao processo.

Este memorial é dedicado a três mulheres empoderadas e que foram importantes para definir quem eu sou hoje e o caminho que eu trilhei até aqui: minha avó Vanda, minha mãe Sonia e minha amiga Susana (Figura 5).

Figura 5. Susana Lehrer de Souza Barros e Marcus Vinicius da Silva Pereira.

Fonte: Acervo pessoal.

Marcus

MARIA DA CONCEIÇÃO DE A. BARBOSA LIMA

Universidade do Estado do Rio de Janeiro

EU, POR EU MESMA...

Maria da Conceição de A. Barbosa Lima

Venho de uma linhagem de mulheres fortes que venceram, perderam, caíram, levantaram.

Minha informação mais remota vem da Abolição dos escravos, quando minha bisavó, sinhá de engenho até então, teve seu primeiro revés com a fuga dos escravos da fazenda de seu pai e o grande incêndio que sucedeu. Sobreviveu.

Casou-se com um comerciante próspero da cidade de Macaé, interior do estado do Rio de Janeiro, que já trazia cinco filhos. Com ela teve mais três. Grávida do terceiro enviuvou e a sociedade na casa de comércio foi rompida ainda durante o velório. Resultado: a sinhá virou lavadeira para sustentar a sua prole, uma menina e dois meninos; os outros cinco ficaram com parentes paternos.

O tempo passa, as crianças casam. Meu avô, Olivério, filho do meio, fica viúvo aos quarenta e poucos anos com cinco filhos. Sua irmã era mãe de uma menina e, cuidando de minha bisavó, já doente, toma a si a responsabilidade dos cinco sobrinhos. Forma e/ou casa todos: minha mãe, Áurea, casa-se; as duas irmãs, Jussara e Noêmia tornam-se professoras primárias, profissão de prestígio em 1950, também casam; minha tia mais nova, Inaiá torna-se pintora; meu tio Geraldo, o único rapaz, vai para a AMAN e sua única filha biológica, Vilma, forma-se engenheira química em 1964. Missão cumprida.

Nessas idas e vindas chegamos nós, os netos.

Primeiro, chego eu!

Jardim de infância, primário, ginásio, Escola Técnica Federal de Química do então Estado da Guanabara, bacharelado em Física iniciado na UEG e concluído na UERJ, mestrado e doutorado em Educação: PUC-Rio e FEUSP, respectivamente.

Esta estrada em linha reta, pura, seca não me apresenta e tampouco representa.

Onde está a contribuição dos meus pais? E o meu casamento? O filho e mais tarde sua família, como me influenciaram? Os sobrinhos, que foram chegando e se tornaram quase filhos? Os alunos, em alguns casos, quase filhos? O que me ensinaram? Os amigos, poucos e fiéis que nem sempre se preocupam em agradar, mas em serem sinceros? E meus formadores desde o início da escolarização? E as dúvidas, aquelas que gostamos de ter, que impulsionam, jogam para frente? Talvez um gráfico, um desenho, como apresentado abaixo, consiga ilustrar um pouco e facilite a discussão desses temas.

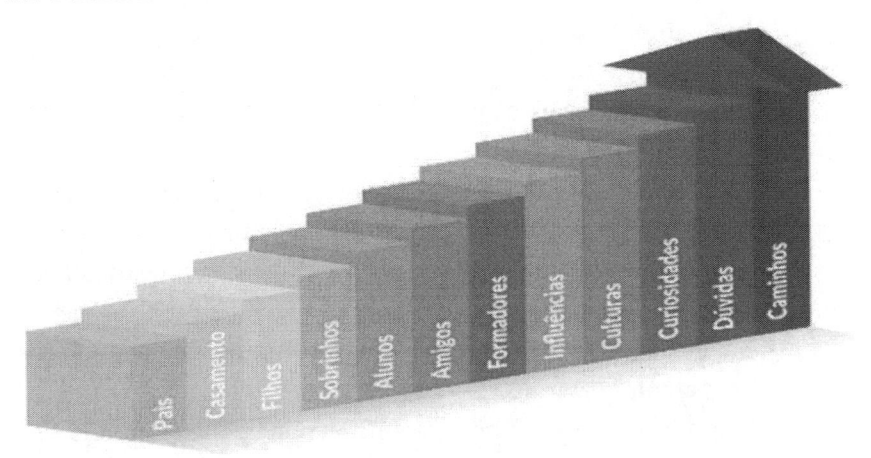

Ao abrir cada uma das caixas que compõem o desenho da minha vida, percebo que estão entrelaçadas em sucessivas retroalimentações: o casamento decorrente da educação no ninho doméstico, o filho resultado deste amálgama que vem junto dos sobrinhos, sempre presentes. Os alunos sejam de disciplinas ou orientação, também de certa maneira filhos, às vezes adotivos, ou não.

Os amigos, ah! Os amigos... Aqueles que escolhi e me escolheram, que vêm de longe, de outros estados, países, continentes e também aqueles com os quais brinco desde sempre no seio da família.

Como chegar a ser chamada de doutora sem formação adequada? Sem influências, sem ideias, sem absorver culturas várias de pessoas, lugares, livros da vida?

Se há vida e cultura fundamental, há como alimentar a curiosidade seja humana, técnica ou artística. Se a curiosidade está presente, a dúvida surge, opções devem ser realizadas, certas, erradas. Quem sabe? Só assim os caminhos se abrem. Assim se abriram os meus, os quais vou passar a contar.

DESSA MANEIRA COMECEI A ME FORMAR

Um início é importante para se começar uma história. No entanto, não é preciso que seja longínquo, mas dizer que minha formação inicial, básica foi toda realizada em escolas públicas, é importante.

Quando terminei o ginásio, estava bem colocada e poderia "passar direto" para o Instituto de Educação, formar-me professora primária, mas eu? Ser professora de jeito nenhum. Declinei a oferta.

De uma profissão feminina, de professora primária, fiz concurso para a então Escola Técnica Celso Suckow da Fonseca e para a Escola Federal de Química do Estado da Guanabara. Passei para as duas. Preferi a Química. Nesse momento comecei a entrar em um universo fortemente masculino, onde precisava me impor.

Logo no primeiro ano, arranjei confusão com o professor de Física. Resultado: repeti o ano, mas não sem antes ter jurado a ele, em sua frente, dedo em riste, que iria saber mais física que ele. Passou um anjo, disse amém. Posso afirmar que minha formação foi obviamente mais extensa que a do referido professor, pelo simples fato que estudei física muitos anos depois dele. A Física que estudei na Universidade, em sua época, era "de ponta" e naturalmente não era acessível a todos os estudantes.

No segundo ano da Escola, casei e as caixas lá da frente começaram a entrar uma na outra. O esperado seria parar de estudar para cuidar da casa, mas Rogerio, companheiro sábio, viu logo que me prender em uma gaiola não daria certo.

O terceiro ano trazia um desafio: vestibular. O natural seria escolher Engenharia Química, como a maioria de meus colegas, mas me lembrei da promessa ou ameaça, até hoje não sei bem, que havia feito àquele professor. Então, com uma barriga de grávida já bem grande, fiz vestibular para Física. Escolhi só uma universidade: a UEG. Passei (uma entrada que permanece até os dias de hoje) em 25º lugar em um ano que foram oferecidas 50 vagas. Estava no meio do "engarrafamento": nem para frente e tampouco para trás. O jeito seria seguir, assim o fiz. Nesse ínterim de realizar a matrícula na Universidade, nasceu Eduardo. Resultado: cada vacina, cada febre, cada dente que nascia eu ficava em casa chocando a cria, como dizia minha sogra. Perdi o ano. Naquele tempo o curso era seriado e só podíamos ter duas dependências por semestre; eu tinha três no primeiro e uma no segundo.

No início do ano letivo seguinte, houve a mudança para o regime de crédito, o que me possibilitou passar de ano e, ao mesmo tempo, fazer as disciplinas dependentes. Não quis, preferi fazer um ano a mais e ter mais tempo, não só para o estudo, mas, principalmente, para ficar com meu filhote.

Daí em diante foi tudo direto, segundo ano, terceiro e quarto.

No quarto ano recebi um convite para ser professora substituta na Universidade Santa Úrsula, o que me deu uma enorme destreza didática e de improvisação.

Funcionava assim: chegava às 7h e o professor de Física I não aparecia; quem ia "dar" aula? Eu. No tempo seguinte, o de Física IV havia telefonado avisando que o carro havia enguiçado e que não compareceria à Universidade, olha eu lá. Ou seja, em uma única manhã, às vezes, ministrava toda a Física Básica, sem preparar uma aula sequer, é bom que se diga.

Finalmente colei grau e fui convidada a lecionar no Instituto de Física da UERJ, pelo então diretor professor, Werther A. Vervloet. Daí nunca mais parei. Lecionei para a Licenciatura Curta, para a Biologia, para o Desenho Industrial, para a Matemática, para a Geologia. Neste curso, Geologia, aconteceu uma coisa interessante: ninguém se interessava pelas aulas até que houve um terremoto no México, era 1986, acho que fui única pessoa a ficar satisfeita com a catástrofe (anos depois vi os seus estragos), mas consegui lecionar ondas mecânicas com a turma mais interessada da Universidade.

Cumpri o ritual da maioria dos iniciantes daquela época até chegar a lecionar no curso de Física. Fui chefe e subchefe de departamento algumas vezes, coordenei os primeiros concursos, tudo isto antes de 2004.

Como surgiu o interesse pela área de Ensino de Física? Essa é a próxima história.

A MINHA ENTRADA NA ÁREA DE ENSINO DE FÍSICA

Lembro-me de ter participado de meu primeiro Encontro Nacional de Pesquisa em Ensino de Física em Porto Alegre. Era um encontro pequeno que antecedia a grande reunião da Sociedade Brasileira para o Progresso da Ciência (SBPC). Quem me incentivou a escrever um trabalho para apresentar foi a professora doutora Deise M. Vianna, hoje madrinha de meu filho por escolha dele e aprovação nossa.

Passou um tempo, que não sei precisar, e tivemos coordenado por Susana de Souza Barros, um Simpósio Nacional de Ensino de Física (SNEF) na Universidade Federal do Rio de Janeiro. Assisti a muita coisa interessante, mas, de todas elas, a que mais me influenciou foi uma mesa redonda, mediada pela professora Amélia Hamburger, entre José Leite Lopes e Cesare Lattes. "Foi o embate entre titãs". Brigaram, discordaram, concordaram enfim em um ponto que, para mim, foi a chave mestra. O ensino da Física precisava iniciar em um momento prévio ao que estava acontecendo. Os conceitos ou pelo menos noções de Física precisavam ser oferecidas às crianças.

Ali mesmo comecei a pensar em como fazer isso. Minha cabeça de bacharel ainda cheia de "formulismo" não me permitia ver uma forma de realizar tal apresentação. Ao mesmo tempo pensei: criança gosta de brincadeira, de história de faz de conta.

A ideia começou a ser gerada, mas continuou guardada a sete chaves, não que eu achasse que alguém fosse tirá-la de mim, era medo do que iam achar de mim e da minha ideia.

O tempo passou mais um pouquinho e, estimulada pelo professor Reinaldo Guimarães, sub-reitor de pós-graduação à época, fiz concurso para o mestrado na PUC-Rio, onde fui orientada pela professora doutora Maria Aparecida Mamede Neves e pelo professor doutor Henrique Lins de Barros. Minha dissertação visitou os professores de Física de três escolas, uma estadual, uma federal e uma de aplicação, todas na cidade do Rio de Janeiro. O interessante foi ter revisitado meu próprio professor de ensino médio. Não aquele com quem tive problema, mas o que viera depois substituí-lo. Na visita que fiz a ele, com o objetivo de observar sua aula, Meu Ivan (assim sempre o chamei uma vez que seu nome é Ivan da Conceição), mostrou-me o que é ser professor.

Cheguei e sentei-me a seu lado por convite seu. O primeiro episódio da aula seria a chamada, mas Meu Ivan o fez de forma completamente diferente do que já havia visto e também que não havia notado enquanto fui sua aluna. Os presentes, eles os conhecia, a todos, logo não chamou por ninguém, mas os que não estavam lá, esses sim mereceram sua atenção, por exemplo: "O Pedro, melhorou?" "A avó da Salete saiu do hospital?" Ele sabia quem não estava presente e por qual motivo. Foi mais uma grande aula de Meu Ivan.

Entre os estudos do mestrado começou a renascer a ideia das histórias, apesar de a dissertação não tratar deste assunto. A primeira história demorou um ano para que eu a considerasse pronta, figura 1.

Muitos colegas do Instituto leram, sugeriram modificações, inclusive professores de português também colaboraram.

Figura 1: A primeira história

Fonte: a autora

Um teste junto a alunos do ensino fundamental de uma escola particular validou a história. Fizeram desenhos sobre ela, colocando em seus relatos gráficos suas vidas, representadas nos objetos que havia em seus quartos. A maioria dos brinquedos era caro e/ou eletrônico, já que se tratava de uma escola de alto padrão socioeconômico.

Outra experiência foi realizada com a mesma história em um CIEP, em 1992, com estudantes de outra faixa econômica. Esses também compreenderam a história e registraram suas vivências, através de quartos muito simples e, em sua maioria, colocando no canto inferior direito a sigla CV (comando vermelho), uma vez que esta facção dominava as redondezas da escola. Por fim, aceitando a sugestão do professor doutor Francisco Caruso, apresentei o trabalho a José Leite Lopes, mesmo morrendo de vergonha e medo.

Com seu jeito expansivo, o professor Leite Lopes fez altos elogios à iniciativa e aceitou escrever sua apresentação, que até hoje chamo de "habeas corpus" preventivo. Caso alguém dissesse que eu havia escrito uma bobagem, a qual não haveria qualquer serventia, minha resposta estava pronta: o Leite gostou.

Essa história relata a experiência de Dudu com a temperatura. Há uma bola de gude de voz fininha, um termômetro ambiente em um quarto bagunçado que deve ser arrumado até a chegada de sua mãe. Dudu percebe, através da fuga da bolinha de cima do tapete para debaixo da cama, que o chão é mais frio que o tapete, porém, é imediatamente contestado pelo termômetro, que afirma que tudo está à mesma temperatura. Depois de várias falas, Dudu é convidado a uma experiência onde comprova que o termômetro tem razão.

Depois desta vieram mais três, sempre com o "habeas corpus" preventivo à frente e só publicada depois da leitura de Leite Lopes. As outras foram: "A Biruta e a Curiosa", "Não tem jeito, cai" e, por fim, "Tão simples e tão úteis" sendo esta última objeto de minha tese, defendida na Faculdade de Educação da Universidade de São Paulo sob orientação da professora doutora Anna Maria Pessoa de Carvalho que ganha o prefixo pelo formalismo que nesse texto é necessário, mas que antes de tudo era e é uma grande amiga.

Para que ninguém fique curioso com relação às outras histórias, coloco suas capas aqui para apresentá-las, figuras 2, 3 e 4.

Figura 2: A segunda história

Fonte: a autora

Esta, como o título sugere, trata da gravidade e sua ação sobre os corpos.

Figura 3: A terceira história

Fonte: a autora

Esta última versando sobre direção e sentido.

Figura 4: A quarta história

Fonte: A autora

Para a tese, apresentei três situações presentes na história Tão Simples e Tão Úteis, é bom comentar que os desenhos apresentados às crianças foram feitos por minha cunhada Angela de A. Barbosa Lima e por Rogerio de A. Barbosa Lima, apresentadas nas figuras 5, 6 e 7:

Figura 5: uma das situações apresentadas

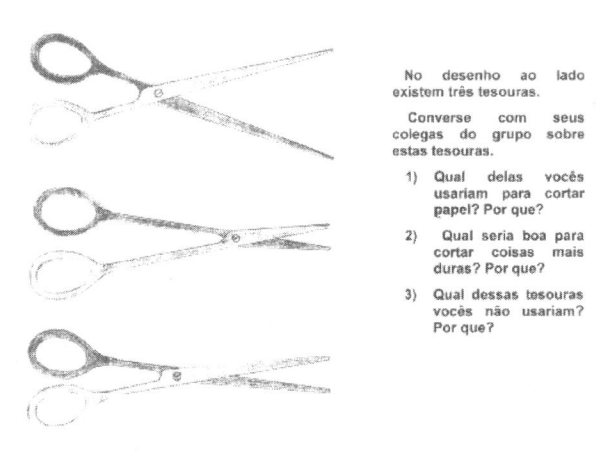

Fonte: a autora

Figura 6: Situação apresentada aos alunos

Você deve lembrar que na história, o Sr. Tomé e o Gustavo diziam que usariam uma alavanca para remover as pedras do terreno.

No desenho há uma pedra grande que precisa ser retirada dali. Há também um pedaço de pau e uma pedra pequena.

Converse com seus colegas e respondam como vocês fariam para tirar a pedra grande de onde está usando uma alavanca.

Fonte: a autora

Figura 7: Situação apresentada aos alunos

Em cada um desses desenhos, Gustavo arrumou os galhos dentro do carrinho de mão, em uma posição.

Em qual dos desenhos ele está fazendo menos esforço? Por que?

Fonte: a autora

Nessas situações os alunos, em grupos heterogêneos de quatro indivíduos, deveriam discutir sobre a questão proposta e depois, tendo chegado a uma conclusão, eram convidados a compor uma grande roda onde relatavam o que e por que fizeram. É importante observar que uma das situações não é um problema, mas uma situação em que a opinião de cada um pode prevalecer.

Quando acabei de aplicar tal atividade, fiquei quase em pânico, mas a Anna Maria com seu otimismo infindável adorou. Você acabou de demonstrar que se não há problema, não há discussão! Que alívio! Dessa forma, validou-se a ideia que, se oferecermos um problema factível para as crianças, elas procurarão meios e formas de, através do diálogo, chegar a um consenso.

O resultado foi tese defendida, toda suportada pelo programa do PICDTI da Capes.

Retorno à UERJ com o título de doutora, ocupando o cargo de professora adjunta na Universidade.

Começam a surgir mais orientações de Iniciação Científica, as minhas aulas passam a melhorar visivelmente. A primeira disciplina eletiva organizada é Ensino de Física e Linguagem. Estava apaixonada por Bakhtin que me ensinaram as professoras doutoras Beth Brait e Marisa Lajolo no Instituto de Letras da USP, onde eu era a única que não entendia nada sobre Literatura e afins. Uma estranha no ninho, a única física da turma.

Continuei, como continuo frequentando os Encontros de Pesquisa em Ensino de Física (EPEFs) e os Simpósios Nacionais de Ensino de Física (SNEFs), apresentando oficinas, no início, a maioria, baseadas nas histórias, além de apresentar trabalhos, tanto em forma de painéis como comunicações orais. Participei de algumas mesas redondas e fui convidada para seminários em diversos lugares.

Passado algum tempo de meu retorno, candidatei-me como colaboradora no Instituto Oswaldo Cruz (IOC) que estava iniciando o programa de pós-graduação em Biociências e Saúde. Fui aceita. Quase simultaneamente colaborei no programa de mestrado profissional do CEFET-Rio.

No programa do IOC, tive oportunidade, não só de ministrar disciplinas, mas de orientar duas dissertações e coorientar outra. Uma delas de um professor de Educação Física, "Concepções e práticas pedagógicas da Educação Física em uma instituição federal de educação profissional e tecnológica" (2007), as outras de pedagogas de um colégio federal do Rio de Janeiro, "A contribuição da fala dos alunos na construção do conhecimento em ciências" (2007) e "Vinte minutos para pensar ciências" (2007).

Por alguns problemas, que não vem ao caso discorrer, afastei-me do IOC e fiquei colaborando apenas no programa do CEFET-RJ, onde também ministrei disciplinas e orientei cinco dissertações, três ligadas à deficiência visual: "Os conceitos matemáticos através da ludicidade" (2005), "Material de equacionamento tátil para portadores de deficiência visual" (2009), "Utilização da didática multissensorial no ensino de física para alunos deficientes visuais" (2011) e "Como a disciplina de graduação sobre ensino de física para deficientes visuais contribui para formação de um professor" (2013) e "Pesquisa sobre divulgação científico em meios não formais e seu possível uso no processo de ensino aprendizagem no ensino médio" (2014). Nesse caso, quatro orientandos eram físicos, sendo que três deles haviam sido meus alunos na graduação e uma vinda sob recomendação de São Paulo e outra matemática. Um desses novos mestres continuou sua formação na Universidade de São Paulo, no doutorado Inter Unidades sob a orientação do professor doutor Eder Pires de Camargo, o que me deixou profundamente satisfeita e orgulhosa. Hoje, o doutor ocupa um cargo proeminente no Colégio em que trabalha.

Retornei ao IOC, sai do CEFET-RJ. Mas esta é uma história para ser contada a seguir, ou não.

VAI COMEÇAR 2004, PERÍODO EM QUE ME COMPROMETO A JUSTIFICAR PARA O TÍTULO DE PROFESSORA TITULAR

Em 2004 estava na UERJ, ministrando disciplinas, orientando Iniciação Científica e monografias de fim de curso. Fui chefe e subchefe de departamento, participei de bancas de concurso para admissão à carreira docente, participando de encontros, simpósios e similares no Brasil e no exterior.

Em todo o meu tempo na Universidade, escrevi e publiquei 38 (trinta e oito artigos) dos quais elegi alguns poucos para comentar.

Começo com o que talvez seja, de todos, do que mais gosto. Datado de 2004.

Em uma das minhas várias noites de insônia, decidi revisitar, não minha tese, mas minha dissertação, mais exatamente a página 95, onde quem escreve não sou eu (que risco corro... mas não plagiei ninguém). Conto o que ocorreu anos antes.

Cansada de escrever, fui descansar um pouco e peguei um livro de Fernando Pessoa. Abri ao acaso, caiu na página inicial de "Mensagem". Li, reli. Pessoa havia escrito, claro que de forma brilhante, o que eu estava sofrendo para fazer. Tomei seu texto de empréstimo, fiz as adaptações necessárias e fui, naquela noite, até o final da dissertação.

Na minha revisita, decidi escrever um artigo mesclando o texto de Fernando Pessoa e o Ensino de Física: professores, estudantes, física, aulas, enfim, recorri a dois parceiros, Henrique Lins de Barros e Eduardo Terrazzan. O texto demorou a ficar pronto, não foi fácil. Finalmente foi terminado em uma madrugada em Santa Maria. Talvez, de tudo que produzi, só ou com colaboração seja o artigo de que mais gosto. Claro que antes dele vieram outros sobre ensino de Física e alunos do fundamental, ou do primeiro segmento como se chamava, junto com Anna Maria Carvalho que muito me agradaram.

Escrevi sobre Física e Arte como se verá mais adiante, usando a poesia e pinturas como apoio.

Há outro trabalho que me encanta.

Considerando que nem só de aulas vive um professor, vou ao cinema também. Assistindo ao filme "A moça com Brinco de Pérola" percebi uma câmara escura e surgiu a ideia para ser usada em aula. Se fosse só isso... Mas, que tal estudar a história da Holanda? Ir ao consulado conseguir material?

Junto com Gloria Queiroz e Rosana Bulos, então, surge um estudo sobre lentes, história das lentes, Huygens, Newton, Vermeer e Leuwenhoek, as navegações. Resultado: além das aulas sobre câmara escura e suas utilizações realizamos uma exposição em que coexistem a evolução dos quadros da época de Vermeer, inclusive com uma reprodução da Moça com Brinco de Pérola feita pelo pintor Israel Pedrosa, que estava presente no "vernissage", aliada a uma exposição de instrumentos ópticos na galeria Cândido Portinari da Universidade.

Mas uma simples exposição para nós era pouco. Nos aliamos a uma professora de português e escrevemos um texto introdutório à exposição. A professora, vestida de professora, bem tradicional e o pai de Huygens, Constantijn Huygens, iniciaram a exposição. O rapaz, pobre coitado, em outubro, quase verão no Rio de Janeiro, vestido de holandês do século XIX, casaco de lã preto, com gola franzida branca ia caminhando junto com a professora e comentando os quadros e a história que estudamos, a figura 8 apresenta a capa do catálogo da exposição.

Figura 8: Capa do catálogo da exposição

Fonte: Instituto de Física Armando Dias Tavares

Nosso estudo sobre a Moça de Vermeer continuou através de um artigo, publicado no suplemento da Revista Brasileira de Física sob o título Ciência e Arte: Vermeer, Huygens e Leuwenhoek, junto com Gloria Queiroz e Rosana Bulos. A exposição tornou-se itinerante, levamos a diversos lugares, inclusive ao SNEF em São Luís, no Maranhão.

Continuando a apreciar as artes plásticas, foi a vez de Remédios Varo, pintora mexicana que muito apreciava a Ciência e, isso, me remeteu a escrever um artigo sob o título Um quadro para ser lido, publicado na revista "Ciência em Tela". Nesse artigo, falo da ciência do sábio, do artista e do homem comum, traçando paralelos e ligações entre eles.

Nós, professores, também lemos livros outros sem ser de Física e por isso conheci Rómulo de Carvalho, professor de Física e Química, português, que, tardiamente participando de um concurso de literatura, tirou primeiro lugar com o pseudônimo de António Gedeão. Lendo seus poemas, deparei-me com "Poema para Galileu" e, na sessão Literatura, Arte e Ciência, propus e foi aceito, pela revista Alexandria, um trabalho sobre esse poema que é muito interessante, inclusive, para ministrar aulas de Mecânica e História.

Naturalmente que outros artigos foram escritos e publicados, alguns sobre formação de professores, outros sobre o ensino aprendizagem junto a crianças do nível fundamental, outros ainda sobre linguagem.

No início dos anos 2000, em um Encontro Nacional de Pesquisadores em Ensino em Ciências (ENPEC) assisti a uma palestra do professor doutor Eder Pires de Camargo sobre conceitos espontâneos de mecânica em sujeitos com deficiência visual. Encantei-me.

Em 2007, surgiu a disciplina eletiva Ensino de Física e Inclusão Social, nome impróprio, pois, apesar de falar sobre inclusão na época, só tratava de deficiência visual e auditiva, o que era muito. Mas, até perceber que o pouco já era muito, monografias foram escritas e iniciações científicas orientadas sobre o mundo surdo, apesar de a deficiência visual chamar-me com força e fúria.

O nome da disciplina continua, até hoje, o mesmo, porém só estudamos deficiência visual que já é bastante.

Ministro a disciplina todos os semestres. Já orientei 29 (vinte nove) monografias e 9 (nove) iniciações científicas sobre este tema.

Em relação às disciplinas, uma turma precisa ser considerada em separado.

Estava eu, no laboratório, aguardando os estudantes, quando olho para a porta e vejo um rapaz, não muito jovem, parado, aguardando algo. Perguntei o que desejava. Perguntou-me se era ali a aula sobre Ensino de Física e Inclusão Social. Respondi que sim, que ele entrasse para aguardar um pouco pelos companheiros de disciplina. O tempo ia passando e ninguém chegava. Pedi licença e fui saber da turma: era ele e só ele. Pensei logo: danou-se, esse cara vai desistir logo, confesso que perguntei pelo seu CR, nada estimulante. Voltei para a sala e ele ainda estava ali. Começamos a conversar e descobri que o aluno era suboficial da Aeronáutica, que já havia ouvido falar do meu regime de avaliação (cada aluno sozinho ou em grupo deve fazer um aparato tátil para ensinar Física para alunos com deficiência visual) e desejava unir sua profissão à disciplina. Confesso que gelei. Como um sujeito vai fazer isso? Mas o aceitei e marcamos de nos encontrar na outra semana, eu jurando que ele não apareceria.

Na semana seguinte, lá estava ele, *pontualíssimo*. E, para sorte minha, uma ex-aluna também apareceu e decidiu ajudar. Trocamos telefones os três de maneira que, quando ele estivesse em algum extremo do País e não pudesse comparecer, eu seria avisada. Contrato aceito e não cumprido. Você que está lendo acha que ele não avisava?! Engana-se, nós três trabalhávamos 24 horas por dia. Fosse chamada telefônica ou *whatsapp* estávamos sempre em contato. A disciplina foi, o tempo inteiro, uma oficina de construção de seu trabalho final.

Quando ele considerou que tudo já estava bem, avisou "professora esta semana podemos ir ao colégio para realizar a tarefa: convidar as crianças para um passeio no hangar". Fomos, mas quase não falamos com os alunos porque ele não queria estragar a surpresa. Eu e minha ex-aluna, hoje mais que nunca colega e companheira de sustos e trabalhos, esperávamos qual seria a bomba.

Sábado, às 7h, em frente à escola, ônibus e autorização do brigadeiro providenciados por ele, crianças alvoroçadas, afinal iam conhecer um avião: ele só contou no dia e na hora. Fomos, avançamos pela Avenida Brasil e chegamos, finalmente, à Base Aérea do Campo dos Afonsos.

Ao chegarmos, fomos para um auditório. Lá estavam mais três homens da Aeronáutica, duas mesas cheias de aviões de plástico. Eram pequenos, médios e um grande. Os estudantes tomaram seus lugares, alguns foram acompanhados de suas mães ou responsáveis. Meu aluno, vestido com o macacão de trabalho, que já estava se tornando meu herói, tomou a palavra e perguntou: o homem voa? Silêncio...

Desta pergunta nasceu a história de Alberto Santos Dumont e do voo do mais pesado que o ar. *Pen drives* com os textos em que ele se apoiou para preparar essa pequena palestra foram presenteados aos alunos. Uma prancheta com uma asa de avião e as linhas de vento foram dadas aos estudantes e ele foi explicando, individualmente, como era o movimento do vento em relação à asa do avião, como ilustrado a figura 9.

Não só isso, convidou todos para irem até as mesas para "ver" os aviões; para isso contou com os companheiros, sempre solícitos.

O avião grande foi todo revestido de materiais diversos para que cada parte pudesse ser percebida e entendida. Foi difícil fazer com que os estudantes saíssem da sala, só mesmo com o convite para o almoço eles se motivaram, mas as questões continuaram.

Figura 9: Um exercício na visita ao Campo dos Afonsos

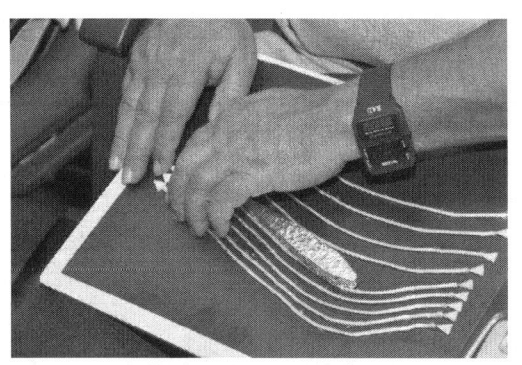

Fonte: Wagner Binder

Pela primeira vez entrei num rancho. Tudo arrumado, esperando por nós. Os que estavam acompanhados tiveram seus pratos arrumados pelos acompanhantes, os que estavam sós nos diziam como fazer. Mais um aprendizado que devo a minha pequena grande turma.

Por sua conta "a turma" convenceu o irmão de meu aluno a registrar fotograficamente tudo o que acontecia.

Depois do almoço, nada de descanso, ao hangar foi a meninada.

Lá encontramos um avião Hércules, figura 10, estacionado e muito bem amarrado. Os estudantes, dois a dois acompanhados por um dos rapazes da Aeronáutica, percorriam o avião por fora, dizendo cada parte em que estavam tocando; quando esqueciam, ou se perdiam devido ao tamanho do aparelho, uma réplica estava sempre a mão para auxiliá-los. Em seguida, a visita era à cabine de comando, com direito à arguição: se você puxa o manche o que estará se movendo? Etc.

Para finalizar, os rapazes da Aeronáutica fizeram uma surpresa: sortearam uma réplica do Hércules, ofereceram bombons para todos e ainda cantaram.

Foi um dia cansativo e pleno. A volta foi marcada por risadas e comentários de como seria bom se todas as aulas de Física fossem daquele jeito. Você pode estar se perguntando por que gastei tanto tempo com esse caso da turma de um estudante só. Porque valeu a pena cada "zap" respondido à 00h00min, cada conversa sobre Santos Dumont entre RJ e Manaus, porque valeu a pena ver o sorriso dos estudantes; porque, apesar do CR, valeu a pena investir.

Figura 10: O Hércules

Fonte: Wagner Binder

Além dessa visita, o estudante realizou uma exposição no Instituto de Física da UERJ, onde relatou sua experiência e mostrou os registros documentais feitos através das fotos. Essa palestra foi repetida na escola de sua filha e em algumas outras. Uma turma de um aluno, vale a pena.

Só espero que ninguém me pergunte em que ano este curso aconteceu, na minha memória, foi ontem.

Desta experiência também nasceu um artigo: "O ensino não formal e a formação de um professor de Física para deficientes visuais (2014)". Neste artigo confesso que cometi um erro. A "turma" não é coautora, só Gonçalves e eu o assinamos. Relatamos tudo ou quase tudo o que aconteceu na visita.

Naturalmente que tive ótimas turmas, excelentes alunos nos demais anos e continuo tendo, dedicados, estimulantes, engraçados, confusos, enfim, pessoas.

Em uma turma, fazendo um exercício de sensibilização, ofereci várias frutas secas que eles deveriam experimentar de olhos vendados. Feita a tarefa, retirei as frutas e já íamos começar as atividades quando chega um retardatário. Seus colegas na mesma hora fizeram questão que ele também participasse.

Vendei-o e disse que ele deveria experimentar os alimentos que estavam sobre a mesa. O rapaz reagiu de imediato: "Eu não!", Por que? perguntei, você tem alergia a algum alimento? Sua resposta foi: "alergia não, restrições, sou vegano". Depois da explicação que se tratava apenas de frutas secas aceitou fazer a experiência. Enfim, pessoas.

Nos artigos em que a sala de aula foi o *locus* da pesquisa, principalmente em se tratando de deficiência visual, tive, junto com meus colaboradores, Machado e Catarino, nessa ocasião ainda assinando como Castro, oportunidade de perceber que, embora um semestre estudando o tema deficiência visual e pessoas com deficiência visual, como era esperado, não realizaria grandes alterações nos pensamentos dos estudantes, vários deles julgavam-se despreparados para ministrar aulas em escolas regulares, quando havia alunos deste público, como está registrado no artigo "Formação inicial de professores de física: a questão da inclusão de alunos com deficiência visual no ensino regular (2012)".

Outro ponto que pudemos identificar em nossos trabalhos, um deles baseado em análise de grupo focal articulado ao discurso do sujeito coletivo é a persistente existência do preconceito em relação à necessidade e/ou a possibilidade de esses estudantes estudarem física. Esse artigo foi redigido com a colaboração de Machado.

Ainda contando com a colaboração de Machado, fizemos um trabalho intitulado "Os licenciandos frente a uma nova disciplina: ensino de Física e inclusão social (2012)". Neste assistimos à apresentação de seus trabalhos finais da disciplina com suas respectivas defesas. Nesses trabalhos em que os estudantes devem construir maquetes táteis para o ensino de Física para alunos com deficiência visual, percebemos algumas lacunas em seus aprendizados. É certo que algumas ficaram evidenciadas por conta da dificuldade na construção da maquete, mas outras, eram efetivamente lacunas de aprendizagem conceitual.

Vou me eximir de comentar mais artigos publicados em revistas e/ou apresentados em Congressos e similares.

Porém, vale a pena comentar que nesses encontros, principalmente nos Simpósios Nacionais de Ensino de Física, ofereci vários mini cursos: sobre construções de histórias infantis e sua aplicação, sobre inclusão e ensino de Física, mas agora, como diria Anna Maria de Carvalho, deixo isso para as crianças, ou seja, continuo acordando cedo no SNEF para acompanhar meus alunos, sejam de monografia e/ou mestrado/doutorado nessa tarefa.

Outra coisa que vale registro é que depois de anos de amizade só em 2018 Deise Vianna e eu pensamos em escrever um artigo, baseado no "copinho" *O Equilibrista* de Susane Reboh, para isso convidamos o professor doutor Marco Adriano Dias, esse artigo, "Se inclina, gira, mas não vira" foi encaminhado a uma revista e até o momento da escrita deste memorial não havíamos recebido qualquer parecer. Parece que tomamos gosto pela coisa porque para a XIII Conferencia Interamericana de Educación en Física 'Dr. ALBERTO MAIZTEGUI" (9ª CIAEF) em julho de 2019 na cidade de Montevidéu, escrevemos "O ensino investigativo na prática do professor". Enquanto eu apresentei sozinha o trabalho "Literatura e o ensino de ciências: a formação de professores para alunos com deficiência visual no ensino fundamental".

AS OUTRAS ATIVIDADES ATUAIS NA GRADUAÇÃO

Antes de falar nas atividades atuais, creio ser interessante relatar um projeto, "Espelho de duas faces: poesia e ensino de Física" suportado pela FAPERJ e que teve como proposta elaborar um método de ensino de Física aliado ao de Português através de um poema de António Gedeão. Este projeto envolveu quatro estudantes de graduação. Naturalmente que outros projetos de pesquisa foram desenvolvidos, alguns sob minha coordenação ou participação.

Hoje tenho três estudantes que oriento em seus trabalhos de fim de curso, a monografia.

Todos têm como objeto de estudo a deficiência visual: uma deseja fazer um trabalho que facilite o acesso das pessoas com deficiência visual aos meios de transporte, outro desenvolverá um jogo e a terceira está estudando a formação de professores de Física para o ensino de óptica em sala de aula regular com alunos com deficiência visual nela incluídos.

Essa terceira estudante sofre de amaurose congênita de Lebher, ou seja, por enquanto, tem baixa visão, mas com o tempo tornar-se-á cega.

Ao entrar no Instituto, andava sem bengala, tinha alguma dificuldade, mas conseguia se sair relativamente bem. Hoje, por questão de segurança, já que seus olhos têm uma aparência de normalidade, usa bengala para que os demais percebam que ela possui um problema.

Essa aluna teve alguns embates com professores, com os quais teve que lutar para conquistar o direito às aulas e aos experimentos. Com seu esforço, chegou a ser monitora na Faculdade de Educação, o que comprovou seu bom rendimento escolar. É uma pessoa ativa na luta dos direitos das pessoas com deficiência visual e compartilha com todos que convive as novidades em relação ao tema, seja teórico ou prática.

ATIVIDADES NA PÓS GRADUAÇÃO

Em minha primeira fase no Instituto Oswaldo Cruz (IOC), orientei duas dissertações e coorientei uma terceira. Uma delas era um professor de Educação Física e as demais pedagogas, ambas de um colégio federal da zona norte do Rio de Janeiro e, atualmente, aposentadas.

Hoje sou colaboradora do corpo permanente do Instituto Oswaldo Cruz/ Fiocruz, vinculada ao Laboratório de Inovações em Terapias, Ensino e Bioprodutos (LITEB), no grupo de pesquisa Ciência e Arte, fazendo parte do grupo LASER Rio.

Nesse programa oriento três alunos de mestrado e uma de doutorado. Eles também estão estudando, cada um tendo um enfoque, a abordagem da deficiência visual.

Um dos mestrandos estuda como ensinar os modelos atômicos que são comumente apresentados no ensino médio para alunos com deficiência visual com o auxílio de maquetes 3D. Seu estudo é apoiado em Gaston Bachelard em sua ideia de obstáculos e é um estudo puramente teórico nesta etapa de mestrado, deixando a validação dos aparatos desenvolvidos para o doutoramento.

Outro estuda a formação inicial dos professores de Física para ministrarem aulas em classes regulares em turmas inclusivas, onde há alunos com deficiência visual.

A terceira mestranda, que tem uma formação que vai além da Física, tendo em vista que ela já realizou vários cursos no Instituto Benjamin Constant, é proficiente em Braille, já fez um curso sobre áudio descrição, sem contar com os de tecnologia assistiva, como o NVDA, DOSVOX e, mais recentemente, o MONET. Ela pretende estudar o ensino do equilíbrio para alunos com deficiência visual.

A doutoranda que é funcionária concursada do Instituto Benjamin Constant (IBC) estuda a teoria da atividade de Leontiev aplicada a alunos do ensino fundamental. Seu objeto de pesquisa tem sido tópicos de física que ela desenvolve em oficinas no IBC.

Dois dos mestrandos devem defender seus trabalhos até março de 2020, enquanto a terceira deverá realizar seu seminário discente, exigência para a defesa, no próximo semestre (ou neste) de 2019.

A doutoranda também já apresentou seu seminário discente, mas para ela, assim como para os demais doutorandos, há ainda outra etapa, a qualificação que deve ocorrer no início do ano próximo.

Esses estudantes já participaram no ENPEC de 2017, no EPEF 2018 e no SNEF de 2019 apresentando trabalhos conjuntos e individuais, assim como ofereceram um mini curso no último SNEF, realizado em Salvador, Bahia, em 2019. Antes disso, ofereceram uma oficina na Semana da Física da UFRRJ (20018) e também um trabalho coletivo em painel. Há um artigo publicado na revista Benjamin Constant (online), v. 60/2, p. 137-150, 2019 sob o título: A pedagogia multissensorial com crianças cegas ou com baixa visão, de autoria coletiva (Alves, B. C.; Coelho, B.; Costa, R.; Hallais, S. C.; Monteiro, A ; Nascimento, M. ; Barbosa-Lima, M. C. A.).

A doutoranda tem um capítulo de livro publicado com minha coautoria, publicado sob a organização do professor doutor Paulo Pires de Queiroz, em 2018, fruto da disciplina ministrada pelo referido professor, figura 11.

Figura 11: Primeira página do capítulo

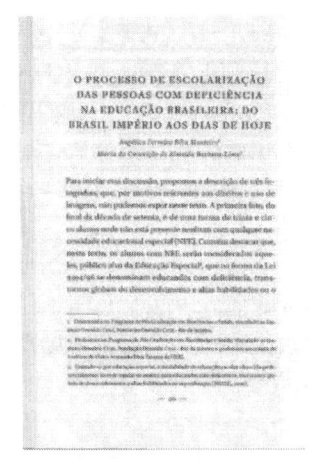

Fonte: a autora.

Além disso, em 2019, ela organizou comigo outro livro que contou com a colaboração de dois dos mestrandos.

Esse livro foi construído a partir da colaboração dos estudantes que cursaram a disciplina Contando História e Ensinando Ciências em que uma apostila foi fornecida como guia para estudo.

Como trabalho final, foi solicitado que cada um dos componentes da turma escrevesse, de acordo com seus temas de dissertação ou tese, uma contribuição teórica e uma história. Estas contribuições e histórias foram reunidas em um livro, figura 12.

Figura 12: Capa do livro

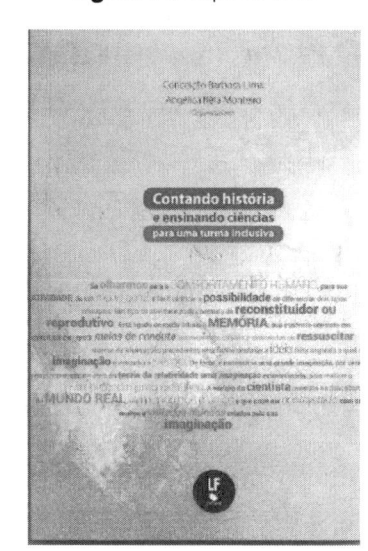

Fonte: a autora

No próximo ENPEC, o grupo de pós-graduação apresentará o trabalho "Significando o conceito de atrito e tração em rodas através da teoria da atividade de Vigotski e Leontiev para crianças com deficiência visual", escrito por Angelica F. Bêta Monteiro, por Bernardo Copello Alves Sofia C. Hallais e por mim.

Há pouco tempo fui convidada pela Coordenadora do Mestrado Profissional que está sendo criado no Instituto Benjamin Constant para ser colaboradora do programa, claro que aceitei com muito prazer.

PÓS DOUTORADO

Em fevereiro de 2018, solicitei à UERJ uma licença do Programa de Capacitação Docente (PROCAD) de seis meses, dividida em três meses em Portugal e três meses no Brasil, para realizar na Universidade do Porto, Portugal, sob a supervisão do Professor doutor Paulo Simeão de Carvalho, meu pós-doutorado.

Logo na primeira semana, realizei uma visita técnica, em Amsterdã, ao museu NEMO em conjunto com os demais estudantes do professor Paulo, ocasião em que analisamos a maneira com que era desenvolvida a interação entre os frequentadores do museu e seus mediadores.

Após esta primeira tarefa, apoiei uma estudante que estava fazendo um estágio de graduação, dando sugestões em seu trabalho, que estava ainda bastante incipiente, apesar de seu tempo em Portugal estar chegando ao término.

Em contrapartida, participei, ativamente, nos trabalhos desenvolvidos pelo professor doutor Frederico Alan Oliveira Cruz, da Universidade Federal Rural do Rio de Janeiro, que também estava em pós doutoramento. Com ele cheguei a concluir um artigo que apresentei no EPEF de 2018, além de ter escrito alguns outros que ficaram na cidade do Porto, aguardando tradução para o inglês pelo professor Paulo e/ou encaminhados para revistas que ainda não deram qualquer resposta. Essa parceria continua existindo de forma intensa, a despeito das agendas apertadas, mesmo depois de nosso retorno ao Rio de Janeiro.

Ainda no que diz respeito a apoios, colaborei com uma doutoranda em discussões a respeito de seu projeto que versará sobre alunos do ensino médio com paralisia cerebral.

No Porto, li toda a tese de Zoia Prestes, cujo título é *Quando não é quase a mesma coisa* e organizei, para o grupo de estudantes do professor, meu supervisor, um seminário que intitulei "Fomos todos enganados" já que a tese de Prestes se apoia nos erros de tradução do russo para o português, da obra de Vigotski (essas traduções não foram diretas, algumas vieram dos Estados Unidos, outras da Itália e outras ainda do espanhol). Sendo assim, tais "enganos" nos levaram a cometer graves erros conceituais na obra do Vigotski, incluindo a grafia de seu nome, mas o principal engano se refere à Zona do Desenvolvimento Proximal.

Com o intuito de mostrar a importância do tema apresentado no seminário, esclareço que Prestes comenta que a tradução para o português foi baseada na tradução americana e a expressão *zona blijaichego razvitia* que foi traduzida como Zona do desenvolvimento proximal é, na verdade, zona do desenvolvimento iminente. A diferença está em que na primeira ideia, da ZDP, espera-se que a criança chegue sozinha a um determinado estágio que chegou com o auxílio de alguém mais "informado" que ela. Já na zona do desenvolvimento iminente, ela poderá chegar ou não.

Em função de minhas atividades no pós-doutorado surgiu um convite para participar de uma banca (em Portugal chamam Júri) de doutorado na Universidade do Porto. Como já estava no Brasil, retornei a Portugal para participar deste Júri.

Além dessas atividades, retomei a escrita das histórias na cidade do Porto. Pode, para alguns, parecer um retrocesso, porém, as histórias hoje estão mais elaboradas e abrangentes, pois não se limitam a assuntos de Física. Claro que a Ciência está presente, a Física e a Geologia, por exemplo, mas assuntos como inclusão, deficiência visual e meio ambiente também são contemplados. Sendo assim, o livro "Histórias para ler e aprender", figura 13, foi iniciado em Portugal e finalizado no Brasil, com as ilustrações do professor doutor Eduardo Sousa.

Figura 13: Livro iniciado em Portugal

Fonte: a autora

O diferencial deste livro além dos já citados é que cada história-capítulo é precedido da apresentação de um professor; alguns falam da história outros da autora.

Depois desta obra, a mão coçou e escrevi, com a ilustração de Marília Duarte, um livro bilíngue, português/inglês, figura 14, no qual constam várias perguntas para as crianças pensarem e descobrirem as respostas. Alguns foram colocados em escolas de ensino fundamental e estão sendo utilizados para ensinar Ciências (Física na verdade).

Figura 14: livro de perguntas para crianças

Fonte: a autora

ÚLTIMAS PALAVRAS

Tento terminar com a imagem com a qual comecei.

Espero que, nas entrelinhas de meu texto, tenha ficado demonstrado e gravado as diversas influências das pessoas que cruzaram meu caminho, embora, muitas delas não tenham sido citadas claramente, mas foram importantes, fundamentais para que eu chegasse até aqui, uma delas, que não citei é Lucia de Assis Alves, que tanto na vida profissional quanto pessoal foi meu apoio constante e seguro. Muitas aventuras passamos juntas por essas estradas do Rio de Janeiro, medindo a gravidade e aguentando orientador chato e desagradável.

Quanto às dúvidas que estão na figura, elas existem. Existem até mesmo enquanto escrevo esse memorial, sempre falta ou sobra alguma coisa e, com isso, alguns caminhos se fecham, mas novos e mais instigantes se abrem.

AGRADECIMENTOS:

Meus agradecimentos a professora Marcia Panphiro Veloso pela revisão do texto e a Bernardo Borges de Almeida pelo desenho/gráfico das caixas.

MARTA FERREIRA ABDALA MENDES

Instituto Federal do Rio de Janeiro

Estudando e aprendendo para ensinar: uma reflexão sobre minha trajetória no e para o Ensino de Ciências

Marta Ferreira Abdala Mendes
Instituto Federal do Rio de Janeiro – IFRJ/campus Mesquita
marta.mendes@ifrj.edu.br

Descrever minha trajetória de atuação no e para o Ensino de Ciências é revisitar um mosaico de emoções, sentimentos e reflexões que constituem minha história de vida, minha prática acadêmica e profissional. Ao tecer essas lembranças sinto o orgulho do meu protagonismo, mesmo ainda em construção, mas que é fruto das minhas escolhas, posicionamentos, ações e omissões. No entanto, essa jornada não foi sozinha; foi construída coletivamente com pessoas (inclusive minha amada família) que, por muitas vezes, foram essenciais sem nem ao menos saber. Isso aumenta a responsabilidade sobre o que lembro, escolho e perpetuo nessas linhas entrelaçadas, pois o compromisso, também, é com todos/as que me ajudaram e me acompanharam no que construí e me tornei.

Minha trajetória acadêmica e profissional está permeada por ações voltadas para a divulgação científica, ensino de ciências e docência, em que procurei promover o engajamento de alunos/as e professores/as no exercício do pensamento crítico a partir de uma abordagem histórico-construtivista como base para unir minha concepção de ciência e de ensino e minhas práticas na educação formal e não formal.

Em 2023, completei 30 anos de atuação no magistério. Escolhi contar essa história em três grandes ciclos da minha vida acadêmica e profissional que definiram minha postura e atuação como pesquisadora na área de Ensino de Ciências. O primeiro momento compreende o período de contato inicial com a pesquisa em Ensino de Ciências na graduação, minha prática docente como professora de Ciências e Biologia do CIEP 241 Nação

Mangueirense (Secretaria Estadual de Educação/RJ), tendo atuado entre 1994 e 2006 e a conclusão do meu mestrado em Educação (2002). Um período vivenciado na Universidade do Estado do Rio de Janeiro (UERJ) e em seu entorno. O segundo momento inclui a minha entrada na Fundação CECIERJ/SECTEC como servidora do setor de produção de material didática para a EAD (2006 a 2008) e a conclusão do meu doutorado na Casa de Oswaldo Cruz/ FIOCRUZ (2006). Finalmente, o terceiro momento compreende minha experiência no IFRJ como servidora docente efetiva desde 2008, contribuindo na formação docente e na elaboração de ações em divulgação científica no Espaço Ciência Interativa (ECI) do IFRJ/campus Mesquita.

O início do primeiro ciclo deu-se quando ingressei no curso de Ciências Biológicas na UERJ em 1988. Sem muita ideia do que seria a Universidade - tampouco o campo de atuação profissional de uma bióloga -, minha escolha pelo curso foi subjetiva em função do gosto pela disciplina no Ensino Médio. Me encantei pela vida universitária, onde o mundo se descortinou com oportunidades e caminhos para o magistério ao longo da graduação, na medida em que tinha contato com professores/as, ciclos de palestras e bolsas de iniciação científica e de extensão.

O encontro com a profa. Dra. Fátima Branquinho marcou minha trajetória, que me apresentou o universo de estudo e de pesquisa na área do Ensino de Ciências e, principalmente, no campo da História e Filosofia da Ciência. Como professora da disciplina Prática de Ensino e Metodologia do Ensino de Ciências, profa. Fatima me convidou para participar do seu grupo de pesquisa e como bolsista no Projeto Rede (Regime Didático Especial), pelo laboratório de História da Ciência como bolsista do Estágio Interno Complementar da UERJ. O projeto Rede foi criado pela UERJ em 1990 devido à existência de vagas ociosas na universidade. Um grupo de professores e alunos da disciplina Prática de Ensino teve a responsabilidade de planejar e implementar um curso interdisciplinar para graduandos, que não alcançaram a nota mínima exigida na segunda fase das provas. O objetivo principal da equipe do Rede consistia em relacionar o saber científico e o cotidiano uma vez que, segundo a hipótese do grupo de trabalho, a maior dificuldade dos alunos decorria do fato de não encontrarem sentido ou significado para os conteúdos ensinados na escola. Além dessa função, o objetivo do grupo de pesquisa era promover estudos na área da História e Filosofia da ciência (HFC) e atividades focadas na relação do saber científico e o cotidiano por meio de situações problematizadoras e da representação da ciência e de seu papel na sociedade (Bizzo, 2002).

Uma estratégia de ação foi adotar a HFC como eixo norteador para as atividades interdisciplinares, nas quais apresentamos a dimensão sócio-histórica da ciência como uma construção humana condicionada por fatores sociais, culturais, econômicos e políticos característicos de cada sociedade em determinada época. Para isso, criamos uma atividade rica e coletiva, a Mesa Histórica da Fotossíntese, em que reconstruímos alguns experimentos históricos que marcaram a construção da explicação sobre a fotossíntese desde as experiências de Joseph Priestley (1733–1804) para identificação do oxigênio a partir do experimento clássico com óxido de mercúrio e o ratinho dentro de uma campanula; alguns experimentos de Lavoiseir (1743–1794) para derrubar a teoria do flogístico; o experimento do cientista alemão Theodore Engelmann (1843–1909) com filamento de algas para compreender a influência da luz sobre a fotossíntese. A parte mais moderna da produção de explicações sobre como a folha produz fotossíntese foi apresentada na forma de jogos e textos históricos em função da dificuldade de se reproduzir os experimentos realizados em instrumentos mais sofisticados. Durante muito tempo, apresentamos a Mesa Histórica da Fotossíntese em eventos acadêmicos na UERJ, nos cursos de formação continuada do CECIERJ, em oficinas nas escolas públicas para alunos e professores.

As ações do projeto Rede foram continuadas em outra bolsa de extensão no Projeto Ciência Sempre coordenado pela profa. Fátima Branquinho. O objetivo desse projeto era investigar e desenvolver estratégias didáticas tendo em vista um ensino de ciências baseado na relação entre ciência, tecnologia sociedade e meio ambiente, partindo de situações do cotidiano. Em busca da promoção da alfabetização científica (Sasseron, 2008) dos alunos das escolas públicas parceiras, procuramos estimular, por meio de atividades diversificadas, a capacidade crítica e o desenvolvimento de uma postura investigativa frente a sociedade em que estavam inseridos.

Nossas atividades foram direcionadas para alunos do segundo segmento do Ensino Fundamental de diferentes escolas municipais do Rio de Janeiro, durante o ano de 1993. A partir de um problema identificado pelos alunos das escolas municipais, relacionado às questões de ordem cultural, ambiental, saúde, entre outros, eram montadas atividades que lhes permitissem compreender melhor o meio em que vivem e resolver novos problemas. As estratégias eram variadas e iam de experimentos de laboratório ao teatro, horta, vídeo, leitura de textos e jornais, visitas a museus, jogos etc. Porém, o que desafiava a equipe era que não vinham sendo observadas mudanças no sentido pretendido: os alunos gostavam das atividades e do nosso trabalho, mas não deixavam de refletir velhos comportamentos, como, por exemplo, continuar jogando lixo nas encostas das comunidades em que moravam, com o argumento de que lugar já se encontrava sujo. O que se pretendia na escola, mesmo sendo uma atividade de divulgação científica extracurricular e com a participação voluntária dos alunos, continuava sem ter ligação com a vida deles; apesar dos esforços da equipe em reverter o quadro, buscando alterar a participação dos alunos na comunidade a partir do conhecimento apreendido.

Logo em seguida ao término da graduação, passei a atuar como professora de Ciências e Biologia do CIEP 241 Nação Mangueirense, onde procurei levar essas oficinas e atividades para todos as minhas turmas de modo que pudesse, sempre que possível, aliar teoria e prática para uma formação cidadã. Com muitas dificuldades, criei um clube de ciências com os alunos interessados, realizei visitas de turmas aos laboratórios de pesquisas na UERJ e à espaços não formais de ciências e, promovi uma feira de ciências com toda a escola participando. Essas foram oportunidades em que procurei mostrar - dentro das possibilidades de se trabalhar numa escola pública - para os alunos de uma comunidade que era possível entender ciência e como a ciência é construída, o trabalho do/a cientista e como a ciência influencia e é influenciada pela sociedade de forma interativa e lúdica.

Uma satisfação era ver o espanto e a alegria dos estudantes do CIEP 241 em realizarem algumas atividades e experimentos que eu apresentava nos cursos de formação continuada para professores no CECIERJ ou para os meus alunos da graduação, nas vezes em que trabalhei como professora substituta nos cursos de Licenciatura da UERJ. Em ao menos naqueles momentos, foi possível concretizar um processo de ensino-aprendizagem que procurava deixar de lado a relação passiva de sala de aula - em que o aluno apenas recebe o conhecimento escolar –, por meio de trocas, vivências e de construção de conhecimentos a partir de atividades práticas e de questionamentos que pretendiam, minimante, trabalhar a compreensão da natureza da ciência, dos fatores éticos e políticos que circundam a prática científica e das relações entre ciência, tecnologia, sociedade e meio ambiente (Sasseron, 2008).

Figura 1: Alunos do CIEP 241 numa atividade prática no clube de ciências.

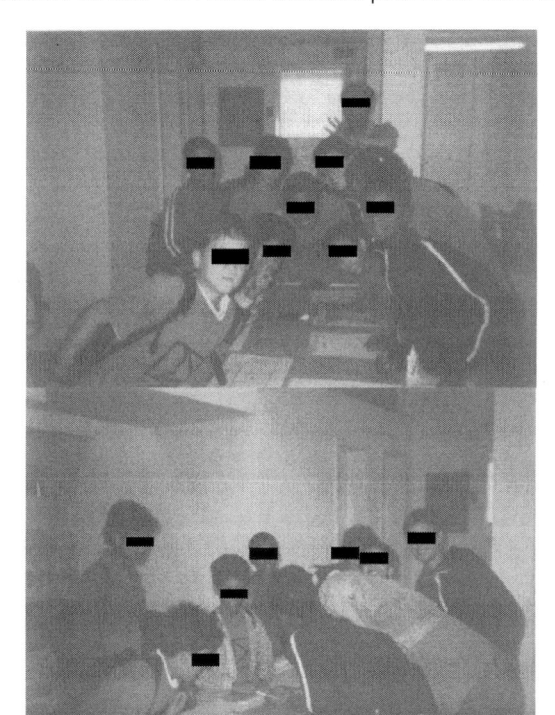

Fonte: acervo próprio.

Concomitante ao período em que trabalhei como professora de Ciências e Biologia no CIEP 241, participei do projeto de pesquisa intitulado Produção, avaliação e disseminação de material de ensino de Ciências e Matemática, como bolsista de aperfeiçoamento do CNPq no CECI-ERJ, com a orientação da profa. Dra. Deise Viana. Participando desse projeto, elaborei um estudo analítico sobre o material didático produzido pela equipe de professores do CECIERJ, na qual fazia parte, para serem utilizados como material nos cursos de formação continuada de professores da Rede Estadual e como material de divulgação científica para alunos. Nesse estudo, foi possível analisar a concepção de ciência que esses materiais didáticos se baseavam e um delineamento das características de professor antes e depois dos programas vinculados ao CECIERJ. Além de desenvolver esse projeto, também, me envolvi em inúmeras ações como cursos e oficinas para professores da rede pública, bem como em atividades de divulgação científica promovidas pelo CECIERJ direcionadas, inicialmente, para o público escolar. Mais tarde, as atividades foram ampliadas para o público em geral a partir do projeto Praça da ciência.

Figura 2: Algumas atividades realizadas no e pelo CECIERJ.

Fonte: acervo próprio.

Em função da minha prática docente, do envolvimento em pesquisas na área de Ensino de Ciências desde a graduação e da minha inquietude contra práticas excludentes, procurei no Mestrado em Educação da UERJ me aprofundar no que se tornaria um dos meus principais interesses profissionais: como ensinar a ensinar, pois "quem ensina aprende ao ensinar e quem aprende ensina ao aprender" (Freire, 1996, p.25). Minha pesquisa de mestrado, O olhar da Antropologia da ciência sobre a produção do conhecimento científico: contribuições para o ensino crítico das explicações sobre o mundo natural, orientada pela profa. Dra. Siomara Borba Leite, analisei, teoricamente, a relação existente entre o processo de produção do conhecimento científico nas ciências naturais e o ensino de ciências, focalizando, especialmente, a contribuição da Antropologia da Ciência. A análise evidenciou a ciência como prática interpretativa de uma cultura específica e forneceu elementos para fundamentar a ação na escola rumo a minimizar a distância entre o que é ensinado e o que é produzido sobre a natureza.

O debate teórico acerca da produção do conhecimento científico revela implicações na seleção dos conteúdos escolares, nos materiais selecionados para o ensino, nos objetivos traçados, nas metodologias escolhidas e nas formas de avaliação a serem desenvolvidas. De certa forma, quando a ciência entra na escola perde sua natureza de processo, perde a ambiência da produção e se "transforma" em disciplinas. No entanto, entendendo que a educação se constitui em uma instância mediadora de um projeto social (Saviani, 1992) e que, portanto, não está imune a esta questão, o entendimento do desenvolvimento da ciência dentro de um contexto material, histórico e cultural contribui para a compreensão da relação entre o processo de construção do conhecimento científico e as diferentes formas de pensar a educação, currículo e sociedade (Mendes, 2001).

Embora essa discussão esteja subjacente quando o professor transmite o conhecimento ou na organização curricular, a preocupação com o processo de produção do conhecimento científico, mesmo não alterando o conteúdo (a ciência enquanto produto), possibilita uma compreensão da ciência de forma mais significativa e crítica tanto para quem ensina como para quem o apreende. Desta forma, é também na discussão e entendimento sobre o processo de produção que se pode concretizar a democratização da ciência e contribuir para a construção de autonomia numa sociedade técnico-científica.

Neste sentido, a reflexão sobre o processo de produção do conhecimento científico permitiu identificar elementos para pensar a ciência em sua condição de produto, tanto presente na escola sob a forma de disciplina, como na sociedade sob a forma de notícia, matérias de jornais e revistas ou mesmo de "produto", pois convivemos o tempo todo com o binômio ciência e tecnologia nos noticiários da televisão, laboratórios, bancos, consultórios médicos etc. O que foi "purificado", "reduzido", "ampliado", e, portanto, "conhecido" pelos cientistas (Latour, 1997, 2000) é o que será selecionado, difundido e formalizado visando à educação formal, a educação não-formal e a sociedade de um modo geral.

Concomitante ao Mestrado em Educação, participei como especialista em Biologia e coordenadora da equipe de Biologia (composta por um outro professor de Biologia e de um estagiário de iniciação científica em Biologia) no Projeto Reinventando a Educação (1999 a 2001). Este projeto, na área das Tecnologias da Informação e de Comunicação aplicada à Educação, tinha como objetivo oferecer às escolas estaduais e aos professores da Rede Estadual de Ensino uma infraestrutura de acesso à Internet e a um programa de atualização aliando novas tecnologias e as áreas de ensino. Minha função era, especificamente, participar de uma equipe multidisciplinar, composta por professores de diferentes áreas de conhecimento e por profissionais das áreas de Informática Educativa, para planejar, desenvolver e produzir material didático impresso e de Web nas áreas de Biologia, Física, Química, Matemática, História, Português de forma interdisciplinar. Para isso, foi necessário levantamento e análise de dados dos professores da Rede Estadual de Ensino, elaboração e participação nos cursos de atualização dos professores selecionados para participarem do Projeto, avaliação quantitativa e qualitativa ao longo da execução do Projeto, a partir de entrevistas com os professores cursistas e análise das avaliações diretas, a fim de identificar, acompanhar e propor soluções para os aspectos deficientes levantados, tais como: a aceitação do material, apropriação do material didático, acompanhamento dos cursistas em sala de aula, etc.

A minha participação neste projeto permitiu, ao mesmo tempo, aprimorar a minha capacidade de levantar dados e realizar pesquisas sobre as últimas tendências da área de Ensino a Distância, sobre a Produção de Material Didático e Educação Científica. O projeto Reinventando a Educação terminou em 2001, devido aos problemas técnicos e financeiros para construir os materiais didáticos e aparelhar as escolas da Rede Estadual com computadores, linhas telefônicas, internet etc., porém constituiu-se do embrião para a criação do Centro de Educação a Distância do Estado do Rio de Janeiro, o Consórcio CEDERJ, que veio a unir-se ao CECIERJ e formar a Fundação CECIERJ – Consórcio CEDERJ, em 2002.

Com a conclusão do Mestrado em Educação passei a atuar como Coordenadora do Estágio Avançado do Projeto Jovens Talentos para a Ciência (parceria CECIERJ/ SECT/FAPERJ/UERJ, UFRJ, FIOCRUZ, USU, INCA, UENF, UFF, UNI-RIO, PUC, UCP, CBPF, LNCC, IEAPM). O Projeto Jovens Talentos busca evidenciar o potencial científico localizado no Estado do Rio de Janeiro, procurando integrá-lo numa proposta educativa pela promoção da iniciação científica de estudantes do ensino médio/técnico da rede pública estadual de educação em instituições de ciência e tecnologia. Após processo seletivo, os alunos recebem uma bolsa da FAPERJ para realizarem atividades científicas, sob a orientação de um pesquisador, frequentando em dois turnos semanais um laboratório de pesquisas. Os alunos que demonstram afinidade com a atividade científica e obtêm avaliação favorável do professor orientador e da coordenadora do Estágio Avançado candidatam-se a desenvolver um projeto de pesquisa junto com seu orientador por 12 meses, ingressando assim no Estágio Avançado, o qual coordenei no período de 2001 a 2002.

Esse foi um momento muito importante da minha trajetória, pois tive a possibilidade de, ancorada numa compreensão teórica sobre a ciência, negar a ideia, tão cristalizada na consciência social, de que a capacidade de pesquisar, pensar e construir conhecimento científico é restrita a uns poucos privilegiados pela genialidade e distantes da sociedade como um todo. Neste projeto tive a oportunidade de contextualizar minha visão sobre a ciência, que impede de tomá-la como algo mítico e honorífico, o que representa essencial esforço quando se pretende democratizá-la.

Como parte de novas orientações de trabalho conduzidas pela presidência da Fundação CECIERJ – Consórcio CEDERJ, passei integrar a equipe de Desenvolvimento Instrucional de Material Didático como Chefe de Setor, realizando, também, revisão técnica e o desenho instrucional do material didático impresso de Biologia, de 2002 a 2006. O CEDERJ visa promover o acesso ao Ensino Superior por meio da modalidade a distância. Estes aspectos conferem às minhas práticas de trabalho na Fundação CECIERJ – Consórcio CEDERJ um envolvimento particular em participar da produção de material didático de forma a ajudar aos alunos/as no estudo a distância com a definição do conteúdo que, ao mesmo tempo, garanta o entendimento dos conceitos científicos e ofereça possibilidades de desdobramentos pelo aluno, em uma perspectiva que promova uma aprendizagem ativa voltada para o desenvolvimento da autonomia, de forma a engajar o aluno na construção de seu conhecimento.

Esta tarefa representava um enorme desafio, pois tratava-se de uma oportunidade única de reanálise e renovação de minhas práticas educacionais em um momento em que o aparato tecnológico, atualmente disponível e permanentemente em progressão, torna quase ilimitadas as possibilidades de ensino e aprendizagem, o que exige atualização permanente por minha parte enquanto professora-pesquisadora de minha prática docente.

Figura 3: momento de reunião com os conteudistas na construção do material didático do CEDERJ.

Fonte: acervo próprio.

A partir da trajetória que procurei sintetizar no presente memorial, é importante destacar a questão que sempre perpassou a minha busca por crescimento acadêmico e profissional: como possibilitar a democratização e a popularização da ciência para o maior número de pessoas? Em um aspecto mais geral, a relação entre ciência e sociedade constitui o fundamento que orienta minha tese de doutorado em História das Ciências da Saúde na Casa de Oswaldo Cruz/Fiocruz, Uma perspectiva histórica da divulgação científica: a atuação do cientista-divulgador José Reis (1947-1958). Historicamente, o papel e o campo de atuação da divulgação científica foram sendo construídos e relacionados ao contexto social, político e econômico no qual a ciência e a comunidade científica estiveram inseridas.

Em meu estudo no doutorado procurei analisar as tentativas de popularização da ciência no Brasil pelos cientistas em uma perspectiva histórica, mediadas pelas reflexões sobre as relações entre ciência – sociedade - cientistas. Diante do exposto, situo algumas questões básicas da minha tese: por que os cientistas passaram a se dedicar a divulgar a ciência diretamente à sociedade, no período do pós-guerra? Como ocorreu, no Brasil, a comunicação dos cientistas com a sociedade, constituindo a divulgação científica em instrumento de visibilidade e de legitimidade da prática científica?

Motivada por essas considerações, procurei investigar a trajetória de um cientista e de divulgador da ciência, José Reis, para entender como a ciência - tanto pelo seu processo de profissionalização e de institucionalização no Brasil como pelo processo de divulgação diretamente à sociedade – influência a sociedade e é influenciada por ela. Para isso, analisei as ações de José Reis como cientistas e suas ações de divulgador em três veículos da impressa durante a década de 1950: jornal Folha da Manhã (atual jornal Folha), Revista Ciência e Cultura e Revista Anhembi.

Figura 4: Artigos de José Reis publicados nos veículos analisados na pesquisa de doutorado.

Fonte: acervo próprio.

A partir do estudo dos textos publicados por José Reis nesses três veículos abordei alguns aspectos que se referem à constituição de uma divulgação científica vinculada à melhoria do nível intelectual da sociedade pela inserção da ciência na imprensa e no âmbito escolar com uma atenção direcionada a melhoria do ensino de ciências em relação às conquistas da ciência, à qualificação dos professores, à experimentação, ao despertar de vocação científica, bem como, às demandas da comunidade científica em fortalecer a profissionalização de sua atividade.

Os textos de José Reis valorizam as atividades dos cientistas no sentido de promover a criação de um ambiente mais propício para a prática científica no Brasil, mas sem, no entanto, deixar de avaliar de forma crítica as condições em que a ciência era realizada naquele momento, destacando, por diversas vezes, os problemas e obstáculos relacionados ao cotidiano da prática científica. Seus textos, em todos os veículos estudados, retratam o processo de institucionalização da ciência no Brasil - com sua instabilidade e falta de financiamento e de reconhecimento - bem como a profissionalização da ciência (autonomia, fonte de recursos própria, proteção às intervenções do Estado), associando a ciência aos processos de desenvolvimento social e econômico do país, ou seja, salientando a ciência como instrumento de desenvolvimento nacional.

Em 2008, iniciei como docente dos cursos de Licenciatura em Física e Licenciatura em Matemática no recém-criado IFRJ/campus Volta Redonda. Em 2009, coordenei o curso de Aperfeiçoamento em Ensino de Ciências e Matemática que logo em seguida foi transformado no curso de Especialização em Ensino de Ciências e Matemática, onde atuei como a primeira coordenadora do curso do período 2011 a 2014.

Em 2014, passei atuar no campus avançado Mesquita, como docente e coordenadora de pesquisa (CoPI) e coordenadora de Pós-graduação (CoPG) do curso de Especialização em Educação e Divulgação Científica. Em 2018, fui credenciada como docente no Mestrado Profissional em Educação Profissional e Tecnológica (PROFEPT), sendo coordenadora do curso de 2020 a 2021. Em maio de 2022, foi aprovado o curso de Especialização em Divulgação Científica na modalidade a distância, onde continuei atuando como coordenadora do curso.

Figura 5: Momentos de aulas e pesquisa no IFRJ.

Fonte: acervo próprio.

Ao longo da minha trajetória profissional, desenvolvi projetos de pesquisa, atividades de extensão, ações em comissões tanto pedagógicas como administrativas. Atuei como docente e orientadora de diversos trabalhos de conclusão de curso, na licenciatura e na pós-graduação, além de colaborar na gestão tanto no campus Volta Redonda como no campus Avançado Mesquita. Em concomitância ao exercício em sala deaula, participei também como docente nos cursos de Formação Inicial e Continuada (FIC), cursos de Extensão e no curso de especialização em Neuroeducação do campus Avançado Mesquita e como docente credenciada no curso de Especialização em Ensino de Ciências do campus Rio de Janeiro.

Sempre entendi a minha prática docente como lócus e fonte da minha atuação como pesquisadora na área de Ensino de Ciências, baseada em um envolvimento em pesquisa, ensino, extensão e gestão segundo uma práxis mais significativa que enseja a união da teoria e prática, a crítica e a criatividade, a reflexão e a ação. Ao revisitar, mesmo que sinteticamente, o caminho profissional e acadêmico percorrido até aqui me transportou para momentos em que só pensava em manter acesa a minha vontade de seguir em frente. Fico muito feliz em ter ido muito mais além!

Figura 6: Fotos do Laboratório Didático-Metodológico de Ensino de Ciências e Matemática construído no campus Volta Redonda pelo meu projeto de pesquisa Investigação da e na prática docente: possibilidades de inovação no ensino de ciências e matemática em escolas do município de Volta Redonda.

Fonte: acervo próprio.

Figura 7: Ações no Espaço Ciência Interativa (ECI) e no campus Mesquita.

Fonte: acervo próprio.

REFERÊNCIAS

BIZZO, Nélio. **Ciências: fácil ou difícil.** São Paulo: Ática, 2002.

FREIRE, Paulo. **Pedagogia da autonomia: saberes necessários à prática educativa.** São Paulo: Paz e Terra, 1996.

LATOUR, B. **Ciência em Ação: como seguir cientistas e engenheiros sociedade afora.** São Paulo, Editora UNESP, 2000.

LATOUR, B. E WOOLGAR, S. **A vida do laboratório:** a produção dos fatos científicos. Relume Dumará, Rio de Janeiro, 1997.

MENDES, M. F. A. O Olhar da Antropologia da Ciência sobre a Produção do Conhecimento Científico: Contribuições para o Ensino Crítico das Explicações sobre o Mundo Natural. UERJ, **dissertação de mestrado,** 2001.

SASSERON, L. H. Alfabetização Científica no ensino Fundamental: Estrutura e Indicadores deste processo em sala de aula. Tese – **Doutorado Faculdade de Educação da USP**, São Paulo, 2008.

TARDIF, M. **Saberes Docentes e Formação Profissional.** Petrópolis: Vozes, 2007.

SOBRE OS AUTORES

Alvaro Chrispino

É Doutor (2001) pela UFRJ. É Bolsista de Produtividade em Educação/CNPq. Professor de Química na Educação Básica desde 1981. Professor Titular do CEFET/RJ (1992 a 2019), onde continua atuando na Pós-graduação até os dias atuais. Possui livros e artigos em periódicos especializados na área de Educação (Políticas Públicas e Mediação de Conflitos) e Ensino de Ciências (CTS-ciência-tecnologia-sociedade e educação química). Ocupou diversas funções públicas e é Editor Associado da revista Ensaio: Avaliação e Políticas Públicas em Educação e da revista *Educacion Química* (UNAM-México)

André Luis Tato

É Professor Titular do Departamento de Física do Colégio Pedro II. Atualmente é credenciado no Programa de Pós-Graduação em Educação Profissional e Tecnológica, no programa de especialização em Ensino de Física, além de lecionar na Educação Básica. É coordenador do Curso de Assistente em Administração do Campus Realengo II e desenvolve pesquisas envolvendo Educação Profissional e Inclusão Escolar.

Deise M. Vianna

Possui graduação em Física (1973) e mestrado (1982) em Física pela Universidade Federal do Rio de Janeiro (1973), e doutorado em Educação pela Universidade de São Paulo (1998). Fez estágio de Pós- Doutorado na Universidade Santiago de Compostela - Espanha (2002). Atualmente é professora aposentada Titular da Universidade Federal do Rio de Janeiro, professora e orientadora do programa de Pós-Graduação em Ensino de Física do Instituto de Física da UFRJ, professora e orientadora do programa de Pós-Graduação em ensino de Biociências e Saúde da Fundação Oswaldo Cruz. Foi Secretária de Ensino da Sociedade Brasileira de Física (2003-2007) e membro do Conselho (2007-2009), membro da Comissão de Pesquisa em Ensino de Física (2010-2014), membro da Comissão de Ensino (2015-2017), Pró-Reitora de Pós Graduação (Mestrado Nacional Profissional em Ensino de Física – MNPEF SBF) (2013-2016), membro do Conselho do MNPEF-PROFIS (2016-). Presidiu o Centro de Ciências do Estado do Rio de Janeiro (1995-1998). Foi Presidente do Conselho das Conferências Interamericanas de Ensino de Física (2006-2009), continuando como Membro representante. Participou como colaboradora na coordenação junto ao PIBID/CAPES Instituto de Física - UFRJ e atualmente da Residência Pedagógica (2023 -). Coordena o Grupo Proenfis, que se dedica ao Ensino de Física com enfoque CTS com abordagem em atividades investigativas.

Guaracira Gouveia de Sousa

Nós, Rosa Gouveia de Sousa, médica, e Francisco Gouveia de Sousa, filhos da professora doutora Guaracira Gouveia de Souza e do senhor Antonio Cláudio Souza, consentimos que o memorial de nossa mãe, Guaracira, peça de concurso público para a obtenção do título de Professora Titular da Universidade Federal do Estado do Rio de Janeiro (Unirio), cargo este que ela passou a ocupar, seja publicado no livro que está sendo elaborado sob a coordenação das professoras Deise M. Vianna (UFRJ) e Maria da Conceição Barbosa-Lima (UERJ). Deste livro constarão os memoriais dos professores que passaram por concurso para o provimento do cargo docente de professor titular a partir de 2001, da área de Ensino de Ciências. Espera-se que o livro, ainda sem título, seja publicado pela Livraria da Física.

Helena Amaral da Fontoura

Professora Titular do Departamento de Educação da Faculdade de Formação de Professores da Universidade do Estado do Rio de Janeiro. Graduada em Pedagogia Pontifícia Universidade Católica do Rio de Janeiro (1974), Graduate Diploma em Educational Psychology University of Alberta, Canada (1977), Mestre em Educação Universidade do Estado do Rio de Janeiro (1993), Doutora em Ciência Escola Nacional de Saúde Pública ENSP/Fundação Oswaldo Cruz (1997), Pós Doutora em Educação

Universidade de Barcelona (2007), Pós Doutora em Educação Universidade Federal de Mato Grosso (2017). Líder do Grupo de Pesquisa Formação de Professores, Processos e Práticas Pedagógicas (CNPq). Pesquisadora 2 CNPq. Cientista do Nosso Estado FAPERJ. Bolsista do Programa Prociência da UERJ desde 2006. Membro do ISATT (International Study Association on Teachers and Teaching).

José Abdalla Helayël-Neto

Possui MSc em Física pela PUC – RJ e MPh e PhD em Física pela International School for Advanced Studies in Trieste (SISSA – Trieste). É Pesquisador Titular na Coordenação de Astrofísica, Cosmologia e Interações Fundamentais (COSMO) do CBPF. Atua na área da Física Teórica de Altas Energias e Interações Fundamentais e participa do Programa de Pós-Graduação em Física do CBPF e do Polo-UNIRIO do Mestrado Nacional Profissional de Ensino de Física da SBF. Desde 1994, vem ativamente trabalhando com divulgação científica e ensino de Física e Matemática em núcleos de pré-universitários sociais no Estado do Rio de Janeiro.

Marcia Fereira Serra

Professora Titular da Faculdade de Educação da UFRJ, atua, desde 2023, como Diretora da DEB/CAPES. É bolsista 1D do CNPq e Cientista do Nosso Estado (CNE/FAPERJ). Tem experiência na graduação (Ciências Biológicas e Pedagogia) e na pós-graduação (PPGE/UFRJ e PROFBio). É Sócia emérita da SBEnBio, tendo sido Presidenta da entidade (2018-2019). Lidera o Grupo de Estudos em História do Currículo e o Projeto Fundão Biologia, uma iniciativa de extensão pioneira na UFRJ.

Marcus Vinicius da Silva Pereira

Licenciado em Física pela UFRJ, Mestre em Ensino de Ciências e Matemática pelo CEFET-RJ e Doutor em Educação em Ciências e Saúde pela UFRJ, com pós-doutorado na FE-USP. Professor titular do IFRJ, onde exerce atualmente a função de Pró-reitor de Pesquisa, Pós-graduação e Inovação. Docente do Programa de Pós-graduação em Ensino de

Ciências (PROPEC) do IFRJ e do Programa de Pós-graduação em Educação em Ciências e Saúde (PPGECS) do NUTES/UFRJ. http://lattes.cnpq.br/7374980263691850. Instituto Federal do Rio de Janeiro – IFRJ. marcus.pereira@ifrj.edu.br

Maria da Conceição de Almeida Barbosa Lima

Possui graduação em Física pela Universidade do Estado do Rio de Janeiro , mestrado em Educação pela PUC-Rio e doutorado em Educação pela USP. pós-doutorado na Faculdade de Ciências da Universidade do Porto, Portugal. Foi secretária da regional Rio de Janeiro da Sociedade Brasileira de Física (SBF) entre 2008 e 2010 e tesoureira da Associação Brasileira de Pesquisadores em Ensino de Ciências (ABRAPEC) de 2014 a 2018. Atualmente é professora/pesquisadora do programa permanente equipe do Instituto Oswaldo Cruz/Fiocruz. Professor Titular do Departamento de Física Aplicada e Termodinâmica da Universidade do Estado do Rio de Janeiro. Tem experiência na área de Educação, com ênfase em Ensino de Física, atuando principalmente nos seguintes temas: deficiência visual, educação inclusiva e ensino aprendizagem e formação de professores. Membro do conselho editorial do Caderno Brasileiro em Ensino de Física e uma das editoras da IMPACTO: revista de pesquisa em ensino de ciências.

Marta Ferreira Abdala Mendes

Atualmente é professora titular do IFRJ/campus Mesquita, atuando como professora credenciada nos cursos de Especialização em Educação e Divulgação Científica; Especialização em Divulgação Científica (modalidade EAD), Especialização em Neuroeducação do IFRJ/campus Mesquita, Especialização em Ensino de Ciências do IFRJ/campus RJ e no Mestrado Profissional em Educação Profissional e Tecnológica (PROFEPT) do IFRJ/campus Mesquita. Possui graduação em Ciências Biológicas pela Universidade do Estado do Rio de Janeiro (1991), mestrado em Educação pela Universidade do Estado do Rio de Janeiro (2002) e doutorado em História das Ciências pela Fundação Oswaldo Cruz (2006). marta.mendes@ifrj.edu.br

ÍNDICE REMISSIVO

1ª. edição: Fevereiro de 2024
Tiragem: 300 exemplares
Formato: 16 x 23 cm
Mancha: 12,3 x 19,9 cm
Tipografia: Minion Pro 11
                Open sans condensed 12/18
                Roboto 9/10
Impressão: Offset 75 g/m²